2014年
嘉兴经济社会发展蓝皮书

BLUE BOOK
OF JIAXING ECONOMIC
AND SOCIAL DEVELOPMENT
（2014）

徐　勇 主编

ZHEJIANG UNIVERSITY PRESS
浙江大学出版社

序

过去的2013年，是形势极为错综复杂的一年，也是各领域时刻充满挑战的一年。国际上，世界经济复苏前景仍不明朗，充满着诸多不确定性因素；世界主要新兴经济体衰退迹象并无有效缓解；全球治理步履举步维艰，围绕全球性问题的国家博弈日益激烈；种族冲突、领土争端、恐怖主义、核安全问题等时刻困扰着国家内部、国与国之间的关系与稳定，亚太局势尤其"暗流涌动"。国内经济发展放缓的趋势进一步显现，对经济社会各领域构成了不同程度的影响；资源、环境对经济发展、生活水平改善的约束越来越明显，而经济结构转型的态势仍不明朗。在此大背景下，"稳中求进"成为我国社会经济发展的主基调。浙江省明确了"稳中求进、转中求好"的总体要求。为此，根据市委六届九次全会提出的"发展转型、发展惠民、发展保障"的工作要求，嘉兴市在劳动就业、收入分配、社会保障、教育、医疗、住房、环境保护等领域，出台了一系列政策措施，有力地促进了全市社会经济的稳定和发展，也使人民群众得到了实惠。

面对世界经济发展放缓和国内宏观政策持续不松的双重压力，组织开展产业转型升级、基础设施和社会民生等多项工程，着力扩大有效需求，努力保持经济平稳较快增长；面对改革创新和环境综合整治的双重压力，继续深化创新驱动发展战略，加大投入、创新机制，一方面发挥市场的主导作用，另一方面强化政府的引导作用；面对城市化发展和居民持续增收的双重压力，深化城乡区域统筹发展，盘活资源，扩大就业，努力保持社会和谐稳定；面对中央"从严治党"的要求和政府自身建设较难突破的双重压力，注重整治与激发活力并重，一方面强化规范性建设，另一方面不断重塑政府队伍的思想观念。

2013年，我们进入了一个新的"改革之年"，迈进了一个蓬勃发展的新时代。全市上下贯彻科学发展观，牢牢把握"稳中求进"的工作总基调，负重拼搏、开拓进取，积极应对严峻挑战，着力提高工作针对性和有效性，经济社会呈现出积极变化。各级党委和政府积极为企业和群众解难题，拉近了党和政府与人民群众的距离，实现了社会经济的和谐稳定发展。

2014年，站在新的历史起点上，我们如何利用开展“五水共治”的契机，进一步突破自然禀赋倒逼经济增长方式和产业构成的桎梏，摆脱自然经济束缚，走出一条更具嘉兴特色的创新发展之路？如何进一步利用全面深化改革的推进力量，突破体制、资源、要素等的束缚，充分激发群众的创造力，变嘉兴制造为嘉兴创造？如何利用已有的发展基础，进一步突破城乡二元结构的束缚，建立健全全民共建共享社会服务体系和社会保障体系？如何利用“群众路线教育实践活动”的开展，进一步突破政府主导体制产生的约束，走出一条以社会管理、自主调节、良性发展的社会发展和民生改善之路？

一个社会的存续与发展，有其特定的政治和经济社会态势，而解决问题的途径和方法，则将在我们的思考和研究中迸发出来。本书通过对2013年嘉兴经济社会形势的分析，试图总结回顾过去给人们以启迪和激励，更希望通过分析引导人们去思考和研究，与广大读者一起共克时艰，勠力发展，共同迎接崭新的2014年！

《2014年嘉兴经济社会发展蓝皮书》课题组

2014年6月

目　录

2013年嘉兴经济社会发展总报告

□ 《2014年嘉兴经济社会发展蓝皮书》课题组

2013年，面对复杂的国内外经济形势，嘉兴继续深入贯彻落实科学发展观，围绕“三城一市”和“两富”现代化建设目标，着力推进转型发展，全市经济总体上呈现“平稳运行、稳中趋缓”的格局。但经济运行中的经济发展后劲如何增强、资源要素瓶颈如何突破、收入分配均衡压力如何缓解等问题值得关注。

一、2013年嘉兴经济社会发展状况

2013年，全市经济“平稳运行、稳中趋缓”。全市生产总值3147.66亿元，按可比价格计算，增长9.3%，增幅高于全省平均1.1个百分点；比前三季度回落0.2个百分点；比上年提升0.6个百分点。其中第一产业增加值155.62亿元，增长0.8%；第二产业增加值1726.73亿元，增长9.9%，全市工业增加值1560.88亿元，同比增长10.4%；第三产业增加值1265.31亿元，增长9.4 %。与上年相比，第二产业增速提升1.5个百分点，其中工业增速比上年提升1.3个百分点，第一产业和第三产业增速分别回落0.3和0.8个百分点。

社会建设呈现良好态势，民生社会事业进一步发展。各级财政用于民生支出230.2亿元，占公共财政预算的75.9%。

（一）农业生产保持平稳，工业生产较快增长，服务业发展保持稳定

全市全年农作物播种面积510.2万亩，同比下降0.1%。其中粮食作物种植面积312.1万亩，增长0.1%；蔬菜种植面积123.1万亩，增长0.8%。全市粮食总产量138.8万吨，增长0.3%。年末全市生猪存栏195.44万头，同比下降28.4%，生猪出栏数419.81万头，同比下降9%；年末家禽存栏1384.3万只，下降23%，家禽出栏4261.69万只，下降8.9%。全年全市肉类总产量36.2万吨，

下降7.7%。其中猪肉产量27.9万吨，下降7.5%。全市渔业生产平稳发展。全市农业结构继续调整，全市农、林、牧、渔、服务业总产值的比例由上年的44.4∶0.3∶40.6∶11.0∶3.7调整为2013年的48.6∶0.4∶35.5∶11.5∶4.0；全市农作物播种面积粮经比例由上年的59.7∶40.3调整为2013年的61.1∶38.9。

全市工业经济继续保持平稳较快增长。全市规模以上工业增加值突破1200亿元，达到1206.46亿元，按可比价计算，比上年增长11.5%，高出全省平均3个百分点，增幅较上年(10.9%)提高0.6个百分点。规模以上工业经济总量与增速分列全省第4位和第2位。重工业快于轻工业。全市轻、重工业增加值分别为562.57亿元、643.89亿元，分别增长8.2%和14.3%，重工业快于轻工业6.1个百分点。中型企业快于大小型企业。全市中型企业增长13.3%，高于全市平均1.8个百分点，分别快于大型企业(8.9%)、小型企业(11.9%)4.4和1.4个百分点。内资企业快于外资企业。全市规模以上内资、外资企业工业增加值分别为802.22亿元、404.25亿元，分别增长12.6%和9.2%。近九成行业保持增长。34个工业行业大类中，30个行业保持增长，4个行业下降(较上年减少1个)。其中化学原料、纺织业及通信设备行业拉动作用相对较强，对全市工业增长贡献率近五成，分别拉动全市工业增长3.3、1.3和1.0个百分点。五县两区"两升五降"。南湖区、平湖市增速高于全市平均水平，分别增长17.7%和17.6%；其他五个县(市、区)均低于全市平均，依次为秀洲区(11.2%)、海宁市(10.9%)、桐乡市(10.0%)、海盐县(9.6%)、嘉善县(9.2%)。

全市第三产业增加值增长9.4%，增速高于全省平均0.7个百分点，第三产业对GDP的贡献率为38%，拉动GDP增长3.5个百分点。房地产业继续降温，增速较前三季度明显回落，但仍较快增长，房地产业增加值增长11.7%，增幅比上年提升5.7个百分点，比前三季度回落3.2个百分点。批零贸易业和营利性服务业较快增长，分别增长10.9%和11.8%。金融业受银行效益回落影响，增长相对缓慢，增长9.7%；交通、住宿餐饮业和公共管理等非营利性服务业增长依然乏力，分别增长6.9%、5.4%和5.2%。全市商品房销售面积601.13万平方米，增长33.5%，增速比上年提高20.5个百分点；商品房销售额439.78亿元，增长36.4%，增速比上年提高19.5个百分点。12月末，全市金融机构人民币存款余额同比增长13.9%，增幅比9月末回落2.1个百分点，金融机构贷款余额同比增长12.9%，增幅比9月末回落0.3个百分点。现代物流业发展势头良好，嘉兴港货物吞吐量6605.19万吨、集装箱101.04万标箱，同比分别增长10%和34.5%。

(二)投资增幅有所回升,消费市场稳中趋缓,外贸出口增幅回升

全市固定资产投资1910.15亿元,增长16.3%,增速高于上年5.9个百分点,但比前三季度、上半年、一季度分别回落2.2、4.4和6.9个百分点。全市投资总量和增速分别居全省第5位和第8位,增速比上年前移3位。其中全市第一、第二、第三产业投资分别增长17.1%、13.8%和18.6%。全市基础设施投资287.07亿元,增长22.4%,增幅比上年增加38.9个百分点。全市工业生产性投资863.1亿元,增长16.3%,比上年提高3.5个百分点,其中制造业投资811.18元,增长14.1%,增速比上年回落0.2个百分点。全市房地产投资510.83亿元,同比增长22.8%,增速高于上年14.3个百分点。全市生产性服务业投资192.8亿元,增长46.2%,增速比上年提高17.8个百分点。分类型看,国有投资446.85亿元,增长11.5%,增速比上年提高13.8个百分点;非国有投资1463.3亿元,增长17.9%,增速比上年提高2.7个百分点。

全市社会消费品零售总额超千亿元,达1196.93亿元,增长13.1%;扣除价格因素,实际增长12.3%,实际增速同比回落0.1个百分点。从行业看,住宿餐饮业零售额增速回落明显。全市批零业1077.17亿元,增长13.5%,增幅比上年回落0.7个百分点;住宿餐饮业119.76亿元,增长10%,增幅比上年回落4.7个百分点。季度增速呈倒"U"形增长态势。一季度增长12.4%,二季度增长14.0%,三季度增长12.8%;四季度增长13.4%。城乡市场增幅差距缩小,城乡市场分别增长13.2%和12.7%。分商品看,汽车及相关商品销售增幅持续回落。汽车类销售额增长6.5%,增速比上年回落3.3个百分点;石油制品类增长11.2%,增速比上年回落9个百分点。金银珠宝销售强势。金银珠宝类增长38%,增速比上年提高28.6个百分点。家电销售出现反弹。家电类增长7.1%,而上年下降12.8%。

全市进出口总额317.63亿美元,同比增长10.5%,增幅较上年提高9.6个百分点。其中进口额102.51亿美元,增长12.1%,增幅较上年提高12.9个百分点;出口215.12亿美元,增长9.8%,增幅较上年提高8.1个百分点。主要出口产品保持平稳。全市出口额最大的机电产品出口额67.97亿美元,增长5.6%,增幅较上年提高1.8个百分点;服装出口42.92亿美元,增长9.8%,增速较上年提高14.8个百分点;纺织品出口37.8亿美元,增长13%,增速较上年提高11.2个百分点;高新技术产品出口9.22亿美元,下降2.6%,降幅较上年回落14.1个百分点。

(三)财政收入稳步提升,企业效益稳步增长,民生状况继续改善

全市财政总收入517.49亿元,同比增长9.7%,增幅比前三季度、上半年、

一季度分别提升1.1、3.3和5.8个百分点。其中公共财政预算收入282.31亿元，增长9.5%，增幅比前三季度、上半年、一季度分别提升2.1、4.0和9.3个百分点。全市公共财政收入中增值税、营业税和企业所得税三大主体税种税收入合计收入167.84亿元，增长11.6%，增幅比上年回落2.3个百分点。全市公共财政预算支出303.36亿元，增长16.4%，增幅比上年提高8.1个百分点。

工业企业利润增幅提升。全市规模以上工业企业实现利税总额559.97亿元，增长27.8%，增速比前三季度提高14.8个百分点，其中利润总额340.05亿元，增长31.1%，增速比前三季度提高14.9个百分点。企业亏损面15.7%，较前三季度收窄7.6个百分点，比上年下降3.4个百分点，亏损企业亏损额26.18亿元，同比下降25.1%，较前三季度减少7.9个百分点。服务业企业效益改善。全市2820家规模以上服务业企业(不含房地产开发、银行、证券及保险业单位)营业收入1963.44亿元，增长11.4%，营业利润68.3亿元，增长40.3%。企业亏损面和亏损率分别为26.4%和20.3%，分别比前三季度收窄13.9和16.0个百分点；企业成本费用利润率4.17%，比前三季度提高1.1个百分点；净资产利润率7.15%，比前三季度提高2.0个百分点。

居民收入继续增加。2013年，全市城乡居民收入稳步增长，城镇居民人均可支配收入39087元，同比增长9.5%，扣除价格因素实际增长7.7%；农村居民人均纯收入20556元，同比增长10.3%，实际增长8.5%。从收入结构看，城镇居民人均总收入中，工资性收入27573元，增长8.3%，经营净收入4953元，增长10.5%，财产性收入1368元，增长6.0%，转移性收入9037元，增长8.4%；农村居民人均纯收入中，工资性收入12537元，增长9.2%，家庭经营纯收入6451元，增长10.3%，财产性纯收入696元，增长19.6%，转移性纯收入872元，增长21.2%。全市城乡居民人均消费支出分别为24851元和14261元，分别增长14.4%和15.7%。政府民生支出比重提高。全市民生支出226.79亿元，增长18.9%，增幅高于上年9.9个百分点，占全市财政支出总额的74.8%，比上年提升1.7个百分点。全市城乡居民最低生活保障标准分别提高到525元和384元。

居民消费价格温和上涨。2013年，市区居民消费价格总水平同比上涨1.7%，涨幅低于全国平均0.9个百分点，低于全省平均0.6个百分点，居全省各市末位。其中食品价格上涨4.6%，涨幅较上年回落0.3个百分点；服务项目价格同比上涨1.7%，涨幅与上年持平；工业品价格下降0.7%。分季度看，总体呈平稳向上态势，四个季度的同比涨幅分别为1.0%、1.7%、1.6%和2.5%。分月度看，价格呈波浪式上升态势，10、11月份涨幅最高，为2.5%，3月份涨幅0.5%，为全年最低。分类别看，八大类居民消费价格呈“四涨三跌一平”。从上涨因素看，翘尾因素和新涨价因素分别拉动 CPI 上涨 0.11 和 1.56 个百分点。

二、2013 年嘉兴经济社会转型发展亮点

2013 年，全市经济社会转型发展步伐有所加快。民营经济焕发新活力，“四换工程”取得新成效，创新推动迈出新步伐，统筹发展呈现新面貌。

(一)民营经济焕发新活力

2013 年，嘉兴撤地建市 30 周年，“二次创业”成为民营企业主旋律。民间投入保持较快增长。民间投资是嘉兴固定资产投资的主要力量。全市民间投资 1201.34 亿元，增长 17.1%，占全市固定资产投资的 62.9%，比重提高 1.7 个百分点。私营企业投资大幅增长。全市限额以上私营企业投资 665.82 亿元，增长 28%，高出固定资产投资增速 11.7 个百分点。私营企业进出口增长加快。全市民营企业进出口总额 156.5 亿美元，增长 20%，增幅比上年提高 12 个百分点，其中进、出口总额分别增长 26.1%和 17.5%，分别高出全市平均增幅 14 和 7.7 个百分点。个体私营税收稳步增长。全市个体私营税收 193.92 亿元，增长 9.4%，高出税收平均增速 0.7 个百分点。引资质量有所提升。全市引进外资项目 248 个，比上年增加 14 个；全市合同利用外资 33.91 亿美元，增长 20.5%；实际利用外资 22.07 亿美元，增长 23.9%，增幅分别高出上年 30.1 和 20.4 个百分点。全年总投资 1000 万美元以上大项目 132 个，比上年增加 16 个，其中总投资 5000 万美元以上的大项目 46 个，总投资 1 亿美元以上的大项目 6 个。全市三次产业实际利用外资结构由上年的 1.7 ∶ 67.3 ∶ 31.0 调整为 1.5 ∶ 70.9 ∶ 27.6。浙商回归项目引进取得新成效。全市浙商回归到位资金 210 亿元，完成年度工作目标。

(二)“四换工程”取得新成效

2013 年，全市各地通过“腾笼换鸟、机器换人、空间换地、电商换市”工程，积极打造经济升级版。投入结构优化调整。三次产业投资结构由上年的 0.9 ∶ 47.8 ∶ 51.3调整为 0.9 ∶ 46.8 ∶ 52.3，服务业投资比重提高 1 个百分点。全市服务业固定资产投资 998.92 亿元，增长 18.6%，增速高出工业投资 4.5 个百分点，其中生产性服务业投资增长 58.8%，增速高出制造业投资 45.7 个百分点。全年完成文化服务业投资 42.41 亿元，比上年增长 60.8%，高出全部投资增速 44.5 个百分点。“机器换人”换出新效率。加快推进省光伏产业“五位一体”创新综合试点，全市工业技术改造投资 563.44 亿元，增长 16.7%，占工业投

资比重63.1%，比上年提高1.5个百分点；设备工器具购置费用530.77亿元，增长21.1%，增幅比上年提升12.2个百分点，占固定资产投资的27.8%。全市规模以上工业劳动生产率由上年的13.69万元/人提高到15.03万元/人。“腾笼换鸟”换出新产业。三次产业结构有所优化。全市第一、二、三产业增加值比重结构由上年同期的5.2∶55.5∶39.3调整为4.9∶54.9∶40.2，服务业比重同比提高0.9个百分点。市本级和海宁市率先实行差别化城镇土地使用税政策，全市腾退低效用地1.2万亩。全市严格执行能耗总量和能耗总量强度双控制度，强化高耗能重点行业整治力度，否决高污染、高耗能项目161个。全市装备制造业、高新技术产业、战略性新兴产业增加值分别增长10.3%、25%和21.5%，总量占规上工业比重分别为22.5%、22.6%和35.3%，比重比上年分别提高0.5、2.7和1.9个百分点。

(三)创新推动迈出新步伐

2013年，全市继续加强科技创新平台建设，扎实推进全省区域创新体系副中心建设，着力推进自主创新，提升科技综合实力和区域创新能力。创新投入持续增加。财政用于科技方面支出持续较快增长。全市财政用于科技方面支出12.06亿元，增长15.3%，增幅高于上年5个百分点。全市用于研究和试验发展(R&D)的经费投入达到78.47亿元，增长18.3%；研究与试验发展(R&D)经费投入占GDP的比重达到2.49%，比上年提高0.2个百分点。推进“创新嘉兴·精英引领”计划。全市引进各类高层次人才3489名，新增国家创新基金项目17项，新增发明专利授权量407项，被列为“国家知识产权工作示范城市”，标志着嘉兴知识产权工作进入新阶段。创新步伐不断加快。全市规模以上工业新产品产值2374.12亿元，增长26.2%，增幅比上年提高13.8个百分点，高出规模以上工业总产值增速14.7个百分点。全市规模以上工业新产品产值率35.02%，比上年提高4.1个百分点。

(四)统筹发展呈现新面貌

2013年，全市以实施城乡一体化战略10周年、开展统筹城乡综合配套改革试点5周年为契机，坚持把“两新”工程建设作为深化城乡统筹、建设美丽乡村的“主引擎”，统筹城乡发展和新农村建设进入全面融合的新阶段。新农村建设步伐不断加快，县域经济进一步协调发展。

推进农业发展转型。稳定“米袋子”、“菜篮子”供给。全市实现粮食生产面积、单产和总产“三增”。扎实推进生猪养殖业转型发展，全市共拆除违建猪舍面积581.15万平方米。继续深化农业面源污染治理。深入实施市“五个一批”

新农村建设人才培养和“市农村劳动力培训转移”等工程。全市开展农民培训6.7万人，其中“五个一批”新农村建设人才培养2386人。新建设农业物联网试验示范基地3个。加快发展“电子农贸”商务平台，全年实现农产品网上销售额近千万元。推进小城市培育。继续完善“1640300”的城乡布局规划体系，形成“44＋316”镇村规划布局(其中44个新市镇镇区规划316个城乡一体新社区)，基本形成全市省级小城市、市级小城市、特色新市镇梯度培育格局。全市人口城镇化率达57.1％，比上年提高1.8个百分点。截至12月底，全市累计已有584个集聚点开工建设，全市已完成农房改造集聚1.7万户，全年完成复垦土地1.4万亩。44个新市镇限额以上固定资产投资额875.97亿元，增长15.7％，占全市固定资产投资比重45.9％；规模以上工业总产值占全市规上工业比重58.2％，比上年提高0.2个百分点。推进新社区示范建设。全市143个示范性城乡一体新社区中，已有39个新社区通过了市级示范性城乡一体新社区考核验收。构建美丽乡村“四级联创”机制，启动建设47个市级先进镇、60个精品村、62个“优美庭院”示范村。大力实施“四边绿化”五项行动，绿化造林面积达4.5万亩。

各县(市、区)经济均继续保持平稳增长。其中南湖区、平湖和海宁增长较快，GDP增速高于全市平均，桐乡、嘉善、秀洲区和海盐增长低于全市平均。与上年相比，除海盐外各地GDP增速均有不同程度提升。工业经济差距缩小。南湖区和平湖工业较快增长，分别增长13.7％和13.6％，高于全市平均，其他地区工业经济增速均低于全市平均。第三产业稳步增长。全市房地产业在高平台上继续降温；批零贸易业增长稳定，金融业效益有所回落，交通、住宿餐饮业和非营利性服务业增长依然乏力。产业结构继续调整。各地第三产业现价增长速度均高于第二产业，第三产业增加值占GDP比重有所提升。

三、2013年嘉兴经济社会发展值得关注的现象

2013年，全市经济运行继续呈现平稳发展态势，但经济增长中困难和矛盾依然存在，最值得关注三个方面的问题：经济发展后劲仍待增强；资源要素环境瓶颈亟待缓解；收入分配均衡压力加大。

(一)经济发展后劲仍待增强

从项目进度看，在国内外市场恢复缓慢、企业经营压力增大和外需不足等影响下，全市投资增幅持续回落。一是大项目投资进度缓慢。全市10亿元以上项目40个，比上年多4个，投资175.1亿元，增长1.3％；20亿元以上项目13

个，比上年多1个，投资72.7亿元，下降25.3%。二是工业投资增长相对较慢。全市工业投资增长14.1%，增幅低于平均2.2个百分点，其中制造业投资811.12亿元，增长14.1%。从产业发展看，主要产业发展基础尚不稳固。工业出口压力持续存在。受外部市场需求低迷、人民币汇率上升和贸易摩擦增加等因素影响，全市工业出口增速逐季回落。全市规模以上工业出口交货值1386.6亿元，增长4.7%，增幅分别比一季度(13.3%)、上半年(8.8%)回落8.6和4.1个百分点。从发展预期看，景气调查显示，以工业为例，工业企业景气本期回升，预期不乐观。2013年四季度企业景气指数124.2，比上季度降低1.6个点；反映企业未来景气预判的预期企业景气指数117.9，比上季度降低7.4个点。企业家信心本期较高，预期不足。四季度企业家信心指数为117.8，比上季度略降0.9个点；反映对未来预判的预期企业家信心指数为113.8，比上季度降低4.4个点。

(二)资源要素瓶颈亟待缓解

一是劳动力成本相对劳动生产率过快上涨。全市规模以上工业人均劳动报酬由上年的3.98万元提高到4.76万元，增长17.5%，增幅高出劳动生产率7.7个百分点。企业的主要应对策略是“机器替代人工”，但面临一次性投入过高、市场前景不明等风险，很多企业投资较为谨慎。二是融资难、融资贵依然存在。由于金融资源配置效率不高，资金充裕与价格高企并存，融资难、融资贵成为企业转型发展难以逾越的障碍。制造业贷款增长乏力。全市新增制造业本外币贷款149.4亿元，同比少增34.9亿元，增量占全部新增贷款比重33.4%，同比下降6.9个百分点。三是土地空间制约加剧。一些新增项目及优质企业扩大生产规模用地仍有缺口，土地资源配置不平衡，资源配置效率还不高。四是节能降耗仍面临压力。

(三)收入分配均衡压力加大

一是地方财政收支平衡矛盾突出。在收入增长乏力的前提下，支出压力凸现。全市财政支出增长16.4% ，增幅高出公共财政收入增幅6.9个百分点，刚性支出需求加大，特别是保障教育、科技、农业支出、社会保障、节能环保及城乡社区事务等民生支出增速较快，对结构调整等领域的支持力度还需要加大，确保公共财政收支平衡任务艰巨。税基行业结构差异较大。二是城乡居民增收压力大。2013年，全市城镇和农村居民人均名义收入分别增长9.5%和10.3%，其中城镇居民名义收入增幅低于年度10%以上的计划目标。受市场与政策双重制约，农村家庭经营增速趋缓。截至12月底，全市生猪存栏数下降26%；全年出栏数下降7.3%，农民来自畜牧业的收入有所减少。财产与转移性收入增长趋缓。全市外来人口的规模开始缩小，影响本地居民的房屋出租等财产性收入的增长。加之国内股市的大幅度振荡，直接影响居民的财产性收入。城镇高低收入户收入差距有所扩大。最高20%收入户的人均可支配收入比全市平均水平高出40527元，最低20%收入户比全市平均水平低21067元，高低收入户收入差距由上年的4.2∶1扩大为4.4∶1。

四、2014年嘉兴经济社会发展展望和建议

2014年，国内外经济发展环境依然复杂多变，但经济发展中的积极因素不断增多，嘉兴经济社会发展面临的内外环境持续改善，预计全市经济将继续保持平稳增长态势。

(一)2014年嘉兴经济社会发展展望

1. 世界经济延续缓慢复苏态势，但不确定性依然很大

一是世界经济筑底缓慢回升。2014年应是全球经济“筑底企稳”回升年，多数经济体将好于前两年。据国际货币基金组织(IMF)估计，2014年世界经济将增长3.6%，好于2013年。其中新兴市场国家和发达国家经济将分别增长5.1%和2%，分别高于2013年的4.5%和1.2%。欧元区经济止跌回升，2014年可望增长1%；美国经济增速将由2013年的1.6%升到2.6%；日本经济增速将由2013年的2%回落到1.2%。新兴市场国家经济发展依然温和。二是全球经济发展分化。后危机时期，各国经济增长动力普遍不足，全球发展环境异常复杂，金融市场乱象纷呈，贸易保护主义盛行，全球发展明显分化。据IMF统计，过去五年新兴市场国家对世界经济增长的贡献率年均超过70%。未来发达国家经济发展企稳，但依然面临严重的政府债务与高失业问题，私人消费不足，产业需要调整，政府严重缺钱，发展后劲不足。新兴市场国家由于前期透支式高发展，沉积诸多结构性问题，方式必须转变，增速需要放缓，但仍具备后发优势。2014年，按购买力平价计算，预计发达国家的贡献率降为35%，新兴市场国家的贡献率依然达65%。

2. 国内宏观经济社会环境良好，中国已告别单纯依靠经济超高速增长的发展期，进入稳中求进、提质增效的发展新阶段

伴随着外贸红利、人口红利的逐步减弱，中国已告别单纯依靠经济超高速增长的发展期，进入稳中求进、提质增效的发展新阶段。党的十八届三中全会是我国启动新一轮改革的重要标志，其中重点将以加快完善并建成社会主义市场经济体制为主要目标，充分发挥市场在资源配置中的决定性作用，着力清除

行政壁垒，进一步放开准入、减少管制，划清政府和市场边界，为各类企业创造公平竞争的环境，提高微观经济主体，特别是中小微企业投资的活力。2013年，国内经济运行总体平稳，呈现稳中有进、稳中向好的发展态势。初步测算，全国国内生产总值(GDP)56.88万亿元人民币，按可比价格计算，同比增长7.7%，其中一季度同比增长7.7%，二季度增长7.5%，三季度增长7.8%，四季度增长7.7%。主要先行指数持续向好，显示我国经济发展保持良好态势，为经济稳定增长奠定了较好基础。同时，中央对同步推进政治、社会、文化和生态建设的要求更加突出，思路也更加清晰。这势必要求在发展中要更加注重全面性、注重协调性。

3. 嘉兴经济步入平缓调整期，工作重心突出以更加积极的改革促进经济质量和效益的提升，以及民生社会的改善和治理

一是国际经济增长依然缓慢，面临的不确定因素较多。二是国内宏观政策更加稳健，改革措施更加积极，经济工作的重心是提高经济发展的质量和效益，增长速度调整为7%～8%。三是从经济发展周期看，21世纪以来，全市经济发展大致划分为1998—2001年、2001—2005年、2005—2009年和2009年至今四个周期，其平均增长速度逐期趋缓。经济增长已经从两位数转入一位数增长，增速调整为8%～9%区间，经济发展阶段进入换挡期。四是社会与环境的倒逼压力日益增大，以注重"救火式"的应对方式越来越难以为继。因此，嘉兴的工作重心必将突出以更加积极的改革促进经济质量和效益的提升，以及民生社会的改善和治理。

(二)2014年嘉兴经济社会发展建议

2014年是全面深入贯彻党的十八大和十八届三中全会精神，全面深化改革的第一年，也是实施"十二五"规划的关键之年。全市各地仍应继续贯彻落实科学发展观，按照稳中有进、稳中向好总基调，坚定不移抓有效投资，千方百计抓好消费和出口，攻坚克难抓节能减排，尽心尽力抓民生，切实解决发展中遇到的突出矛盾和问题，努力在改革创新中破解难题，在转型升级中争创优势，确保全市经济平稳健康发展。

1. 加快调整投入结构，确保经济平稳增长

近十年来，全市固定资产投资率(固定资产投资占GDP的比重)总体处于上升趋势，嘉兴固定资产投资占GDP比重始终在50%～60%之间，超过全省平均水平约10个百分点。而全市的投资效果系数(单位固定资产投资所增加的GDP)保持在0.25左右，比全省平均水平低0.08左右，也就是说嘉兴的投入产出水平比全省低四分之一强。因此，在强调投资总量和速度的同时，更要注重投资的质量和效益。一是"招大引强选优"。把大项目、好项目作为稳增长、调结构、增后劲的关键，建立健全投资项目绩效评估机制，防止低水平重复建设。

加强用地指标统筹调控，保障重点项目用地需求。二是激发民资活力。进一步落实民营经济“二次创业”政策措施，大力发展装备制造业、高端服务业和现代农业。三是强化技术改造。进一步推进机器换人，提升传统产业，推动嘉兴产业由“制造”向“智造”转变，提高劳动生产率。

2.加快调整产业结构，确保经济优化升级

打造嘉兴经济“升级版”，关键提升嘉兴产业层次水平。一是大力实施创新驱动战略。集中财力，集中精力，明确主攻方向，将加快建设创新型城市三年行动方案落到实处，真正做到产学研相结合，促进信息化与工业化深度融合。二是加快发展现代服务业。要加快传统的劳动密集型、低加工度、低附加值制造业向战略性新兴产业、先进制造业转变，带动金融、物流、商务、服务外包等生产性服务业扩张，促进先进制造业与现代服务业融合发展，着力培育服务经济新的增长点。三是大力发展海洋经济。要紧紧抓住浙江海洋经济发展示范区建设上升为国家战略的重大契机，认真谋划嘉兴海洋经济新发展，着力构建嘉兴“一带两核三区多节点”的海洋经济发展布局，加快形成滨海与腹地互促共进、协调发展新格局，构筑全市经济发展新引擎。四是突出“亩均论英雄”绩效评价。以亩均销售收入、亩均税金、单位能耗、单位排放税收和劳动生产率为重点，扶优汰劣，推进“两退两进”，着力打造一批专业化、特色化品牌园区，促进产业集群、功能集成和资源集约，扎实推进“四换三名”工程，确保经济优化升级。五是主动承接上海自贸区辐射效应。大力实施接轨上海战略，抓住上海自贸区发展机遇，重点在现有3个国家级开发区、14个省级开发区、10个省级服务业集聚区求突破，借力借势做大做强嘉兴优势产业。

3.加快调整治理重点，确保社会环境有效改善

社会环境的有效改善是一项系统而长期的工作，因此，必须着眼于长远，有重点、有步骤地部署实施。一是突出水环境治理。以“五水共治”为契机，进一步完善水环境改善中的技术治理和文化治理，形成以“河长制”主导下的全民参与机制，使技术治理的成果成为推动社会成员自觉维护的动力。二是科学推进城乡统筹发展。优化城乡空间布局，通过项目开发、资源倾斜等方式有序引导农民向镇域集中。深化户籍制度改革，率先推进有能力在城镇就业和生活的农民的市民化。同时以强化农民收入为重点，实施以发展镇域经济为导向的产业政策，进一步探索农地增效途径。三是强化社会治理的基础性建设。加强就业、社会保障、社会安全为重点的社会服务，拓宽就业岗位的开发范围，抓好城乡社保体系的衔接，完善社会安全的保障体系。同时，努力夯实社会自我调节的基础，在政社分离的框架下，加强政府对社会主体发展的支持力度，并突出社会组织、社区和社工等在居民中的组织、服务和引导作用。

分析展望篇

FENXIZHANWANGPIAN

2013年嘉兴市区经济发展状况分析

□ 常生群

2013年，面对复杂严峻的国内外宏观经济形势，市区各级政府从优化服务、创业支持、财税支持等方面着手，加快体制转轨和社会转型，积极推动发展方式转变，经济运行总体平稳，质量效益不断提高，市区生产总值780.37亿元，按可比价格计算，增长9.5%，增幅比上年提高2.1个百分点，高于全市平均水平0.2个百分点。

一、嘉兴市区经济运行基本情况

2013年，市区生产总值780.37亿元，按可比价格计算，增长9.5%，增幅比上年提高2.1个百分点，其中，第一产业增加值32.7亿元，与上年持平；第二产业增加值376.27亿元，增长10.6%；工业增加值333.95亿元，增长11.5%；第三产业增加值371.4亿元，增长9.2%。三次产业结构为4.2∶48.2∶47.6，第三产业占比比上年提高1.1个百分点。人均GDP(按常住人口计算)突破6万元，达到64360元，按当年汇率折算超过1万美元，达到10393美元。

(一)工业经济平稳增长

2013年，市区规模以上工业增加值274.11亿元，比上年增长13.8%，市区规模以上工业32个大类行业中有25个行业比上年增长，纺织、服装、化学原料、橡胶塑料、通用设备业、汽车制造业、非金属矿物制品业、电气行业、计算机通信业和电力行业等十大行业工业增加值202.32亿元，增长14.5%，高于市区平均水平0.7个百分点，占市区规上工业增加值比重的73.8%，比上年提高0.4个百分点。市区产值10亿元以上工业企业产值777.65亿元，比上年增长20.9%，占市区规上工业比重的48.7%，比上年提高2.0个百分点。

(二)产业投资稳增提质

2013年,市区固定资产投资512.09亿元,比上年增长15.1%。其中第一产业、第二产业和第三产业投资6.37亿元、173.49亿元和332.24亿元,分别增长1.4%、14.7%和15.6%,第三产业投资比重为64.9%,比上年提高0.3个百分点。重大项目加快推进。亿元以上项目216个,项目数比上年增加53个,完成投资177.14亿元,比上年增长38%,高于全部投资增幅22.9个百分点。房地产市场运行平稳。市区完成房地产开发投资185.85亿元,增长24.5%;商品房销售面积233.15万平方米,增长27.3%。

(三)内外市场稳定增长

2013年,市区社会消费品零售总额328.30亿元,比上年增长11.6%。其中批发和零售业零售额297.12亿元,增长11.4%;住宿和餐饮业零售额31.17亿元,增长13.9%。城乡市场均衡发展。城镇消费品市场零售额288.14亿元,增长11.7%;农村消费品市场零售额40.16亿元,增长11.0%。对外贸易持续反弹。2013年市区进出口总额87.54亿美元,比上年增长12.1%,增幅比上年提高9.0个百分点。其中出口63.9亿美元,增长13.4%,增幅比上年提高11.7个百分点。

(四)财政收入稳步上升

2013年,市区财政总收入154.95亿元,增长6.4%,其中公共财政预算收入88.46亿元,增长5.3%。各项税收收入138.3亿元,增长11.2%;税收收入占公共预算收入的比重达到85.5%。主体税种中,增值税、营业税、企业所得税、城市维护税分别比上年增长11.5%、0.8%、7.2%和12.1%。地方公共财政预算支出99.23亿元,比上年增长13.7%,其中用于民生方面的支出70.60亿元,增长10.9%,占公共财政预算支出的71.1%。

(五)金融信贷平稳增长

年末,市区金融机构人民币存款余额1741亿元,比年初增加230亿元,增长15.3%,其中城乡居民储蓄存款余额708.06亿元,比年初增加86.17亿元,增长13.8%。金融机构人民币贷款余额1297.14亿元,比年初增加139.34亿元,增长12.2%;其中短期贷款余额675.56亿元,增长11.3%,中长期贷款余额604.97亿元,增长16.0%。

(六)民生状况继续改善

物价水平保持稳定。2013年CPI当月、累计涨幅均保持在2%左右,物价走势总体稳定。全年市区居民消费价格总水平同比上涨1.7%,八大类消费价格指数“五升三降”:食品、衣着、家庭设备用品及维修服务、娱乐教育文化用品及服务、居住类价格分别比上年上涨4.6%、1.5%、1.9%、2.4%和0.03%,烟酒类价格下降1.2%、医疗保健和个人用品价格下降2.2%、交通和通信价格下降0.5%。

居民收入稳定增长。2013年市区居民人均可支配收入36743元,比上年增长9.3%;人均消费性支出23365元,增长8.0%。市区农民人均纯收入20149元,比上年增长10.3%;人均消费性支出17046元,增长16%。城乡居民享受最低保障的户数和人数均有所减少,其中享受最低保障户数0.36万户,下降2.7%;享受最低保障人数0.59万人,下降1.7%。

二、嘉兴市区经济运行中的主要亮点

(一)产业转型稳步推进

服务业稳步发展。2013年市区服务业增加值比上年增长9.2%,占市区生产总值的47.6%,比上年提高1.1百分点;全年服务业投资占全部限上投资的比重为64.9%,比上年提高0.3个百分点;服务业完成税收80.92亿元,占全部税收的50.3%,比上年提高0.3个百分点;服务业利用外资3.5亿美元,比上年增长9.5%,占全部实际利用外资的46.3% ,比上年回落0.7个百分点。

新兴产业发展良好。2013年市区战略性新兴产业、高新技术产业和装备制造业增加值分别为86.53亿元、60.33亿元和87.88亿元,分别增长26.3%、23.7%和19.2%,增幅均明显高于市区规上工业增加值平均增幅。

(二)重点企业贡献突出

重点工业企业增长较快。2013年市区10亿元以上规模以上工业企业29家,完成产值777.65亿元,增长20.9%,增速高于市区全部规上工业7.3个百分点,占市区规上工业的48.7%,对规上工业增长的贡献率达70.2%。5亿元以上规上工业企业49家,完成产值913.91亿元,增长20.6%,增速高于市区全部规上工业7.0个百分点,占市区规上工业的57.2%,对规上工业增长的贡献率达81.5%。

表1　2013年市区重点企业发展情况

指　标		全　市	市　区	南湖区	秀洲区
产值（亿元）	规上	6779.97	1598.14	892.28	705.86
	亿元以上	5470.17	1329.94	784.39	545.55
	5亿元以上	3606.34	913.91	610.18	303.73
	10亿元以上	2980.49	777.65	546.54	231.11
产值比重（%）	规上	100	100	100	100
	亿元以上	80.7	83.2	87.9	77.3
	5亿元以上	53.2	57.2	77.8	55.7
	10亿元以上	44.0	48.7	61.3	32.7
贡献率（%）	规上	100	100	100	100
	亿元以上	102.2	101.1	101.8	99.6
	5亿元以上	74.4	81.5	95.8	51.5
	10亿元以上	64.5	70.2	84.1	41.1
企业数（个）	规上	4411	884	355	529
	亿元以上	1189	265	118	147
	5亿元以上	199	49	24	25
	10亿元以上	107	29	15	14

(三)经济效益逐步改善

2013年，市区规上工业主营收入1360.86亿元，增长11.8%，增幅比上年提高11个百分点；实现利税和利润116.97亿元和81.39亿元，分别增长34.5%和42.6%，比上年增幅提高39.4和52.7个百分点；市区规模以上工业亏损企业141家，企业亏损面16%，分别比一季度、上半年和前三季度下降14.8、8.1和4.8个百分点，呈现逐期收窄态势。重点行业发展平稳。十大行业实现利税和利润87.7亿元和60.83亿元，分别增长26.6%和29.0%。其中纺织业（57.6%）、橡胶和塑料制品业（106..5%）、通用设备制造业（50.7%）和电气机械和器材制造业（53.5%）利润增速明显高于市区平均。

(四)创新能力不断增强

2013年，市区研究与试验发展经费支出19.08亿元，增长20.8%，占市区生产总值的比重达到2.4%，比上年提高0.2个百分点。创新主体的积极性较高。市区企业科技活动经费支出24.05亿元，增长21.9%，高于全市平均水平11.6个百分点；购置技术成果费用2.79亿元，增长2.3%，高于全市平均水平27.3个百分点。创新成果显著。市区工业新产品产值519.43亿元，增长18.5%，增幅比上年提升13.4个百分点。

三、嘉兴市区经济运行中的需要关注的问题

2013年，市区经济运行总体稳定向好，但由于世界经济仍处在缓慢回升调整之中，国内经济正处于增长速度换挡、结构调整阵痛期，宏观经济形势依然复杂，经济运行中仍存在一些突出矛盾问题，主要表现在以下几方面。

（一）中心城市的集聚力偏弱

中心城市作为一个地区经济、社会和文化中心，其对周围地区将产生经济辐射作用，承担着组织和协调区域经济活动，调控地区经济运行的功能。市区作为全市的中心城市，其资源集聚力和辐射力明显偏弱。2013年，市区主要经济指标中的大多数指标增幅低于全市平均水平，各项指标占全市的比重有所下降，市区在全市各县（市、区）中的竞争力和影响力有所下降（见表2）。

表2　2013年全市与市区主要指标情况

主要指标	增长率（%）		市区占全市比重（%）	
	全市	市区	2012年	2013年
生产总值	9.3	9.5	24.7	24.8
财政总收入	9.7	6.4	30.8	29.9
其中：公共财政预算收入	9.5	5.3	32.6	31.3
全社会固定资产投资	16.3	15.1	27.1	26.8
社会消费品零售总额	13.1	11.6	27.7	27.4
合同利用外资	20.5	8.8	35.7	32.3
实际利用外资	23.9	11.2	27.7	27.4
进出口总额	10.5	12.1	27.2	27.6
其中：出口	9.8	13.4	28.7	29.7
城镇居民可支配收入	9.5	9.3	94.2	94.0
农村居民人均现金纯收入	10.3	10.3	98.0	98.0

(二)经济结构性矛盾凸现

一是中小微企业运营困难。2013年,市区面广量大的中小企业成为经济减速中受到影响比较明显的群体,规模以上中型企业和小型企业增加值为73.75亿元和93.38亿元,分别增长12.4%和11.1%,明显低于大型企业增加值增速(17.1%),也低于全市中型企业(18.4%)和小型企业(15.1%)平均增幅。二是部分主要行业优势下降。2013年,市区前十大行业中的纺织业、纺织服装服饰业、化学原料和制品业、橡胶和塑料制品业增加值增速与其行业的全市平均水平相比,分别相差1.9、3.4、42.2和4.6个百分点,尤其是占市区工业两成的纺织业和服装业生产恢复缓慢,压力较大。

(三)经济发展的后劲不足

一是制造业投资增长相对缓慢。2013年,市区制造业固定资产投资增长14.0%,低于市区固定资产平均增幅1.1个百分点,同时也低于全市制造业投资增长平均水平0.1个百分点。二是在建项目和新项目投资进展缓慢。2013年,市区在建和新项目投资分别增长10.4%和9.1%,不仅低于市区固定资产投资平均增幅,而且与全市投资项目(单位)投资(14.1%)和本年新开工项目投资(24.1%)相比,差距也较大。三是服务业投资特别是生产性服务业投资增长相对缓慢。2013年,房地产投资的快速增长是带动市区服务业投资增长的主要因素,房地产投资增长拉动市区服务业投资增长12.7个百分点,贡献率达81.6%,而服务于实体经济的生产性服务业投资增长23.8%,低于全市生产性服务业投资平均水平22.4个百分点。

四、2014年宏观经济背景分析和若干建议

总体判断,2014年国内外经济发展环境依然难言乐观,但积极因素将不断增多,市区经济社会发展面临的内外环境将持续改善,预计经济将继续保持平稳增长。

从国际看,2014年国际货币基金组织预计世界经济增速比2013年回升0.7个百分点,美国经济复苏正进入正轨,以德国为代表的欧洲经济回升态势明显,日本将在2014年编制第二轮经济增长刺激政策,总体来说主要发达国家经济体有望呈现整体增长趋势。世界经济的逐步复苏,必将积极推动出口依存度超过50%的市区经济发展。但需要注意的是,世界经济仍处在深度调整期,新兴经济体出现的资本流出、本币贬值、金融动荡等风险,也将对世界经济产生不

确定影响。

从国内看，2014年我国经济处在增长转换阶段和寻求新平衡的关键期，也是贯彻落实党的十八届三中全会精神的开局之年，国家将在完善现代市场体系、健全城乡发展一体化体制机制、构建开放型经济新体制等方面出台一系列具体政策，改革红利将逐步释放。但也应该看到外需市场短期内难以扭转，物价上涨压力有所上升等经济发展的制约因素，经济趋稳向好发展的基础还不够牢固。

在新的一年里，市区要以提高经济增长质量效益为中心，深入推动传统主导行业转型升级，提升竞争力，大力保障新兴产业加快发展，继续推进体制机制创新，实施创新驱动战略，进一步强化科技人才支撑作用，全面增强经济发展活力和竞争力。

(一)创新驱动，加快转型升级

一是强化创新驱动战略。按照市委、市政府“四突破、四提高”的目标，完善创新驱动发展的体制机制，建立健全科技服务机制，着力优化创新创业环境，激发各类创新主体的创新创业活动和动力，发挥科技创新的支撑引领作用。二是优化产业结构。培育壮大新兴产业，加快推进新兴产业重大项目建设，加快发展高端装备制造、新材料、新能源和节能环保等产业；加快建设现代服务业集聚区等发展平台，加快新兴服务业规模化发展，着力发展总部经济、现代物流、电子商务等新兴行业。

(二)优化投入，提高投资质量

一是抓好重点项目的投资进度，确保重点项目顺利进行，为市区固定资产投资保持高质量增长奠定基础。二是增强投资后劲，鼓励和引导民间资本参与基础设施、公共服务等领域建设，继续加大新兴产业、现代服务业和科技创新、技术改造等方面投资力度。三是抓紧谋划项目储备，重点储备投资量大、政策性强的产业化重大项目，为投资增长积蓄后劲。

(三)凝心聚力，推动工业提质增效

一是推进工业内部结构调整，坚持引导传统主导行业转型升级，加大技术改造升级力度，提高产品附加值和竞争力。二是加快推进淘汰落后产能，积极引导和鼓励企业进一步加快企业技术改造和技术进步，促进企业向低能耗、高附加值方向转变。三是优化企业发展环境，推动生产要素和政策资源向实体经济特别是中小微企业集聚，帮助中小微企业降低生产经营成本、恢复活力。

（四）开拓市场，推动外贸稳定发展

市区经济的对外贸易依存度较高，因此推动外贸平稳发展具有重要意义。一是继续优化对外贸易环境，为实体经济方便、快捷和高效参与贸易保驾护航。二是积极鼓励企业参加各类展销会、交易会，同时鼓励外贸企业加大研发力度，增加技术含量，提高产品附加值，培育自主品牌，形成品牌效应，从价格优势向技术优势过渡，提高市场竞争力。三是注重外贸市场结构调整。在保持传统市场份额的同时，应更加注重发展与拉美、亚洲、非洲等新兴市场国家和地区的经贸关系，进一步加大市场多元化拓展力度。四是鼓励企业研究利用上海自贸区的体制机制优势，提升对外贸易水平。

2013年嘉兴工业经济运行分析

□ 陈洪波

2013年，面对复杂的国内外经济形势，嘉兴牢牢把握“稳中求进、转中求好”的工作基调，积极实施“四换三名”、扩大有效投资、推进“浙商回归”、“个转企、小上规、规改股、股上市”等“组合拳”，取得了较好成效，全市工业经济保持平稳较快增长，质量效益稳步改善。

一、2013年嘉兴工业经济运行主要特征

（一）工业生产保持平稳较快增长

2013年，全市规模以上工业生产保持平稳较快增长，规模以上工业增加值突破1200亿元，达到1206.46亿元，比上年增长11.5%（可比价，下同），增幅较上年（10.9%）提高0.6个百分点。总量和增速分列全省各市第四位和第二位，增速比上年前移3位。

表1　全省分地区规上工业增加值比较

地　区	2013年		2012年		2013年较2012年±%
	亿元	±%	亿元	±%	
浙　江	11700.67	8.5	10875.26	7.1	1.4
杭　州	2523.88	8.0	2393.59	10.9	−2.9
宁　波	2291.20	8.0	2132.52	5.0	3.0
温　州	851.48	5.8	820.43	1.6	4.2
嘉　兴	1206.46	11.5	1115.09	10.9	0.6
湖　州	629.94	11.3	555.55	13.2	−1.9

续表

地　区	2013年		2012年		2013年较2012年±%
	亿元	±%	亿元	±%	
绍　兴	1440.85	9.2	1411.11	11.0	−1.8
金　华	817.95	9.9	784.51	10.9	−1.0
衢　州	346.82	10.4	343.29	10.6	−0.2
舟　山	264.50	9.3	223.63	14.5	−5.2
台　州	774.25	6.9	705.23	6.3	0.6
丽　水	351.19	12.6	327.19	15.2	−2.6
嘉兴位次	4	2	4	5	4

重工业快于轻工业，化学原料、纺织及通信设备行业贡献突出。2013年，全市轻、重工业增加值分别为562.57亿元、643.89亿元，分别增长8.2%和14.3%，重工业快于轻工业6.1个百分点，领先幅度较上年回落2.5个百分点。近九成行业实现增长。2013年，34个行业大类中，30个行业实现增长，4个行业下降(较上年减少1个)。其中化学原料、纺织及通信设备行业拉动作用相对较强，对全市工业增长贡献率近五成，达到47.8%，较上年提高11.2个百分点；分别拉动全市工业增长3.3、1.3和1.0个百分点。

中型企业快于大小型企业，拉大作用明显。2013年，全市中型企业实现增加值335.00亿元，已占规上工业的27.8%，增长13.3%，高于全市平均1.8个百分点，领先大型(8.9%)、小型企业(11.9%)4.4和1.4个百分点，较上年大型企业领跑中小型企业变化明显。中型企业对全市规模以上工业增长的贡献率为41.4%，分别高于大、小型企业20.0和4.2个百分点；中型企业拉动全市规模以上工业增长4.8个百分点。

内资企业快于外资企业，私营企业贡献最大。2013年，全市规模以上内资、外资企业工业增加值分别为802.22亿元、404.25亿元，分别较上年增长12.6%和9.2%。相比上年，内资企业增速提升1个百分点，外资企业下降0.3个百分点。私营企业增长较快、贡献大，占比进一步提升。内资企业中私营企业实现增加值421.53亿元，较上年增长12.5%，快于全市规模以上企业平均水平1.0个百分点，对全市规模以上工业增长的贡献率近四成，为37.5%；占全市规模以上企业的比重达34.9%，较上年同期提高0.4个百分点。

(二)工业企业运行质量稳步提高

2013年，全市规模以上工业企业实现利税总额559.97亿元，比上年增长

27.8%，快于全省平均15.3个百分点，总量和增速分别列全省第四位和第一位。其中，利润总额、税金总额分别增长31.1%和23.0%，分别快于全省平均15.9和14.2个百分点，增速均列全省第一位。

表2 2013年全省分地区规上工业利税比较

地区	利税总额		#利润总额		#税金总额	
	亿元	±%	亿元	±%	亿元	±%
浙江省	5684.51	12.5	3385.87	15.2	2298.64	8.8
杭州市	1399.12	7.5	818.96	7.9	580.16	6.9
宁波市	1258.10	17.2	664.56	25.0	593.54	9.5
温州市	361.17	7.0	213.13	9.0	148.04	4.1
嘉兴市	559.97	27.8	340.05	31.1	219.92	23.0
湖州市	323.97	27.1	207.14	31.0	116.83	20.8
绍兴市	713.80	8.6	484.68	10.4	229.12	4.7
金华市	326.37	8.4	199.59	8.2	126.77	8.7
衢州市	125.47	15.4	82.49	13.1	42.97	20.2
舟山市	31.45	1.4	11.55	15.9	19.90	−5.5
台州市	306.54	7.8	184.61	7.3	121.93	8.6
丽水市	181.40	17.8	131.82	18.5	49.58	15.9
嘉兴位次	4	1	4	1	4	1

全员劳动生产率稳步提高。全市规模以上工业企业全员劳动生产率为15.03万元/人，较上年提高了1.16万元/人，增长8.4%。与全省比较看，尽管全市规模以上工业企业全员劳动生产率仍低于全省平均水平(16.82万元/人)，排在全省第八位，但增速高于全省平均水平0.1个百分点，排在全省第四位。从企业类型看，内资企业全员劳动生产率明显高于外资企业，内资企业为16.16万元/人，较外资企业(13.21万元/人)高出2.94万元/人。

企业经营状况好转，亏损面进一步收窄，亏损率下降。企业亏损面15.7%，较上年收窄3.4个百分点；亏损企业亏损额为26.18亿元，比上年下降25.1%。从分行业看，亏损企业主要集中在纺织服装(112家)、纺织(96家)、通用设备(64家)等行业，三大行业亏损企业数占全市规模以上工业亏损企业比重近四成(39.4%)；亏损企业亏损额主要集中在电气机械、化学原料、通用设备等行业，占全市规模以上工业亏损企业亏损额的比重分别为18.6%、14.1%和10.8%。

企业获利能力提升较快。全市规模以上工业企业经营效益提升明显，除利润总额增速等指标在全省名列前茅外，反映企业获利能力的成本费用利润率、净资产收益率等主要指标也提升较快。2013年，全市规模以上工业企业成本费用利润率为5.61%，全省排名第七位，较上年提升3位；与2012年相比，成本费用利润率提升了0.87个百分点，提升幅度排在全省第二位。净资产收益率为12.12%，全省排名第八位，较上年提升2位；较上年提升了1.96个百分点，提升幅度排在全省第三位。

(三)工业经济结构调整扎实推进

2013年，全市各地通过扩大有效投资，积极实施“四换三名”等工程，进一步优化工业投入产出结构，工业新兴产业加快发展，传统产业发展减缓。

投资增速趋缓，投入结构更趋合理。全市完成工业投资893.44亿元，较上年增长14.1%，低于全部固定资产投资2.2个百分点。投资结构更趋合理。工业生产性投资增长16.3%，快于工业投资2.2个百分点，占工业投资比重达96.6%，较上年提高1.8个百分点；八大高耗能行业投资仅增长3.4%，低于工业投资10.7个百分点；装备制造业投资增长21.7%，分别高于工业投资、全部固定资产投资7.6和5.4个百分点。大项目支撑力度加大。2013年，计划总投资亿元以上项目396个，较上年增加67个；亿元项目2013年完成投资444.52亿元，占工业投资的比重近五成，达49.8%，较上年提高1.0个百分点。

新兴产业加快发展，产出结构进一步优化。全市规模以上高新技术产业增加值272.62亿元，增长25.0%，增速高于全省平均(10.3%)14.7个百分点，总量和增速分别列全省第四位和第二位；占规模以上工业的22.6%，较上年提高2.7个百分点，成为嘉兴市工业经济转型升级中的一大亮点。战略性新兴产业增加值426.27亿元，增长21.5%，快于全市规模以上工业平均水平10.0个百分点，占规模以上工业的35.3%，较上年提高1.9个百分点。传统产业发展减缓。2013年全市纺织、服装、皮革等传统产业分别较上年增长9.5%、3.2%和4.9%，分别低于全市规上工业平均水平2.0、8.3和6.6个百分点。

(四)工业经济转型发展取得新成效

创新驱动的支撑作用增强。科技创新投入不断加大。2013年，全市规模以上工业企业科技活动经费总投入126.84亿元，同比增长18.5%，高出同期主营业务收入增速7.0个百分点。创新步伐不断加快。全市规模以上工业新产品产值2374.12亿元，增长26.2%，增幅比上年提高13.8个百分点，高出规模以上工业总产值增速14.7个百分点。全市规模以上工业新产品产值率35.0%，比上年提高 4.1 个百分点。高新园区发展引擎的作用日益显现。全市 3 个高新园区中规模以上工业增加值 263.23 亿元，增长 12.5%，增幅高于规模以上工业 1.0 个百分点。

"机器换人"换出新效率。2013 年，全市工业技术改造投资 563.44 亿元，增长 16.7%，高于全部工业投资 2.6 个百分点；占工业投资比重 63.1%，比重提高 1.5 个百分点。工业设备工器具购置费用 497.79 亿元，增长 21.5%，增幅比上年提高 15.6 个百分点；占工业投资的 55.7%，较上年提高 3.4 个百分点。全市规模以上工业增加值增长 11.5%，而从业人员平均人数减少 461 人，亿元工业增加值从业人数 665 人，较上年减少 56 人，下降 7.7%。

能源利用效率提高。2013 年，全市规模以上工业多数行业单耗下降，全市 33 个行业中，有 25 个行业单耗下降，8 个行业单耗上升。纺织、造纸、化学原料、化学纤维、非金属矿物制品、黑色金属加工和电力等高耗能行业单耗平均下降 10.3%，降幅高于规上工业平均降幅 2.9 个百分点，能源利用效率得到明显改善，其中，化学原料及化学制品制造业、非金属矿物制品业、化学纤维制造业和黑色金属冶炼及压延加工业单位降幅均超过 10%。

二、2013 年工业经济发展中需要关注的问题

2013 年，全市工业经济运行保持平稳较快发展态势，但也遇到了一些复杂的情况和困难，主要表现在以下几方面。

（一）内需不旺，外需乏力

内需不旺。根据 2013 年第四季度的工业景气调查数据显示，近 2000 家无出口业务的规模以上工业企业中 32.8%的企业认为产品需求减少、订单不足是本季度企业生产经营中的主要问题，国内市场需求不旺的态势没有明显好转。另一方面，需求疲软对产品的出厂价格也产生了负面影响，主要产品价格一直低位徘徊，全市 PPI 低于 100 的态势已经持续两年，企业的生产积极性受到一定程度抑制，对工业发展势头产生不良影响。

外需乏力。国际市场方面，由于美欧经济复苏迟缓、地区贸易保护抬头等因素的影响，工业品出口难度加大。2013 年全市规模以上工业出口交货值增长 4.7%，尽管较上年提高 0.6 个百分点，但出口交货值占销售产值的比重进一步下降，2013 年出口交货值占销售产值的比重为 21.0%，较上年回落 1.4 个百分点。

(二)成本压力依旧,重化趋势明显

成本压力依旧。2013年,全市规模以上工业企业成本费用利润率为5.61%,尽管在全省排名有所前移,但仍低于全省平均水平0.21个百分点,这说明企业结构调整慢,技术优势弱。全市规模以上企业在从业人员没有增加的情况下,应付职工薪酬382.24亿元,增长17.4%,快于主营业务收入增幅5.9个百分点。人均薪酬的增长一方面是劳动力价值的市场化体现,另一方面也是一些企业缺乏有效化解劳动力成本上升的能力,产业提升速度相对较慢。另据2013年第四季度的工业景气调查数据显示,用工成本上升(52.1%)、原材料价格上涨(29.0%)、资金紧张(23.0%)是本季度企业生产经营中的主要问题。企业面临用工成本高、原材料价格上涨、土地紧张、物流成本和资金成本增加等诸多因素,利润空间受到挤压,直接影响企业的产品开发和技术创新。

重化趋势明显。2013年,全市规模以上工业中八大高耗能行业工业增加值591.00亿元,增长15.9%,增速高于全市规模以上工业平均水平4.4个百分点;2013年八大高耗能行业总产值占规模以上工业比重较2010年提高3.2个百分点。尽管高耗能行业利用效率持续提高,但高耗能行业产值能耗水平是全市规模以上工业平均水平的1.5倍,将持续对嘉兴市节能降耗带来较大压力。此外,部分行业产能过剩、环境容量压力加剧等因素也对嘉兴市工业经济的发展产生制约。

(三)景气预期下降

面对国内外的复杂形势,工业企业对2014年一季度的预期较2013年四季度有所下滑。据2013年第四季度的工业景气调查数据显示,反映企业未来景气预判的预期企业景气指数117.9,比2013年第四季度当期景气指数降低15.7个点;反映对未来预判的预期企业家信心指数为113.8,比2013年第四季度当期信心指数降低10.2个点,其中服装、皮革等传统产业预期企业家信心指数更是低于100,处于“微弱不景气”区间。对未来预期的下降,表明企业对下阶段的生产经营持相对谨慎态度,对2014年的工业经济有可能产生影响。

三、2014年嘉兴工业经济发展建议

2014年,全市工业经济应围绕“稳中求进、稳中有为、稳中提质”的目标,切实解决工业经济运行中遇到了一些困难和问题,促进嘉兴市工业经济持续健康发展。

(一)进一步强化"退低进高"工作

以工业绩效评价为抓手，真正建好用好用能、用电、用地、排污、税收五本台账，对全市A、B、C、D四类企业实行差别化政策，牢固树立"亩产论英雄"的理念；加大节能降耗工作力度，逐步建立健全以行业整治为抓手的落后产能淘汰退出常态化机制，切实提高土地、能源、资金等要素的利用效率，扎实推进"腾笼换鸟"、"退低进高"工作。

(二)进一步优化产业结构

制定产业项目差别化准入政策，大力发展高新技术产业、战略性新兴产业和现代装备制造业，把好项目"准入关"，加强对投产项目的跟踪检查；深化"三名"工程，加大对名企、名品、名家的培育力度；深入实施民营企业"二次创业"等，进一步优化工业结构，增强工业发展后劲，为工业经济提质、增效、升级打下坚实的基础。

(三)进一步加快科技成果转化

强化企业创新主体地位，大力实施创新驱动发展战略，充分利用浙江清华长三角研究院、浙江中科院应用技术研究院和嘉兴学院等科研院校的资源，加强孵化器、加速器、中试基地等公共服务平台建设，支持企业加大研发投入和科技成果应用力度，推动企业"机器换人"和应用现代信息技术，提升企业核心竞争力，不断提升嘉兴工业经济区域竞争力和可持续发展能力。

嘉兴镇域工业经济发展规模效益分析

□ 朱莹莹

镇域工业经济是嘉兴工业强市建设的重要支撑，是推动嘉兴实现工业现代化的主导力量。通过规模总量、结构效益的综合评价及个案研究，有利于总结成功经验，培育中坚力量，提升质量效益，集约资源环境，打造核心企业以及产业集群。

一、嘉兴镇域工业经济发展概况

（一）镇域工业成为全市工业经济的主体

2012年，全市共有73个镇（街道），实现规上工业总产值5582.3亿元（含省级以上开发区、工业园区的所有镇和街道），占全市规上工业总产值的93%；剔除省级以上开发区和工业园区的镇（街道）实现规上工业总产值为3467.5亿元，占全市规上工业总产值的57.8%；完成规上工业增加值831.6亿元，占全市规上工业增加值的74.5%；完成工业投资738.5亿元，占全市工业投资总额的94.3%；完成财政总收入282.3亿元，占全市财政总收入的59.8%。

（二）工业园区成为镇域工业经济的载体

全市有56个市镇工业园区，有14个镇（街道）属省级以上经济技术开发区或工业园区管辖。2012年，省级以上经济开发区和工业园区所在的镇（街道）工业总产值2114.82亿元，占全部镇（街道）总量的37.9%。56个市镇工业园区共完成工业总产值3149亿元，其中规上工业产值2734.4亿元，占全市规上工业总产值45.5%；利税总额188.01亿元，其中税收88.7亿元。历年累计开发面积21.57万亩，其中2012年新增6988亩；进区企业历年累计19512家，其中

2012 年新增 394 家；期末从业人数 55.3 万人；基础设施投入历年累计 222.8 亿元，其中 2012 年新增 31.7 亿元；当年实际利用外资 4.32 亿美元，引进市外内资 163.8 亿元；当年平均投资强度 160.7 万元/亩，容积率为 0.73，亩均产值为 211.4 万元/亩，亩均利税为 14.6 万元/亩。市镇工业园区已成为镇域工业经济的载体。

(三)龙头企业成为镇域工业经济的支撑

在工业强镇(街道)建设过程中，一批经济效益好、带动能力强、产品具有市场竞争优势的大企业，充分发挥对同行业其他企业的影响力、号召力和示范、引导作用，对当地经济发展作出了突出贡献，撑起了工业经济发展的“半边天”。如桐乡洲泉镇的桐昆集团、新凤鸣集团，嘉善姚庄镇的昱辉阳光能源有限公司，南湖区大桥镇的浙江卫星控股股份有限公司，港区乍浦镇的嘉兴石化有限公司等。全市工业总量较强的镇(街道)近 60%以上都有 1～3 个航母型企业支撑，最大者主营业务收入占全镇(街道)的 85%以上，最小者也有 30%左右。这些企业涵盖了生产加工、市场开拓、科技创新、项目投资、专业服务等各个领域，为相关产业的中小企业提供了系列化服务和示范性引导，引导中小企业扩规模、拓链条、强实力，促进龙头企业“裂变式”发展、“爆发式”增长，打造更多的“百亿航母”、“十亿板块”和“亿元群体”，使镇域经济形成了既有“顶天立地”者，又有“铺天盖地”群的产业生态环境。

(四)传统块状经济集群化成为产业升级的主流

经过多年的培育，嘉兴已经初步形成了一批以产品为依托、以产业链为纽带、以骨干企业为龙头、市场占有量大的传统特色块状经济，如濮院毛衫、马桥经编、平湖服装、嘉善木业、平湖光机电、海宁家纺、海宁皮革、洲泉化纤、秀洲区纺织业等。近年来，以工业园区为载体的传统优势产业正向完备产业链快速提升，以城乡统筹发展为契机的产业正在跨区域快速发展，呈现出由“马赛克”式的块状经济向“链条带”式的现代产业集群加快转变的态势。目前，全市已形成具有比较优势和区域特色的产业集群 30 多个，2012 年实现销售收入近 3000 亿元，在规模以上工业销售收入中的占比接近 60%。

(五)产城融合成为镇域经济发展的大势

在工业强镇(街道)和新型城市化发展的进程中，各地区从规划、政策、资金、项目、配套等方面加快产业培育的步伐，并将此过程与城市化的功能完善和承载力提升相结合，加速形成产城互动、以产兴城、产城融合的发展道路。在空间集约上，做好城镇发展和产业发展的顶层设计，坚持工业向园区集中、服务业向镇区集中，有效推进发展空间的整体合理布局。在产业支撑上，始终坚持“四化同步”，推动工业高端化、集约化发展的同时，加强信息技术在产业发展中的集成运用，促进城市服务业加快向园区延伸，大力发展都市生态农业，实现城乡产业合理布局、优势互补、协调发展。在人口集中上，通过调整产业结构、优化产业层次、健全城乡户籍制度、完善外来人口管理服务等措施，进一步强化人口流动，优化人口结构，提高中高端人口比重，增强城镇发展动力。

二、嘉兴市镇域工业经济水平效益综合评价

嘉兴73个镇(街道)中有18个是无工业，或以发展农业、第三产业为主的镇(街道)。本文剔除这18个镇(街道)后，以2012年工业经济各项指标为依据，对全市55个镇(街道)工业经济的规模总量和效益结构进行综合评价，详见附表1中效益结构指标体系、目标值、权重设置说明。

(一)规模总量

1. 工业增加镇：1/3的镇(街道)创造了70%的工业增加值

2012年，全市55个镇(街道)全部工业增加值为4722.85亿元，平均每镇(街道)达85.87亿元，最高的是桐乡洲泉镇，工业增加值为414.50亿元，而最低者仅有14.04亿元。按四级层次划分，规上工业总产值200亿元以上的5个，占总数的9.1%，占全部产值30.47%；100亿～200亿元的13个，占总数的23.6%，占全部产值36.9%；50亿～100亿元以上的10个，占总数的18.2%，占全部产值14.52%；50亿元以下的镇(街道)有27个，占总数的49.1%，占全部产值18.1%(见附表2)。工业增加值在100亿元以上的、约占总数30%的镇(街道)创造了近70%的工业增加值，而100亿元以下的、近70%的镇(街道)只占了全部工业增加值的约30%。全市镇(街道)工业规模总量分布形成了典型的头大尾小的“蝌蚪型”结构。

2. 财政收入：1/4的镇(街道)创造了逾50%的财政收入

财政收入10亿元以上的前5个镇(街道)，以工业增加值200亿元以上的为主，其收入占总量的1/3；财政收入5亿～10亿元的9个镇(街道)，以100亿以上规模的为主，其收入约占总量的1/4；财政收入2亿～5亿元的26个镇(街道)为数众多，约占总量的一半，以100亿元以下规模的为主，其收入占总量的34.4%；财政收入2亿元以下的15个镇(街道)规模较小，以50亿元以下规模的为主，收入仅占总量的8.9%。财政收入与工业增加值规模密切相关。60%

数量的财政收入水平在2亿～10亿元的镇(街道)创造了60%的财政收入，其中位于前列近1/4的镇(街道)财政收入超过了50%(见附表3)。

3.投资总量：1/5的镇(街道)创造了50%以上的工业投资

工业投资20亿元以上的10个镇(街道)，占据了全部投资总量的50%，这些地区实力雄厚，以工业增加值100亿元以上的为主；工业投资10—20亿元的仅7个镇(街道)，以工业规模50—100亿元的为主，投资额占总量的15.6%；同样，投资5—10亿元的24个镇(街道)，占总数的43.6%，投资额占总量的25.3%；投资最小的14个镇(街道)占总数的25.5%，投资额仅占总量的8.6%。工业投资额前十位的镇(街道)以不到1/5的数量，占据了全市工业投资额总量的一半，这些镇(街道)以工业增加值100亿元以上的为主。而工业投资额10亿元以下的镇(街道)，虽占总数近70%，投资额仅占全部总额的30%多一些。规模总量较大的镇(街道)工业投资量明显高于薄弱镇(街道)，出现“两极”分化现象(见附表4)。

(二)效益结构

为全面考察全市镇域经济效益结构，本文建构了效益结构指标体系。效益结构指标体系的构成、目标值、权重设置等内容详见注释说明。测评结果如下：

1.从整体看，1/3的镇(街道)得分逾60分，已有一批总量和效益俱佳的工业大镇(街道)

测评显示，已有20个镇(街道)的效益结构总分超过57.58分的平均值，占全部镇(街道)数量的36.4%。其中，西塘镇、洪合镇、洲泉镇、罗星街道、大桥镇等13个镇(街道)得分超过了70分，占总量的1/5强，而澉浦镇、钟埭街道等4个镇(街道)得分也超过了60分。特别是有80%的规模超200亿元的工业大镇(街道)，其效益结构总分同样名列前茅，处于全市工业强镇(街道)建设的第一方阵。工业大镇(街道)的加快做强、率先提质，为下一阶段推进全市工业强镇(街道)建设起到了较好的带动和示范作用。

2.从一级指标看，超过平均值的镇(街道)数量不到一半，各指标平均实现率差别较大

从55个镇(街道)测评数据看，质量效益平均值为22.55，与最高值和最低值相差分别近一倍，高于平均值以上的镇(街道)共有27个，达49.09%；自主创新平均值为18.91，是最高值的45.87%，最低值的2倍，高于平均值以上的镇(街道)共计25个，达45.45%；结构调整平均值为11.18，是最高值的27.7%，最低值的33.88倍，得分差距比较大，高于平均值以上的镇(街道)共计24个，

达43.64%;资源环境平均值为4.94,是最高值的44.46%,最低值的2.76倍,高于平均值以上的镇(街道)共计23个,达41.82%。此外,以权数分值为基数,4个指标平均实现率差别较大,分别为56.38%、94.57%、55.92%和24.71%。因此,从平均值来看,4个一级指标超过均值的镇(街道)比例在40%~50%之间,其中质量效益的平均得分最高,资源环境最低;从实现程度来看,自主创新这一指标实现程度最好,而资源环境实现程度最差(见附表5)。

3.从二级指标看,全市镇(街道)自主创新比较活跃,结构调整已有一定基础,资源环境压力仍然较大

对11个二级指标的测量显示,一方面,各指标的加权平均值中,规上工业增加值率、工业新产品产值率等指标,有半数以上的镇(街道)超过平均值,表明大部分地区在质量效益、科技创新上有所提升,但比例并不高,且多集中于较强的镇(街道)。而战略性新兴产业增加值和高新技术产业增加值占规上工业增加值的比重、规上工业单位用地增加值和单位能耗增加值4个指标均不超过40%,表明全市镇(街道)在结构调整和资源环境上还有较大差距。另一方面,从实现率来看,11个二级指标中,工业固定资产投资与主营业务收入的比例、规上工业R&D经费支出占主营业务收入的比例、工业新产品产值率等3个水平指标平均实现率最高,分别达138.10%、96.20%和92.59%,说明全市在加大有效投入、推进创新驱动引领工业强镇(街道)建设上,工作力度逐步加大,取得了明显成效。然而,规上工业主营业务收入利润率、全员劳动生产率、规上工业单位工业用地增加值和单位能耗工业增加值等指标平均实现率较低,均不超过40%,说明企业经营效益不高,企业盈利能力较差,依靠劳动、资源、能源投入的粗放型经济增长模式还未从根本上改变(见附表6)。

三、嘉兴市镇域工业经济发展存在的主要问题

(一)规模效益总体偏低,支撑工业强市的"橄榄型"结构尚未形成

工业强市建设,既需要一批龙头型工业强镇(街道),作为市域工业的增长极和带动极,同时也需要一批发展潜力大、具有特色发展优势的中间层次工业强镇(街道),从而整体形成"橄榄型"的结构,支撑工业强市建设不断推进。当前,镇(街道)一级是经济发展的重要基础,但经济总量相对偏小、财政实力总体偏弱仍是市镇经济发展面临的主要问题。2012年,全市规上工业总产值50亿元以下的镇(街道)有41个,占总数的56%,其中产值最小的仅有14亿元,财政收入最少的不到1亿元;而从支出看,各镇(街道)每年财政支出都要超过5000

万元，各镇（街道）平均负债 2.4 亿元。

另一方面，根据 55 个镇（街道）11 个二级水平指标实现度及综合加权测评的结果显示，目前全省多数镇（街道）工业强镇（街道）还刚刚迈进起步建设阶段，工业强镇（街道）建设还需要长期的坚持和努力。55 个镇（街道）中平均得分不足 60 分、低于 60 分的达 34 个，占 61.8%；得分低于 50 分的占 38.2%，得分低于 40 分的还有 3 个。因此，必须促进工业经济持续发展，培育市镇（街道）经济的中坚力量，进一步夯实发展的基础。

(二)关键领域短板凸显，工业经济可持续发展能力不高

嘉兴依靠劳动、资源、能源投入的粗放型经济增长模式还未从根本上改变。2012 年，55 个镇（街道）质量效益、自主创新、结构调整、资源环境一级指标平均得分分别为 22.55、18.91、11.18 和 4.94，实现率分别为 56.38%、94.57%、55.92%和 24.71%，质量效益和结构调整不够理想，而资源环境得分则明显偏低，说明 55 个镇（街道）在盈利创收能力及劳动生产率不高，新兴产业和高新技术产业规模总量不够大，特别是资源集约节约利用方面，远不能满足工业中长期可持续发展需要，表现最好的镇也不过是标准值的一半。

嘉兴生产要素供给趋紧、环境压力加大将日趋常态化，传统粗放型工业增长模式已难以为继。当前，全市工业园区节约集约用地水平总体偏低，园区亩均产值仅为 211.4 万元，亩均利税仅为 14.6 万元，比全市规上制造业平均水平分别低了 135.7 万元和 7.5 万元。同时，每万元生产总值消耗 0.75 吨标准煤，高出全省平均 0.16 吨标准煤。因而，实施镇（街道）和工业园区转型发展，必须通过创新资源供给和利用方式，从根本上突破各类瓶颈制约，提高资源利用效率，进一步增强地方经济的发展后劲。

(三)产业结构层次偏低，转型升级步伐缓慢

嘉兴镇（街道）产业层次总体水平偏低，工业增加值率、全员劳动生产率均低于全省平均水平，特别是装备制造业占工业比重仅为 22.9%，低于全省平均 10.4 个百分点。全市 55 个镇（街道）工业增加值率得分超过平均值的镇（街道）数量仅有 52.73%，合格率仅有 50.69%，全员劳动生产率则分别仅为 50.91% 和 28.51%。目前，市镇工业园区“小低散”的状况较为突出，产业趋同性较强，产业链不完整，整体竞争优势不明显。

新兴产业和高新技术产业规模总量不大。虽然近年来各镇（街道）的新兴产业得到了较快发展，但规模总量依然偏小，企业数量明显偏少。2012 年，全市 55 个镇（街道）战略性新兴产业增加值和高新技术产业增加值分别为 221.62 亿

元和153.34亿元，分别仅占工业增加值总量的4.7%和3.2%。

（四）产城融合不充分，工业发展基础薄弱

没有产业支撑的城镇化和城乡统筹是难以实现的，同时，工业发展到一定程度也需要城镇化的支撑，镇（街道）正是工业化和城镇化的最佳结合点。当前各地区在发展过程中，产城融合程度远远不能满足经济社会发展的需要。一方面，表现在城市化水平偏低。2012年，嘉兴城市化率为55.3%，低于全省平均7.9个百分点，低于苏州15个百分点。根据钱纳里的世界发展模型，城市化率/工业化率（工业增加值占GDP的比重）的合理范围为1.4～2，2012年，嘉兴第二产业产值为1620.82亿元，占全市GDP为56.18%，城市化率/工业化率只有96.8%，处于城市化落后于产业化发展的阶段。主副中心城市规模偏小、功能不完善、带动作用不突出，是制约嘉兴城市化进程的重要因素。

此外，嘉兴的城市化缺乏统筹规划，各县市、镇（街道）"群雄逐鹿"的现象较为突出，区域块状经济特征明显，缺少从全市和周边城市的宏观视野出发，对全市若干区域进行功能板块式的划分和定位。特别是工业园区，虽然经过多次调整，园区从数量上看有所减少，但实际上往往一个镇（街道）仍然存在不同的工业空间布局。各镇在产业发展方面的关系竞争多于合作，资源共享度不高，重复建设多，未形成合理的分工协作模式。

（五）企业盈利能力不足，重量级企业缺乏

全市55个镇（街道）反映企业效益和盈利能力的几个二级指标，如工业增加值率、主营业务收入利润率、工业单位工业用地税收、工业全员劳动生产率等，在所有指标中得分明显偏低，平均实现率仅有50.69%、37.00%、50.52%和28.51%。即使是总量排名第一的洲泉镇，其工业增加值率、主营业务收入利润率的合格率也只有30.7%和22.4%。企业经济效益下滑，增产不增效现象显露。

另一方面，大部分较薄弱镇（街道）的企业组织结构以小、低、散为主，大型、特大型、重量级企业偏少，在形成产业发展链方面缺少领头羊，难以形成规模经济。从全市的行业实际看，门类较多集中度较低，除化纤行业前10名企业所占销售份额高达90%，有明显的龙头企业外，黑色金属冶炼加工业、造纸及纸制品业、农副食品加工业、交通运输设备制造等4个行业的前10名企业销售份额超过50%，其余10个行业前10名企业的销售份额均低于50%，集中度较低。

四、促进嘉兴镇域工业经济发展的建议

(一)以战略优势产业为方向，培育壮大工业强镇中坚力量

一是培育战略性新兴产业。切实把战略性新兴产业培育作为工业强镇(街道)提升国际国内竞争力的重要抓手，瞄准重点，力争突破。一方面，要以工业强市规划确定的重点产业为核心，争取引进一批大、好、高、优、特型重大项目落地，推动新兴产业加快成群、壮大，培育新增长点。另一方面，要以新能源、新材料、节能环保、生物、物联网及核电产业等为先导，谋划推进省市共建战略性新兴产业基地，调动各地积极性，支持重大产业基地的技术创新项目，实施新技术、新产品的示范应用项目等，率先开拓战略性新兴产业发展的本土市场。

二是大力发展优势产业。一方面，做强电子信息产业，围绕建成全市经济重要支柱产业和高新技术产业主导地位的战略目标，进一步做大做强通信、光伏、新型电子元器件、光机电四大特色产业，形成具有国际竞争力的产业集群。另一方面，做强装备制造业，特别是以轻工机械、纺织机械、电气机械等为重点的装备制造业。培育发展以数字化、柔性化及系统集成技术为核心的智能制造装备产业，扶持发展海洋工程装备制造产业，加快形成装备制造业的支柱产业地位。

三是提升发展传统产业。做强化纤行业，重点抓好多功能特色长丝的开发和生产，提高化纤差别化和功能化水平，巩固化纤业在全国同行业中的地位；做强纺织服装业，大力发展产业用纺织品，打造“世界经编之都”，并坚持以品牌经营为主导、工业设计为核心，打造全国高档纺织和品牌服装的研发、制造、展示、贸易基地；做强皮革行业，进一步建设“中国皮革之都”，增强皮革制品的设计能力、加工能力和营销能力，形成裘、革、皮衣、箱包等皮革精品产业群；做强造纸行业，以特种纸和包装纸为重点，大力发展环保型纸产品，延伸发展纸包装制品业，巩固和提升造纸工业在全省同行业中的领先地位。

(二)以“四换四减两提高”为抓手，大力促进质量效益提升

要突破当前镇(街道)工业生产模式粗放、产业定位偏低的困局，通过腾笼换鸟、机器换人、空间换地、电商换市，实现减员增效、减能增效、减耗增效、减污增效，以提高全员劳动生产率、提高优质产品率，加快转型升级。

一是深入“退低进高”工程。以冶炼、造纸、印染、水泥、制革、化工、化纤、电镀等高耗能重污染行业为重点，通过关停淘汰、转移转产、倒逼提升、兼并重组

等方式和途径，加大低端低效落后产能的淘汰力度，提高土地集约利用水平，腾出用地空间、用能空间和环境容量空间，用于发展现代工业；建立健全“倒逼”机制，完善程序，创新方法，通过严格依法处置闲置土地、全面推行差别电价水价政策、强化用能“双控”管理、加强污染物排放总量控制，加速腾出土地、能源、环境容量和人力资源等要素。

二是实施“四减两提高”专项行动。坚持“资源占用产出论英雄”，以石化、皮革、电镀、印染、造纸等行业为重点，加快开展行业性的“四减两提高”专项行动，组织开展工业企业单位用地（用电、能耗、排污）产出和全员劳动生产率等评价排序，加大对符合“四减两提高”导向的技术改造项目的支持力度。此外，积极探索建立腾出用地、用能、环境容量空间的优化配置机制，集中土地、能源等基础性要素重点投向关键行业、关键环节的重大项目，提高资源配置效率。尝试探索推行排污权交易、能耗量交易制度，以及开展城镇土地使用税政策调整试点。

三是信息化与电商化。瞄准市场空间广、发展潜力大、比较优势突出的优势产业，大力实施以工业设计信息化、装备产品智能化、生产过程自动化、营销模式网络化、全面管理信息化为重点的技术改造计划和工业企业“两化”融合示范试点，推动工业化与信息化融合发展；实施电子商务进商场、进市场、进企业、进社区，鼓励企业利用第三方电子商务平台，加大产业集群、区域特色产业和行业龙头骨干企业的电子商务购销体系，创建有产业支撑的第三方网络交易平台，同时加快企业、商场、社区的信息化建设，形成实体市场和虚拟市场互补的销售体系，使应用电子商务的覆盖面逐年扩大。

（三）以工业园区“二次开发”为平台，加快实施资源环境集约生态化建设

一是强化产业集群。优化园区企业间的协作配套体系，探索创建分工专业化、技术高新化和生产生态化为特征的产业集群发展新模式，努力构建大项目—大企业—产业链—产业集群的发展框架，形成以大企业为龙头，中小企业配套合作，上下游产业联动发展的产业链及优势互补的企业集群。

二是破解土地要素制约。进一步健全园区集约、高效、合理的用地机制，积极组织实施一批以技术改造和自主创新为主的节地型工业投资项目；多渠道、多方式开展挖潜节地行动，通过压缩超标的绿化面积和辅助设施用地面积等方式，扩大生产性用房，提高建筑容积率和投资强度；引导有条件的企业通过厂房改建和加层，提高空间利用效率；通过提升用地功能，适度置换传统工业厂房，建设现代智能楼宇，发展以研发、管理、营销、服务等为主的生产性服务业态，使土地空间发展模式由平面式向立体式发展转型。

三是抓好节能减排。通过工业园区的生态化建设与改造，构建生态工业网络，建立生态型开发区，积极创建循环经济示范园区，从根本上加强污染预防，解决区域性和结构性环境问题；加强园区内部以及园区之间的废物交换体系和能量梯级利用体系建设，逐步建立“生产—消费—分解”的产业循环体系，促进资源的优化配置和循环利用；加强对园区环境的控制和保护力度，促进污水的集中治理，达标排放，同时加快技术开发和推广，加强节能减排管理，形成激励和约束机制。

（四）以民营企业“二次创业”为重点，打造航母型重量级企业

一是推进打造“巨人企业”。支持工业强镇（街道）结合全市总部型、品牌型、上市型、产业联盟主导型企业创建，择优培育一批具有市场领导力、自主创新能力和产业带动力的骨干企业，针对性地制定行动计划和实施方案，加快龙头骨干企业发展壮大；要鼓励龙头骨干企业开展合作并购，完善企业兼并重组“绿色通道”，鼓励龙头企业开展跨地区、跨行业、跨所有制的资产并购重组联合，实现资源和生产要素的优化配置。

二是大力培育“隐形冠军”。工业强镇（街道）建设，不仅要有“参天大树”，更要培育“森林”，即行业性“隐形冠军”企业群。要结合工业强镇（街道）建设，启动“隐形冠军”培育计划，在若干试点镇（街道）选择一批有潜力的优秀中小企业，在技术研发、融资支持、业务全球化、企业家培训、售后管理等方面予以指导支持，鼓励其提高定向研发投入，并畅通企业与世界500强企业合作渠道，引导进入全球分工产业链，提高业务集中度、技术集中度和市场集中度，强化竞争力。

三是强化企业自主创新。引导企业以市场为导向，推进产品结构的适应性调整和战略性调整，研发设计具有自主知识产权、附加值高、市场竞争力强的新产品，鼓励行业协会、龙头企业牵头或中小企业合作，依托产业集群，加快打造一批区域品牌；创建企业信息化公共服务平台，引导企业加强信息化建设，进一步提升企业管理的现代化水平；推动企业经营管理模式创新，鼓励企业开展低效用地的“二次开发”，支持其就地发展服务业和搬迁改造。

（五）以省、市级小城市培育为契机，加快推进产城融合互动发展

一是坚持规划引领。产城融合要将城镇和工业园区在规划和功能上合二为一，因此要汲取先进理论与经验，内化田园城市、精明增长、“同心圆”模型、新城市主义、有机更新等现代城市规划理念的养分精髓，学习海内外知名城市规划建设实践的合理因素，开阔视野，不拘一格，不断提高各级规划的科学性、前

瞻性和专业性。规划部门要注重多级规划衔接，做到镇（街道）总规划与全市和县（市、区）总规划、土地利用总规划、产业发展规划、“1＋X”镇村规划等紧密结合，特别是通盘考虑各园区、开发区的产业空间定位，根据各自区位条件、产业基础、资源优势和城镇特色等有所侧重，编制好控制性规划。

二是加快基础设施。完善和优质的教育、医疗、居住、公交等基础设施，是实现产城融合，使园区成为城镇有机组成部分的保障。在用地性质上，要在园区范围内适当规划居住用地和公共设施用地；在设施布局上，依托现有集镇区，规划必要的商务和生活服务设施；加快建设必要的教育和医疗设施，就近解决外地务工人员及其子女的就学就医问题；改善新城对外交通状况，加强新城内部交通联系等。

三是塑造市镇质感。完善综合集疏运体系、能源与环境保障系统、科研商务及休闲消费平台等基础功能，提升与人口素质结构优化相匹配的人居品质，树立开放、多元、宽容、国际化、富于活力、主流支流和谐共生的城市风格，与沪杭苏甬都市群充分接轨同城。

附　录

1. 效益结构指标体系、目标值、权重设置说明

为全面考察全市镇域经济效益结构，本文根据《浙江工业强省建设“十二五”规划》、《浙江省工业强县（市、区）综合评价办法（试行）》、《嘉兴市工业强镇（街道）争先创优评价办法》等，设置了一套包括4个一级指标和11个二级指标在内的评价体系；在目标值设定上，参考浙江省工业强县（市、区）相关标准值，同时立足嘉兴实际，采用趋势外推法等方法预估；在权重设置上，采用专家评分法，并经平均而得（附表1）。

附表1　嘉兴市镇（街道）效益结构指标体系、目标值、权重设置

一级指标		主要特征	二级指标		
名称	权重		名称	目标值	权重
质量效益	40	工业劳动生产率得到大幅度提高，工业经济综合效益突出	工业固定资产投资与主营业务收入的比例	12%	6
			规模以上工业增加值率	30%	9
			规模以上工业主营业务收入利润率	10%	7
			规模以上工业单位工业用地税收	20万/亩	9
			规模以上工业全员劳动生产率	35万元/人	9

续表

一级指标		主要特征	二级指标		
名称	权重		名称	目标值	权重
自主创新	20	工业创新能力位于先进行列，技术创新活动活跃	规模以上工业 R&D 经费支出占主营业务收入的比重	2%	1
			规模以上工业新产品产值率	35%	9
结构调整	20	具有高新技术产业主导、知识技术密集型产业主导	战略性新兴产业增加值占规模以上工业增加值的比重	40%	12
			高新技术产业增加值占规模以上工业增加值的比重	40%	8
资源环境	20	建立绿色工业生产体系，基本解决工业发展的资源与环境问题	规模以上工业单位工业用地增加值	200 万元/亩	10
			规模以上工业单位能耗工业增加值	4 万元/吨标准煤	10

2. 嘉兴市镇域工业经济水平效益综合评价测评结果表

附表 2　嘉兴市 55 个镇(街道)工业增加值总量和层次结构

层次	工业增加值（万元）	工业增加值占总量比例(%)	数量（个）	数量占总数比例(%)
200 亿以上	14392892	30.4	5	9.1
100 亿～200 亿	17428813	36.9	13	23.6
50 亿～100 亿	6857809	14.52	10	18.2
50 亿以下	8549029	18.1	27	49.1

附表 3　嘉兴市 55 个镇(街道)财政收入总量和层次结构

层次	财政收入（万元）	财政收入占总量比例(%)	数量（个）	数量占总数比例(%)
10 亿以上	683440	30.4	5	9.1
5 亿～10 亿	590484	26.3	9	16.4
2 亿～5 亿	771919	34.4	26	47.3
2 亿以下	201262	8.9	15	27.3

附表4　嘉兴市55个镇(街道)工业投资总量和层次结构

层次	工业投资（万元）	工业投资占总量比例（%）	数量（个）	数量占总数比例（%）
20亿以上	3202382	50.5	10	18.2
10亿～20亿	988503	15.6	7	12.7
5亿～10亿	1607903	25.3	24	43.6
5亿以下	544181	8.6	14	25.5

附表5　嘉兴市55个镇(街道)4个一级指标实现情况

一级指标	最高值	最低值	平均值	超过均值的镇（街道）数量（个）	超过均值的镇（街道）比例（%）	一级指标平均实现率（%）
质量效益	42.03	13.78	22.55	27	49.09	56.38
自主创新	41.22	9.01	18.91	25	45.45	94.57
结构调整	40.32	0.33	11.18	24	43.64	55.92
资源环境	11.11	1.79	4.94	23	41.82	24.71

注：一级指标分值为加权得分值，平均实现率为加权得分值占权数的百分比。

附表6　嘉兴市55个镇(街道)11个二级指标实现情况

二级指标	加权平均值	超过均值的镇（街道）		平均实现率（%）
		数量（个）	比例（%）	
工业固定资产投资与主营业务收入的比例	8.29	21	38.18	138.10
规模以上工业增加值率	4.56	29	52.73	50.69
规模以上工业主营业务收入利润率	2.59	23	41.82	37.00
规模以上工业单位工业用地税收	4.55	23	41.82	50.52
规模以上工业全员劳动生产率	2.57	28	50.91	28.51
规模以上工业R&D经费支出占主营业务收入的比重	10.58	27	49.09	96.20
规模以上工业新产品产值率	8.33	29	52.73	92.59
战略性新兴产业增加值占规模以上工业增加值的比重	7.54	19	34.55	62.84

续表

二级指标	加权平均值	超过均值的镇(街道)		平均实现率(%)
		数量(个)	比例(%)	
高新技术产业增加值占规模以上工业增加值的比重	3.64	21	38.18	45.53
规模以上工业单位工业用地增加值	2.50	22	40.00	24.98
规模以上工业单位能耗工业增加值	2.45	20	36.36	24.45

2013年嘉兴服务业发展分析与展望

□ 嘉兴市服务业发展局课题组

2013年，嘉兴紧紧围绕打造“三城一市”和加快“两富”现代化建设步伐的总体目标，顺应形势、把握机遇，加大环境优化力度、紧扣转型升级需求、发挥独特区位优势、注重产业融合提升，服务业倍增计划各项年度指标顺利完成。

一、2013年嘉兴服务业发展分析

(一)全省领先发展，提质扩量显著

服务业增速提升居前，占比踏上新台阶。2013年，嘉兴市服务业发展良好，服务业增加值增速9.4%，增幅居全省第二。完成服务业增加值1265.3亿元，超过服务业倍增计划6.3亿元，同比增长9.4%，增速快于GDP0.1个百分点，高于全省平均0.7百分点。服务业增加值占GDP比重踏上新台阶，服务业增加值占比为40.2%，首次突破40%大关，高于服务业倍增计划0.6个百分点，同比提升0.9个百分点，提升幅度居全省第四，在全省的排名前移一位。

表1 2013年浙江省各市第三产业数值

	绝对值(亿元)	可比价增速(%)	占比(%)	增速提升百分点
全省	17337.2	8.7	46.1	0.9
杭州	4416.1	9.0	52.9	2.0
宁波	3110.8	8.8	43.6	1.1
温州	1873.0	8.0	46.8	0.4
嘉兴	1265.3	9.4	40.2	0.9

续表

	绝对值(亿元)	可比价增速(%)	占比(%)	增速提升百分点
湖州	724.4	9.0	40.2	0.8
绍兴	1671.1	9.0	42.1	0.9
金华	1372.9	9.6	46.4	1.0
衢州	417.5	9.0	39.5	0.8
舟山	423.6	7.9	45.5	0.1
台州	1424.5	8.7	45.2	0.8
丽水	400.6	8.0	40.7	−0.1
嘉兴位次	7	2	9	4

服务业投资稳步增长,结构进一步优化。2013年,嘉兴市服务业固定资产投资998.9亿元,同比增长18.6%,增幅高出固定资产投资2.3个百分点,高出二产投资4.8个百分点。其中,金融业投资完成6.9亿元,同比增长48.6%;交通运输、仓储和邮政业投资完成79.6亿元,同比增长39.9%;信息传输、软件和信息技术服务业投资完成14.1亿元,同比增长104.7%;租赁和商务服务业投资完成69.6亿元,同比增长46.2%;科学研究和技术服务业投资完成10.3亿元,同比提高70.4%。服务业投资占全市固定资产投资的比重为52.3%,比上年同期提高1个百分点。

服务业税收贡献稳定,生产性服务业加快发展。目前服务业已成为嘉兴市经济发展的重要力量之一。2013年,全市服务业完成税收202.7亿元,同比增长9%,占全部税收达37.9%,同比提高0.2个百分点;其中全市服务业地税收入达108.5亿元,同比增长33.1%。服务业各行业发展势头强劲,其中科技研发、信息软件、商务服务等新兴服务业完成增加值183.9亿元,同比增长11.8%,高于服务业增加值增速2.4个百分点。金融业增加值完成177.6亿元,同比增长9.7%;批发和零售业增加值完成394.2亿元,同比增长10.9%。

服务业企业规模增大,效益信心指数提升。2013年,全市第三产业新设立登记数43225家,占三次产业总数的76.30%。其中内资企业427家,外资企业132家,私营企业10216家,个体工商户32450家。全市服务业规上企业单位数2820家,比上年同期净增100多家。总体经营状况良好,实现营业收入1963.4亿元,同比增长11.4%;实现利税总额120.5亿元,同比增长14.7%。景气调查数据显示,除住宿餐饮外,嘉兴市房地产业,社会服务业,信息传输、软件和信息技术企业景气指数分别为137.3、125.0和126.4,都处于较强景气区间。对嘉兴服务业贡献较大的批发零售企业景气指数为114.6，也处于较为景气的区间。

服务业开放度继续增长，发展潜力进一步增强。2013年，全市服务业实际利用外资6.1亿元，同比增长10.4%，占全部利用外资比重达27.6%。全市浙商回归到位资金210亿元，完成年度工作目标。全市服务业“百项百亿”工程计划完成投资429.5亿元，完成年度投资计划额的126.6%。

（二）重点行业加快发展，生产性服务业潜力凸显

科技服务业加速发展。2013年，全市已组织科技对接活动106场次，邀请专家936名，参加企业2180家，发布科技成果1074项，解决技术难题274项，达成合作协议（意向）304项，签约金额12.8亿元。新认定市级重点科技中介机构6家，推荐省级重点科技中介机构3家。目前，嘉兴市重点科技中介服务机构达到了28家，其中省重点科技中介机构6家。全市新引进大院名校共建创新载体9家，总占地面积达27.4亩，投入建设经费2.2亿元，至此嘉兴市引进大院名校共建创新载体已达137家。

现代物流业总体平稳。2013年，全市共有营运货车44.2万辆，货车总吨位25.6万吨，分别比去年同期增长了3.7%和6%；营运货船3775艘，101万载重吨，平均吨位267.5吨，运力规模比上年增加2.7万吨，船舶平均吨位比上年增加30.7吨。全年完成道路营业性货运量8842万吨，周转量89.4亿吨公里，分别比去年同期增长4.8%和3.7%。完成水路营业性货运量8246.7万吨，货物周转量137亿吨公里，近两年来变化不大。港口物流发展较快，其中内河港口吞吐量1.1亿吨，同比增长1.33%。内河港集装箱吞吐量约14万标箱，同比增长42%。嘉兴港港口货物吞吐量再创新高，全年完成6605万吨，同比增长10%；集装箱吞吐量首次突破百万标箱，达到101万标箱，同比增长34.5%，增幅均处于全国沿海港口前列。快递业发展迅速，2013年全市累计完成业务量9229万件，同比增长57%；累计业务收入14.3亿元，同比增长63%。

金融业创新发展。2013年，全市新增社会融资总规模930.2亿元，同比多增304亿元。12月末各项存款余额5205.7亿元，比年初增加608.3亿元，余额同比增长13.2%。各项贷款余额4122.8亿元，比年初增加446.9亿元，余额同比增长12.3%。《嘉兴市创建省科技金融改革创新试验区实施方案》及有关配套实施办法获市政府常务会议通过，成功推动农业银行嘉兴嘉科支行开业、嘉兴银行高新支行转型。积极推进金融产品和业务创新，全市小微企业专营机构达到126家，全年全市银行业金融机构共推出小微企业金融新产品37种，不动产余值再抵押贷款、应收账款质押融资等新的金融担保方式不断推出。嘉善县

以科技金融和接轨上海发展金融后台服务为主要方向，着力推进“云金融”基地建设；海宁市围绕要素市场化配置综合配套改革和民间融资管理省级试点，积极推进金融要素改革。

休闲旅游业品质提升。2013 年，全市共接待海内外游客 4725.4 万人次，实现旅游总收入 485.6 亿元，同比分别增长 13.1%和 15.9%。旅游项目建设进度明显加快，2013 年旅游项目年度完成投资 85.1 亿元。海盐绮园文化旅游区、九龙山水上乐园、嘉善国际木雕城等一批重大项目建成营业；南湖湖滨二期片区、九龙山航空俱乐部等 21 个新项目全面启动；盐官百里长廊等 75 个续建项目持续稳步推进。品牌创建取得新突破，大云创建省级旅游度假区待省政府批复，海盐绮园创建 4A 级景区待国家局验收，西塘古镇创建 5A 级景区进入实质性阶段。乌镇旅游景区接待游客数 569 万人次，实现门票收入 3.7 亿元，同比增长 8.8%。西塘旅游景区全年接待游客 582.7 万人次，同比增长 23.5%，旅游门票收入突破 1 亿元，同比增长 33.7%。

现代商贸业有序发展。2013 年，全市实现社会消费品零售总额 1196.9 亿元，同比增长 13.1%。其中批零贸易业零售额 1077.2 亿元，同比增长 13.5%；住宿餐饮业零售额 119.8 亿元，同比增长 10.0%。全市电子商务网络零售额 494 亿元，同比增长 88.9%，网络零售额占全省比重 12.9%。商贸领域批发好于零售，高端餐饮亟待转型。2013 年，全市 325 个专业市场成交额 1326 亿元，同比增长 18.9%。全市 36 家重点流通企业累计实现销售（营业）收入 333 亿元，同比增长 20.7%。其中 7 家批发企业累计实现销售收入 160.9 亿元，同比增长 30.2%；25 家零售企业累计实现销售收入 169.2 亿元，同比增长 13.1%；4 家餐饮类企业实现正餐营业收入 2.9 亿元，同比下降 12%。全市进出口总额 317.63 亿美元，同比增长 10.5%。其中，出口 215.12 亿美元，同比增长 9.8%；进口 102.51 亿美元，同比增长 12.1%。贸易伙伴更趋多元，对新兴市场出口增速好于传统市场。出口主体结构内资多于外资，对外资企业依赖日渐降低，一般贸易出口增速快于加工贸易 3.5 个百分点。

文化创意产业日益壮大。全市文化服务业投资实现高速增长，全年完成文化服务业投资 42.4 亿元，同比增长 60.8%。大型文化创意项目不断引进，如 CCTV 新影时空—新影桐乡园、九龙山佛教文化开发合作项目，大唐高端电影后期制作基地，嘉善中华两岸文化创意产业园项目等。文化产业平台不断集聚。起草制定《嘉兴市文化产业园区认定管理办法》，2013 年认定了首批 10 个嘉兴市级文化产业园区。嘉兴国际创意文化产业园上年新引进各类文创企业 41 家，协议注册资本 1.1 亿元，目前，园区已集聚各类创意及配套企业 257 家，2013 年实现产值 11.8 亿元，上缴税收 1.5 亿元。中国影视产业国际合作试验区(海宁)基地现入驻企业146家,全年销售收入10.2亿元,缴纳税费1.2亿元,全年完成3291部集电视剧、动画片译制加工。文化产业龙头不断涌现。据不完全统计,2013年度嘉兴市规模以上文化企业已达419家。

房产业稳健发展。年初"国五条"及各地细则出台,继续坚持调控不动摇,"有保有压"方向明确。下半年以来,新一届中央政府着力建立健全长效机制、维持宏观政策稳定,十八届三中全会将政府工作重心明确为全面深化改革;不动产登记、保障房建设等长效机制工作继续推进。在这种形势下,2013年嘉兴市房地产发展总体平稳,全市完成房地产开发投资510.8亿元,同比增长22.8%。商品房销售面积601.1万平方米,同比增长33.5%;销售额完成439.8亿元,同比增长36.4%。新开工面积1171.8万平方米,同比增长32.7%。全市房屋竣工面积为680.3万平方米,同比增长44.7%。市本级商品房合同备案均价为7818元/平方米,同比增长3.4%;其中商品住宅合同备案均价为7274元/平方米,同比下降0.2%。

二、2014年宏观经济背景与嘉兴服务业发展展望

从全球经济来看,2013年召开的二十国集团(G20)会议认为,全球经济有恢复但依然远未实现强劲、持续、均衡的增长,预计2013年和2014年全球的经济增长率分别为3.7%和3.9%。从中央经济工作情况看,2014年是贯彻落实党的十八届三中全会精神、全面深化改革的开局之年,也是稳步推进"十二五"规划顺利实施的关键之年。是坚持稳中求进,不再单纯重视经济增速,稳中求进与改革创新两者并重,结构优化是关键。从货币政策方面来看,央行继续保持稳健的货币政策,短期内信贷和社会融资仍将平稳增长,但利率市场化、汇率改革等金融改革也将稳步推进,中长期货币信贷环境不再宽松。从嘉兴情况看,2014年以加快转变经济发展方式为主线,以改革统揽全局,坚持稳中求进、改中求活、转中求好,着力在提质增效上见成效,在改善民生上出实招,在狠抓落实上下功夫,实现全面深化改革的良好开局,推动经济持续健康发展与社会和谐稳定。但嘉兴市还存在经济稳中回升的基础还不稳固,结构性、素质性的矛盾,科技创新能力还有待提升,投入产出比偏低等薄弱点。

预计2014年嘉兴市服务业发展仍将维持平稳增长态势。从稳增长调结构提质增效的发展思路,预期2014年全市服务业增加值增长9%左右,服务业增加值占GDP的比重比上年提高1个百分点左右,服务业投资增长16%以上。服务业结构更趋合理,生产性服务业投资占服务业投资比重力争超额完成省下达给市1个百分点以上,努力提高生产性服务业增加值占服务业增加值比重,

提升规上服务业企业人均增加值水平。为顺利完成2014年年度目标,2013年服务业的重点工作要围绕改革创新,以生产性服务业为主线,加大服务业有效投资,做强服务业特色产业,壮大服务业发展主体,提高服务业竞争力。

三、促进服务业发展的几点建议

(一)积极探索服务业改革新路径

跟踪研究国家综合改革试点成果和省级服务业专项创新改革试点工作,积极推进嘉兴市服务业改革试点,鼓励和引导有条件的县(市、区),根据当地服务业发展特点,重点围绕制约当前嘉兴市服务业发展的主要体制机制障碍,从生产性服务业发展、中介服务业规范、集约节约用地、融资政策创新、人才要素保障、综合管理体制等方面,选择重点集中力量进行改革突破。

积极开展服务业创新改革试点成果运用等工作。优先将市域内的嘉善县域科学发展示范点、海宁要素市场化配置综合配套改革试点、平湖产业结构调整机制创新试点和桐乡全国旅游综合改革试点等成果在全市范围内推广和运用。积极开展市级服务业创新改革试点评选工作,重点在生产性服务业发展上,在本地区范围内探索综合性或专项性的服务业改革试点,成功形成示范效应后,可申请上升为市级服务业改革试点,积极申报省级服务业专项改革试点。

(二)进一步扩大服务业有效投入

围绕构建开放性经济新体制的要求,鼓励优质内外资到嘉兴市投资设立研发设计、营销服务、专业服务、商务集成服务等生产服务机构。搭建多企业交流和合作平台,推动和深化嘉兴市服务业企业与制造业企业融合发展,鼓励有条件的现代服务业企业与境内外百强企业合作开发。推动公共服务市场化改革,鼓励社会资本进入养老、医疗、教育等领域,逐步破解市场准入难题。研究制定服务业项目准入制度,注重投资强度和亩均产出。编制实施2014年服务业“百项千亿”投资工程计划,项目180多个,年度投资300多亿元。积极争列省服务业重点项目。

结合“浙商回归”工程,围绕优势特色产业,以提升项目质量为重点,加强与世界500强、国内100强等大型集团企业的合作交流,创新招商方式,有针对性地开展招商活动。2014年继续在北京、上海等地进行浙商回归推介,重点洽谈现代服务业项目。加快服务业集聚区建设。依托嘉兴已有的1个省级大平台、11个省级服务业示范区、20个市级服务业集聚区,科学谋划和推进服务业空间布局优化，全方位打造最适宜现代服务业培育和发展的物质载体和服务平台，集中力量建设一批特色鲜明、竞争力强的现代服务业集聚区。

(三)做强服务业特色产业

要在提升传统服务业的基础上，创新发展方式，打造高端特色适合嘉兴自身发展的重点产业。编制《市本级生产性服务业三年行动计划》，修订促进服务业发展的若干意见，出台促进电子商务等行业发展的政策措施等。

1. 突出发展生产性服务业

加快科技服务业的转化运用。重点发展高技术的延伸服务和相关科技支撑服务，突出研发设计对提升产业创新能力和企业核心竞争力的关键作用，完善科技中介体系，提高科技资源的市场化程度，积极推动科技成果的转化，实现科技服务的产业化。加快清华长三角研究院创新大厦B楼、中科院三期南区A楼等项目载体建设。

提高现代物流综合利用效率和水平。整合利用现有物流资源，大力发展第三方物流和港航物流，拓展服务功能，加快发展城际、城乡物流配送服务，形成完善的物流服务网络体系。拓展邮政物流，支持快递能力建设，推动快递与电子商务、制造业协同发展。

做大金融业规模创新发展模式。引导金融业更好地为实体经济服务，推进各类金融机构实施差异化发展战略。积极推进南湖区“基金小镇”、经济开发区国际金融广场、嘉善县“云金融”基地项目等项目加快建设，加快推进省科技金融示范区申请工作。

线下线上发展提高商贸竞争力。充分发挥全市329个商品交易市场的作用，重点培育海宁中国皮革城、海宁中国家纺装饰城、中国茧丝绸交易市场、桐乡濮院羊毛衫市场、嘉兴水果市场等一批龙头专业市场，积极拓展省内外市场。引导有条件的大型市场、龙头市场拓展网上市场。要加快研究出台嘉兴市扶持电子商务发展的政策意见，加大电商企业培育力度，推动电子商务行业的健康发展。大力实施“电商换市”，推动重点行业电子商务的普及和运用，加强电子商务服务平台建设，实现实体市场与虚拟市场的融合互动。

2. 提升发展生活性服务业

做优特色休闲旅游业。提高观光旅游质量，大力发展休闲度假方式的旅游，提高旅游层次和品位。加快建设一批国家级旅游目的地和精品旅游线路，推进全国特色名镇(村)建设。整合全市资源，加快旅游公共服务体系建设，鼓励旅游公共服务主体多元化，培育一批有竞争力的旅游企业。

创新多模式健康服务业。积极发展以健康教育、预防保健、康复医疗、营养保健、健身休闲等为主要内容的健康服务业。积极培育发展民营、合作、合资、独资等多种形式的健康组织机构，加快发展健康产业。

做强市本级公共服务业。依托市场机制，突破体制障碍，创新投融资体制，积极培育社会事业投资主体，加快推进嘉兴市具有独特优势和发展潜力的文化、教育、卫生服务业的产业化发展步伐。

（四）壮大服务业发展主体

鼓励企业提质提量。2014年，全市继续推进和实施服务业“规下转规上”和“个转企”工作。鼓励企业分离发展服务业，鼓励企业细化深化专业分工，将非核心服务业务外包。提升服务业规上企业人均增加值水平。

加强重点企业培育。积极扶持海宁中国皮革城股份有限公司等省服务业重点企业发展，扶持100家左右主营业务突出、市场竞争力强的市级服务业重点企业，充分落实重点企业享受的有关税费减免和资金补助政策。

加强服务质量建设。编制服务业品牌培育计划，进一步加强对服务产品和企业名牌、商标、商号、老字号等申报、认定工作，积极鼓励企业做强做大。以全国“质量强市”试点城市为契机，大力推进服务质量工作，强化服务质量“载体”建设，推进服务业标准化建设等工作。

2013年嘉兴服务业规模企业发展分析

□ 李 冰

2013年，嘉兴服务业规模以上企业发展状况总体上有所改善，对服务业的稳定增长发挥了重大作用。全市服务业规模以上企业[①]增加值增长速度逐季提高，增幅是全市生产总值的两倍，经济效益也有所改善，但企业经营效益总体上处于底部爬坡阶段，企业间经营状况差异较大，资产负债率平均水平偏高等问题应予关注。

一、嘉兴服务业规模企业发展的基本特点

(一)增加值较快增长，桐乡、海宁企业增长贡献大

2013年，全市规模以上服务业平稳发展，增长速度逐季提高。截至年底，嘉兴市规模以上服务业企业单位数达2820家，全年实现增加值250.79亿元，同比增长18.3%，增幅比上年同比高出9个百分点，比一季度、上半年、前三季度分别提高6.1、4.9和4.1个百分点(见图1)。户均增加值889.38万元，同比提高106.29万元，增长13.6%。

服务业规模以上企业地区之间发展不平衡。从单位数量看，嘉兴市规模以上服务业主要集中在市区、桐乡和海宁三地，以市区932家最多，海宁、桐乡各500多家，三地合计占全市总数的72.5%；海盐、嘉善、平湖企业数量相对较少，其中海盐不足200家，相对较多的平湖也只有349家。增加值规模以市区最

---

① 规模以上服务业企业按嘉兴市服务业统计制度规定的标准划分，包括国家统计局重点企业、省统计局补充规模以上企业。房地产业不包括房地产开发经营业；金融业不包括银行、保险、证券业企业；嘉兴市补充的规模以上企业。各行业增加值根据财务指标按收入法粗略计算，具体数值有误差，但不影响分析比较结论。

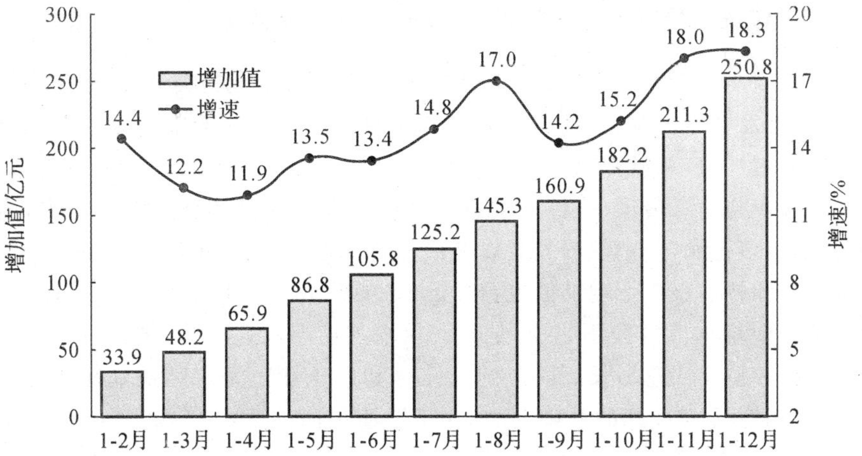

图 1　全市规模以上服务业企业增加值情况

大，实现的增加值要占全市近一半，海宁、桐乡服务业企业实现增加值 10％以上，其中海宁占 18.5％，桐乡占 12.7％，其他三县市占比均在 10％以下，海盐略高一些，嘉善仅占 3.5％。增加值增速以桐乡最快，达 44.0％，海宁其次为 24.6％，海盐略高于全市平均，其他县市均低于全市平均，其中嘉善最低，只有 6.8％(见表 1)。

表 1　2013 年嘉兴服务业规模以上企业地区发展情况

	单位数(个)		增加值(亿元)			
	数量	构成(％)	金额	±百分点	构成(％)	±百分点
嘉兴市	2820	100.0	250.79	18.3	100.0	—
市区	932	33.0	124.23	12.7	49.5	－2.4
＃南湖区	567	20.1	59.93	15.4	23.9	－0.6
秀洲区	365	12.9	64.30	10.4	25.6	－1.8
＃小南湖	462	16.4	32.56	12.4	13.0	－0.7
小秀洲	210	7.4	20.85	8.0	8.3	－0.8
嘉兴经开	260	9.2	70.82	14.4	28.2	－1.0
嘉善县	239	8.5	8.71	6.8	3.5	－0.4
海盐县	187	6.6	22.38	18.5	8.9	0.0
海宁市	546	19.4	46.37	24.6	18.5	0.9
平湖市	349	12.4	17.16	11.3	6.8	－0.4
桐乡市	567	20.1	31.93	44.0	12.7	2.3

(二)传统主导行业恢复性增长,新兴行业快速发展

2013年,嘉兴服务业规模以上企业分布在13个行业门类,但从增加值权重大小看,批发和零售业、租赁和商务服务业两大门类支撑着服务业规上企业一半以上的增加值,总量都超过50亿元,分别占29.6%和23.0%;交通运输、仓储和邮政业与信息传输、软件和信息技术服务业两大门类属二级大门类,增加值规模30多亿元,分别占服务业规上企业的12.7%和12.6%,合计占25.3%;科学研究和技术服务业增加值也超过了10多亿元,达13.52亿元,占5.4%;其他8个行业增加值规模不足10亿元。从增加值增长速度看,文化、商务、金融等新兴行业持续快速增长,其中文化、体育和娱乐业因海宁影视基地的异军突起,在上年增长48.5%的基础上2013年增速仍高达50.6%;租赁和商务服务业因市场管理业爆发性发展,实现增加值连续两年保持27%以上的增长速度,对服务业企业增长的贡献达32.0%。两大传统骨干行业——批发和零售业、交通运输仓储和邮政业,在上年分别下降1.3%、增长7.0%的基础上出现21.5%、23.0%的大幅增长,对服务业企业增加值增长的贡献分别达33.9%和15.3%。卫生和社会工作,银行、保险、证券以外的金融企业增加值增长速度也在20%以上,但因其规模尚小,对服务业企业增加值增长的贡献也较小(见表2)。

表2 2013年嘉兴服务业规模以上企业分行业门类发展情况

	单位数(个)		增加值(亿元)			
	数量	构成(%)	金额	±百分点	构成(%)	±百分点
嘉兴市	2820	100.0	250.79	18.3	100.0	0.0
批发和零售业	1196	42.4	74.11	21.5	29.6	0.8
交通运输、仓储和邮政业	302	10.7	31.74	23.0	12.7	0.5
住宿和餐饮业	181	6.4	8.49	-3.1	3.4	-0.7
信息传输、软件和信息技术服务业	62	2.2	31.69	3.7	12.6	-1.8
金融业	52	1.8	5.25	21.3	2.1	0.1
房地产业	169	6.0	9.25	12.0	3.7	-0.2
租赁和商务服务业	392	13.9	57.67	27.4	23.0	1.6
科学研究和技术服务业	150	5.3	13.52	14.5	5.4	-0.2
水利、环境和公共设施管理业	76	2.7	7.49	2.4	3.0	-0.5

续表

	单位数(个)		增加值(亿元)			
	数量	构成(%)	金额	±百分点	构成(%)	±百分点
居民服务、修理和其他服务业	92	3.3	1.70	14.2	0.7	0.0
教育	43	1.5	1.79	−1.7	0.7	−0.1
卫生和社会工作	17	0.6	2.18	25.4	0.9	0.0
文化、体育和娱乐业	88	3.1	5.90	50.6	2.4	0.5
其中:						
生产性服务业	1830	64.9	195.08	19.0	77.8	0.5
消费性服务业	990	35.1	55.71	15.7	22.2	−0.5

增长速度缓慢(5%以下)甚至下降的行业有住宿餐饮业、教育、信息传输软件和信息技术服务业、水利环境和公共设施管理业等行业,其中住宿餐饮业因公务消费锐减,实现增加值比上年减少 3.1%,而上年增幅达 21.0%。

在规模以上企业中,生产性服务业占多数,增长速度也明显高于消费性服务业。生产性服务业企业占了近三分之二,实现增加值占四分之三强;生产性服务业企业增加值增长速度高出消费性服务业企业 3.3 个百分点。

(三)国有控股仍占主导,私营控股增速最快

在服务业规上企业中,国有经济(控股)企业数量不多,仅占 1/10,但实现的增加值要占 46.0%。私营经济(控股)企业数量多,要占 4/5,实现的增加值仅占 37.3%,但增长速度明显高于国有经济企业,前者达 25.6%,后者仅 16.1%;服务业中集体控股企业、外资控股企业都比较少,实现增加值占比也不高,外资企业占 10.6%,集体企业仅占 4.6%。与私营控股占主导的制造业相比,服务业仍然是公有制企业占据主导地位,2013 年国有与集体控股企业合计实现的增加值要占嘉兴服务业规上企业的 50.6%(见表 3)。

表3　2013年嘉兴服务业规模以上企业分经济成分发展情况

		单位数(个)		增加值(亿元)			
		数量	构成(%)	数值	同比±百分点	构成(%)	同比±百分点
合计		2820	100.0	250.79	18.3	100.0	
按注册类型分	国有企业	112	4.0	43.02	15.7	17.2	−0.4
	集体企业	57	2.0	3.63	20.3	1.4	0.0
	股份合作企业	4	0.1	0.28	23.7	0.1	0.0
	联营企业	3	0.1	1.00	16.2	0.4	0.0
	有限责任公司	530	18.8	71.90	20.6	28.7	0.6
	股份有限公司(内资)	29	1.0	32.22	9.5	12.8	−1.0
	私营企业	1985	70.4	68.86	28.3	27.5	2.2
	其他内资企业	28	1.0	0.44	15.1	0.2	0.0
	港澳台商投资企业	29	1.0	23.00	3.0	9.2	−1.4
	外商投资企业	43	1.5	6.42	19.8	2.6	0.0
按控股类型分	国有控股	283	10.0	115.34	16.1	46.0	−0.9
	集体控股	140	5.0	11.58	23.1	4.6	0.2
	私人控股	2295	81.4	93.63	25.6	37.3	2.2
	外资控股	63	2.2	26.50	3.2	10.6	−1.5
	其他	39	1.4	3.73	22.0	1.5	0.0

(四)大中型企业占比大,小微型企业速度快

按照国家统计局服务业企业规模分类标准,2013年末全市服务业规模以上企业中,大型企业44家,中型企业363家,小型企业1600家,微型企业813家,小微企业占全部规上企业的85.5%。大中型企业数量不多,但实现增加值要占规上企业的58.1%,比上年增长16.0%,其中大型企业增速仅9.7%;中型企业增速较快达21.0%。小微企业数量多,增加值总量少,仅占规上企业的41.9%,但增长速度快,达21.6%,其中微型企业比上年增长30.5%(见表4)。

表4 2013年嘉兴服务业规模以上企业分规模发展情况

	单位数(家)		增加值(亿元)			
	数量	构成(%)	金额	同比±%	构成(%)	同比±百分点
合计	2820	100.0	250.79	18.3	100.0	
大型企业	44	1.6	61.39	9.7	24.5	-1.9
中型企业	363	12.9	84.36	21.0	33.6	0.8
小型企业	1600	56.7	67.12	17.1	26.8	-0.3
微型企业	813	28.8	37.92	30.5	15.1	1.4
按企业增加值分组						
小于等于0	273	9.7	-5.21	20.9	-2.1	0.0
0.01万~500万元	1876	66.5	31.21	4.3	12.4	-1.7
500万~1000万元	319	11.3	22.39	14.4	8.9	-0.3
1000万~2000万元	171	6.1	23.59	28.8	9.4	0.8
2000万~5000万元	121	4.3	37.41	42.8	14.9	2.6
5000万~10000万元	36	1.3	24.75	30.7	9.9	0.9
亿元及以上	24	0.9	116.66	12.8	46.5	-2.3

如果按照企业增加值规模分类,2013年嘉兴纳入服务业规上企业统计的2820家,增加值大于0小于500万元的有1876家(占规上企业数三分之二),500万~1000万元的有319家,1000万~5000万元的有292家,5000万~1亿元的有36家,亿元及以上的有24家;从增加值增长速度看,增加值1000万元以下的企业平均增长速度低于规上平均水平,1000万~1亿元企业平均增长速度明显高于平均水平,亿元以上企业平均速度低于平均水平。此外,还有220家企业因亏损严重,增加值为负;另有53家企业因各种原因非正常营业,增加值为0。

(五)企业亏损面收缩,经济效益有所改善

2013年,嘉兴市服务业规上企业经济效益也有所改善。全市列入统计的规模以上企业实现利润总额78.19亿元,同比增长13.2%,比营业收入增幅11.4%高出1.8个百分点,大大高于2012年列入统计的规模以上企业的利润增幅(2.7%)。企业亏损面下降,全市规模以上服务业企业亏损面26.4%,比上年的28.5%缩小了2.1个百分点,亏损率(亏损企业亏损额与盈利企业盈利额之比率)从上年的22.9%下降到20.3%;企业盈利能力稳中有升,净资产利润

率为7.15%，同比提高0.03个百分点。生产要素投入占用产出率提高。每百元固定资产原价实现增加值(固定资产产出率)33.98元，同比提高3.74元；劳动生产率15.42万元/人，同比提高2.38万元/人(见表5)。

表5 2013年嘉兴服务业规模以上企业经济效益状况与2012年比较

	2013年			2012年			2013年比2012年±
	本年	同期	同比±	本年	同期	同比±	
单位数(个)	2820			2819			
劳动生产率(万元/人)	15.42	13.04	2.37	14.27	14.18	0.09	1.15
固定资产产出率(%)	33.98	30.24	3.74	28.81	28.38	0.43	5.17
亏损面(%)	26.38	28.47	−2.09	29.1	25.38	3.71	−2.71
亏损率(%)	20.26	22.88	2.61	25.72	22.95	−2.77	−5.45
净资产利润率(%)	7.15	7.12	0.03	6.67	6.98	−0.31	0.49
人均应付职工薪酬(万元/人)	6.02	5.48	0.54	6.26	5.93	0.33	−0.24
资产负债率(%)	60.63	60.39	0.24	60.79	58.47	2.33	−0.16

注：固定资产产出率为企业固定资产原值实现的增加值。

二、嘉兴服务业规模企业发展的主要问题

嘉兴服务业规上企业在经历大浪淘沙、劣汰优存洗礼之后，2013年出现恢复性增长态势，但不同主体之间发展状况差异大，特别是企业经济效益还没有根本性好转，个别行业经营相当困难。

(一)企业经营效益总体上处于底部爬坡阶段

2013年嘉兴市服务业规上企业出现了利润总额增长高于营业收入，净资产利润率高于上年同期的较好迹象，但企业经济效益仍处在底部，略显回升态势。以批发零售业企业为例，2000—2011年，净资产利润率均在2位数，2007年曾经达到28.73%，此后连年下滑，2012年为6.99%，2013年虽然有所回升，但比2011年仍低2.05个百分点(参见图2)。

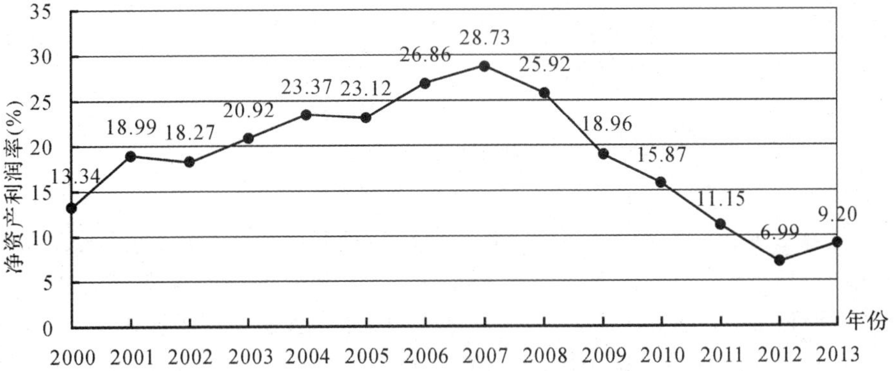

图 2　2000 年以来嘉兴批发零售规模以上企业净资产利润率

(二)不同企业间盈利能力差异大,盈亏集中度高

嘉兴市服务业规上企业涉及 13 个门类、35 个行业大类，1 个行业门类(住宿餐饮业),5 个行业大类(零售业、住宿业、餐饮业、资本市场服务、文化艺术业)发生全行业盈不抵亏现象。其中住宿业全年亏损总额 1.29 亿元,同比增长 85.6%;列入统计的 77 家企业有 46 家亏损,亏损面达到 59.7%。2013 年,服务业规上企业中,年利润总额 1000 万元以上的企业有 110 家,实现利润总额 81.95 亿元,占盈利企业利润总额的 83.6%,其中 13 家企业利润总额在亿元以上,但这些企业中有 12 家为国资企业或控股企业,只有一家私人控股企业(海宁引进的影视投资企业);年利润总额 1000 万元以下的企业有 1856 家,实现利润总额为 16.11 亿元,仅占盈利企业利润总额的 16.4%,其中有 584 家年利润在 10 万元以下。在 744 家亏损企业中有 37 家企业亏损额超过 1000 万元,合计亏损 10.65 亿元,占亏损企业亏损额的 53.6%;亏损在 100 万～1000 万元之间的企业有 261 家,合计亏损 7.85 亿元,占亏损企业亏损额的 39.5%。

(三)企业资产负债率平均水平偏高

与此同时,嘉兴市规上企业平均资产负债率已超过 60%的警戒线,达 60.6%,同比提高 0.2 个百分点。在规上企业涉及的 13 个行业门类中,有 7 个门类企业平均资产负债率超过 60%,其中卫生和社会工作(91.1%)超过 90%,住宿和餐饮业(77.9%)、批发和零售业(76.0%)、教育(73.1%)、居民服务、修理和其他服务业(71.9%)等 4 个门类超过 70%,交通运输、仓储和邮政业(66.4%)、房地产业(60.2%)%。在不同经济成分企业中,私营控股企业平均资产负债率超过 70%,达 71.20%,虽然比上年同期下降了 1.88 个百分点,但仍属较高风险水平。在2820家企业中，有209家企业负债率超过100%，账面负债132.48亿元；712家企业负债率在80%～100%之间，账面负债636.35亿元，形成比较大的系统性潜在风险。

三、促进服务业规模企业发展的若干建议

随着宏观经济形势企稳向上，嘉兴经济转型升级加快推进，生产分工不断细化和市场不断扩展，生产性服务业面临快速发展的历史机遇；随着城乡居民收入不断增加，社会保障制度健全，加上人口老龄化、家庭少子化水平提高，家庭服务社会化进程将明显加快；随着新一轮体制改革的深入推进，服务业发展环境将进一步优化，企业的发展积极性将更大地释放。因此，服务业特别是规模以上企业必将迎来快速发展的历史阶段。

（一）要高度重视服务业规模以上企业的培育

在嘉兴经济进入工业化后期，我们要重视工业企业的转型升级，实施大企业倍增计划，这是服务业快速发展的重要基础；同时也要重视培育服务业骨干企业，吸取我们在工业化过程中对工业大企业培育力度不够的教训，提高嘉兴服务业未来的竞争力。

（二）加快服务业市场准入改革进程

目前，服务业规上民营企业占比偏小，国资比重较大，虽然是历史形成的问题，也是服务业市场准入过于严格之故。现在，各地都在加快改革，嘉兴在服务业市场准入改革进程中走在前列，下决心放开适合民营企业进入的服务业领域，以促进嘉兴服务业快速发展。

（三）加强企业会计核算制度监管服务

目前，服务业企业会计核算基础总体上比较薄弱，会计信息的真实性不高，不利于规范经济秩序，不利于反映服务业企业发展真实情况。政府相关部门应加强对服务业企业会计核算制度的监管服务，以各种形式，指导企业加强会计核算基础，督促企业提供规范合格的会计信息。

2013年嘉兴流通市场运行状况分析

□ 李 英

2013年，嘉兴商贸流通领域呈现良好发展态势。全年批发零售业增加值394.20亿元，按可比价计算，增长10.9%，增速比服务业平均高1.5个百分点，对服务业增长贡献仍居各行业首位。但同时应关注商贸市场中存在的企业规模偏小、竞争弱，各县（市、区）之间发展不协调，企业信心不足和投资规模占比下降等问题。

一、2013年嘉兴流通市场运行基本情况

2013年，全市商贸经营主体努力克服不利因素的影响，积极拓展市场，不断培育市场热点，全市批发零售业呈现平稳良好运行态势。

（一）对经济增长贡献大

2013年，全市批发零售业实现增加值394.20亿元，按可比价计算，增长10.9%，增速分别比GDP和服务业平均高1.6和1.5个百分点；占GDP的比重为12.5%，同比提高0.3个百分点；对服务业增长贡献率为35.8%，仍居各行业之首。

（二）销售规模逐季扩大，增速呈波浪形

从季度看，销售规模分别为1133.54亿元、1209.87亿元、1240.46亿元和1387.47亿元，四季度分别比一、二和三季度增加253.96亿元、177.60亿元和147.01亿元。分季增速分别为17.1%、17.2%、15.3%和17.5%，四季度增速分别比前三个季度提高0.4、0.3和2.2个百分点。

(三)批发业增速回升,零售业略有回落

2013年,全市批发业销售额3498.74亿元,占全部销售额的比重达70.4%;比上年增长16.7%,增速比2012年同期提高2.4个百分点。零售业销售额1472.59亿元,占29.6%;比上年增长17.0%,增速比2012年同期回落1.6个百分点。

(四)经营效益改善,获利能力增强

2013年,全市规模以上批发零售业法人企业利税总额44.01亿元,增长35.7%,其中利润总额增长60.7%,而上年同期分别下降15.0%和25.6%。从主要经济效益指标看,经营状况改善,获利能力增强。亏损面为25.7%,同比下降9.0个百分点;毛利率6.72%,同比提高0.77个百分点;销售利润率1.15%,同比提高0.50个百分点;净资产利润9.16%,同比提高2.64个百分点;资产负债率75.92%,同比下降2.34个百分点。

二、2013年嘉兴商贸业发展特点

(一)规模以上企业稳步成长,百亿企业实现零的突破

在激烈的市场竞争中,嘉兴市大中型商品流通企业注重发挥自身资源、信誉、服务等固有优势,企业经济实力进一步增强,经营规模不断扩大,成为推动商贸市场发展的主导力量。资料显示,2013年全市规模以上批发零售业法人企业再上新台阶,达1272家,比2012年增加34家;商品销售额1814.64亿元,增长5.4%。

从行业来看,批发业增长快于零售业。2013年规上批发业法人企业942家,比“十一五”末增长66.1%;销售额1462.19亿元,比“十一五”末增长58.2%;分别比零售业快31.4和7.8个百分点。2013年零售业法人企业330家,比“十一五”末增长34.7%;销售额352.45亿元,比“十一五”末增长50.5%。

从销售规模看,2013年批发业中超1亿元及以上的法人企业262家,比2012年末增加3家;销售额1226.32亿元,增长10.8%,增幅快于全部批发业5.8个百分点;特别是百亿元及以上的批发业法人企业实现零的突破,由前几年的空白到现在拥有一家,有力推动商贸市场发展。零售业中超1亿元以上的法人企业发展迅速,达98家,增长6.5%,快于全部零售业法人单位4.6个百分

点；销售额279.36亿元，增长8.2%，快于全部零售业法人单位增速0.9个百分点（见表1）。

表1　2010年以来全市规模以上批发零售业法人企业单位数及销售情况

销售额分组	单位数（个）				年销售额（亿元）			
	2013	2012	2011	2010	2013	2012	2011	2010
合计	1272	1238	1052	812	1814.64	1722.02	1561.80	1158.36
批发业	942	914	776	567	1462.19	1393.05	1281.96	924.13
0.5亿以下	498	427	327	229	110.14	125.55	103.53	74.13
0.5亿～1亿	182	228	191	150	125.73	161.07	132.93	106.16
1亿～5亿	219	219	220	161	445.87	438.32	433.52	339.35
5亿～10亿	20	21	21	14	143.84	138.33	141.61	91.34
10亿～50亿	20	15	13	11	401.53	249.39	190.07	182.14
50亿～100亿	2	4	4	2	129.31	280.38	280.30	131.01
100亿以上	1	—	—	—	105.77	—	—	—
零售业	330	324	276	245	352.45	328.97	279.84	234.23
0.1亿以下	64	58	39	34	3.51	3.73	2.65	2.42
0.1亿～0.2亿	44	52	55	42	6.40	7.55	7.97	5.76
0.2亿～0.5亿	70	72	68	67	22.64	23.46	21.07	20.68
0.5亿～1亿	54	50	36	40	40.54	36.03	25.77	29.13
1亿～2亿	52	50	36	28	74.00	70.28	49.70	42.72
2亿～5亿	32	28	32	26	94.53	84.70	97.94	80.63
5亿～10亿	12	12	9	8	86.62	81.73	64.73	52.89
10亿以上	2	2	1	—	24.21	21.49	10.01	—

（二）亿元市场成交活跃，网络交易较快增长

亿元以上商品交易市场作为各类商品交易市场重要组成部分，在连接产销、搞活商品流通、推动各地经济发展中起到十分重要的作用。2013年以来，各地继续加强专业市场培育和管理，引导专业市场朝特色化、规模化和规范化方向发展，总体显示出良好的发展态势。2013年全市亿元以上商品交易市场66家，比2012年增加5家，增长8.2%；成交额1219.03亿元，增长11.7%，占全部

市场交易额的85.3%，凸现其商品流通主力军的作用。

至2013年年底，全市网上交易市场19家，比2012年同期增加2家，实现成交额136.92亿元，增长30.7%；其中，嘉兴赛格电子网上市场和嘉兴建材家具网上市场于2013年正式营业，年网上交易额已突破亿元；中国茧丝绸交易市场受蚕茧交易萎缩影响同比出现回落，但网上交易额仍达75.97亿元。电子商务和网络交易已成为有效降低运营成本、拓展市场辐射面的流通手段。

（三）农村商贸设施建设继续完善，城市特色街区培育成效显见

2013年，在巩固"万村千乡市场工程"农家店全覆盖的基础上，进一步提升农家店品牌形象，提高农家店商品尤其是食品的配送率，满足农村居民的实惠消费、安全消费。江南、好立方、海宁大厦、海宁海港、平湖农批市场、桐乡东兴、嘉善浙北供销、海盐时代等8家配送中心，2013年商品配送率高于全省平均水平。

"十一五"末以来，嘉兴市根据城市结构调整规划和培育一批特色街区，省级特色商业示范街2条和市级特色商业街15条商业集聚效应显现，如省级月河古街利用其旅游人流带来的商机，以休闲气氛为依托，增加小商品、旅游纪念品和土特产等旅游商品，成为市区最为繁荣的商业街区。据统计，至2013年末各类商铺、餐饮及酒吧已超200家，达217家，与2008年第二次经济普查时相比增加近百家，年均增长12.2%。

三、2013年嘉兴商贸业存在的主要问题

近年来，作为传统行业，嘉兴商贸业得到了较快发展，但在发展中也面临一些困难和挑战。主要有以下几方面。

（一）各地发展不平衡，增速差距扩大

2013年，批发零售业销售规模分两个层次，市区、桐乡和海宁销售规模超千亿，三地占全市的76.4%；而平湖、嘉善和海盐三地均不足500亿，三地只占全市的23.6%。从增速看，市县增速差异扩大，由2012年同期的8.6个百分点扩大到2013年的13.6个百分点，特别是平湖受乍浦钢贸城影响，增速最低，为6.2%，低于全市平均10.5个百分点。作为在流通领域中处于重要地位的重点批发零售企业地区间分布也不均衡，2013年全市75家企重点批发零售企业，超五成的企业分布在市区，而两县三市不到五成，特别是嘉善和海盐两县重点企业占全部规上的比重在下降，这与《浙江省商贸流通业"十二五"发展规划》中提

的加快推进嘉兴市城乡商贸一体化，率先实现城乡协调发展极不相称。

表 2　2013 年规上批发和零售业法人单位及重点企业地区分布情况

	法人			重点企业			重点企业占比	
	2013 年	2012 年	±%	2013 年	2012 年	±%	2013 年	2012 年
全市	1272	1083	17.5	75	62	21.0	5.9	5.7
市区	399	365	9.3	41	36	13.9	10.3	9.9
嘉善	101	79	27.8	3	3	0.0	3.0	3.8
海盐	74	67	10.4	3	3	0.0	4.1	4.5
海宁	259	205	26.3	15	11	36.4	5.8	5.4
平湖	169	144	17.4	7	4	75.0	4.1	2.8
桐乡	270	223	21.1	6	5	20.0	2.2	2.2

注：重点企业是指按国家统计局规定批发业企业年销售额超 8 亿元、零售业企业年销售额超 2 亿元的企业。

（二）企业规模偏小，缺乏竞争力

资料显示，目前批发零售业企业数量虽多，但规模偏小，中小企业仍是主体。至 2013 年末，全市批发零售业法人企业共有 1.73 万家，比 2012 年 1.43 万家，增长 21.0%；较规上法人企业增速 17.5%快了 3.5 个百分点。

与全省相比，嘉兴的上规模商贸企业主体地位不突出。2013 年规上销售额占全部销售额比重为 37.4%，与全省平均水平 58.3%相比，低了 20.9 个百分点。2013 年规上法人企业销售额增速 8.0%虽比 2012 年 2.0%有大幅提高，但仍低于全省平均 1.6 个百分点。作为在流通领域中处于重要地位的重点批发零售企业占比也低于全省平均，全省 9.9%，而嘉兴只有 5.9%，低了 4.0 个百分点。表明嘉兴规模以上单位规模效应相对较低，亟待整合和提高。

资料显示，占销售总额六成以上的小规模企业及个体经营户 2013 年增速虽比全省高 1.8 个百分点。但从亿元以上商品市场交易情况看，2013 年嘉兴 66 家亿元市场平均实现的成交额为 18.47 亿元，比全省平均 19.16 亿元少了 0.69 亿元。从与嘉兴经济发展水平相当的金华和绍兴两市来看，嘉兴市亿元以上商品交易市场家数分别比两市多 11 家和 12 家，但平均成交额分别比金华 35.10 亿元和绍兴 45.00 亿元低 16.63 亿元和 26.53 亿元。市场经营主体仍是以实力不强、抗风险能力较弱的小规模企业及个体经营户为主。

(三)投资规模占比持续下降,企业信心不足

资料显示,2013年服务业投资达998.92亿元,增长18.6%;而作为服务业的支柱行业批发零售业固定资产投资只有26.74亿元,增长6.8%,增速较2012年同期回落3.3个百分点,比服务业低11.8个百分点。批发零售业投资占服务业投资的比重持续下降,由"十一五"末的3.5%、2011年的3.3%、2012年的3.0%,下降至2013年的2.7%,下降了0.8个百分点。据企业景气调查显示,2013年批发零售业企业景气总指数和信心总指数虽处在较为景气区间,但明显低于工业、建筑业,也低于房地产业、社会服务业、信息传输、软件和信息技术业。企业信心的不足和投资规模占比的下降,这将对嘉兴传统商贸业后期发展存在不利影响,需引起重视。

四、促进嘉兴商贸流通产业发展的几点建议

嘉兴"十二五"规划中提出服务业优先发展战略,实现服务业倍增计划的目标,而目前嘉兴批发和零售业增加值占服务业增加值三成以上。因此,如何进一步促进全市商贸流通行业的快速增长尤为重要。

(一)利用地理和产业优势,加快推进商贸流通产业转型升级

嘉兴作为浙江省接轨上海的前沿阵地,地处长三角16城市的中心地带,与沪、杭、苏等城市均在一小时车程以内,拥有浙北唯一的国家一类开放港口——嘉兴港。同时又有良好的产业支撑,极为丰富的农产品资源等,为拓展流通市场提供了极为有利的条件。加快推进流通企业经营管理现代化,推动流通产业从销售终端向整个流通环节延伸,提升商贸流通对上游产业的引导控制力,全面推进商贸流通产业转型升级。同时按照"跳出流通,发展流通"的思路,加强贸工联动、贸农联动及商贸业与其他服务业之间的联动发展。

(二)引导和扶持中小企业和个体经营户发展,充分发挥市场主力军作用

中小型流通企业是嘉兴商贸流通领域的重要组成部分和社会就业的重要渠道。因此,嘉兴商贸流通业在抓"大"的同时,还要扶"小";要积极推动广大中小商贸流通企业与大型商贸流通企业共同发展。根据中小商贸流通企业的特点,着重发展特许加盟和自由连锁,采用联合采购等办法,进一步提高中小商贸流通企业的组织化程度。加大对中小商贸流通企业的信贷支持,帮助其解决融资难等问题,创造有利于中小商贸流通企业发展的外部环境。同时,要加强个

体经营户的管理，积极为个体经营户创造良好的经营环境。

（三）注重商贸市场信用建设，营造良好外部环境

规范市场流通秩序是一项长期性的工作，必须坚持标本兼治，重在治本。要按照建设“信用嘉兴”的要求，继续在流通领域广泛开展“诚信兴商”活动，加强诚信体系建设，逐步形成以道德为支撑、产权为基础、法律为保障的社会信用制度，建立健全市场规则，制定和完善市场准入、市场交易和市场管理方面的地方性法规和政府规章，加大打击假冒伪劣商品的力度，营造一个公平的有利于流通产业发展的良好环境。

2013 年嘉兴固定资产投资情况分析

□　白银芬

2013 年，嘉兴积极实施扩大有效投资决策部署，重视优化投资结构，全年固定资产投资增长 16.3%，完成年度目标任务。但制约有效投资平稳增长的因素仍然较多，应继续优化投资环境，为转型升级、提质增效进一步扩大有效投资，保持 2014 年投资适度规模，促进经济稳步增长。

一、2013 年嘉兴固定资产投资主要特点

2013 年，嘉兴积极增加有效投入，突出项目提质增效，加大大项目推进力度，行业结构不断优化，工业投资质量明显提升，服务业投资快速增长。全市固定资产投资 1910.2 亿元，增长 16.3%，比上年上升 5.9 个百分点，比上半年回落 4.4 个百分点(见图 1)。

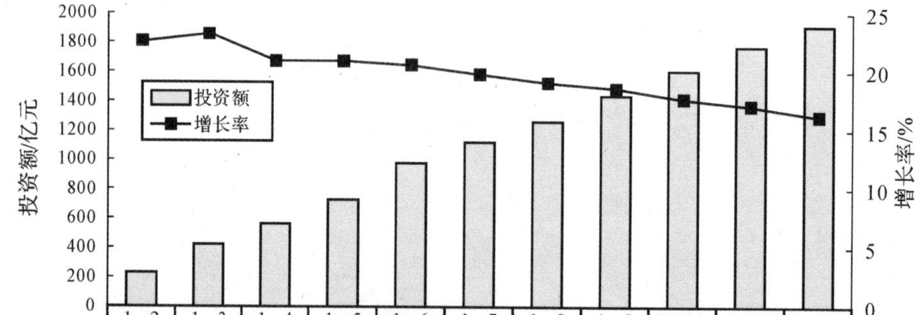

	1－2	1－3	1－4	1－5	1－6	1－7	1－8	1－9	1－10	1－11	1－12
投资额	215.2	412.2	554.0	724.5	971.6	1109.8	1252.4	1434.2	1601.0	1769.3	1910.1
增长率	22.6	23.2	20.9	20.9	20.7	19.8	19.1	18.5	17.7	17.1	16.3

图 1　2013 年嘉兴投资情况

(一)投资结构不断优化

第三产业投资占比持续提高。2013 年,全市第三产业投资总量和增速均超过第二产业投资。第一、第二、第三产业完成投资 16.5 亿元、894.7 亿元和 998.9 亿元,分别增长 17.1%、13.8%和 18.6%。投资三次产业结构比为 0.9∶46.8∶52.3,2012 年结构比为 0.9∶47.8∶51.3,第二产业投资占比回落 1 个百分点,而第三产业投资占比提升 1 个百分点,第三产业投资份额持续扩大。

民间投资持续向好。嘉兴积极促进民间投资健康发展,进一步调动民间投资积极性,充分激发投资增长的内生动力。2013 年,民间投资完成 1201.3 亿元,增长 17.1%,高于全社会投资 0.8 个百分点。民间投资对全社会投资的贡献率也显著提升,从前三季度的 57.7%提升到全年的 65.6%,拉动全社会固定资产投资增长 10.7 个百分点,是全社会投资的重要因素。

基础设施投资平稳快速增长。2013 年,嘉兴加大水利、交通、能源等领域投入,加快推进重大项目建设,完成基础设施投资 287.1 亿元,比上年增长 22.4%,增速比上年同期快了 38.9 个百分点。分行业看,交通运输、仓储和邮政业投资 79.6 亿元,增长 39.9%;电力、燃气及水的生产供应业投资 81.8 亿元,增长 20.0%;水利、环境和公共设施管理投资 76.1 亿元,增长 15.3%。

(二)工业投资质量明显提升

2013 年,嘉兴进一步加大工业有效投资,不断提高投资规模和质量,确保工业经济又快又好发展。全市工业投资完成 893.4 亿元,增长 14.1%,占全社会固定投资的 46.8%,比重下降 0.9 个百分点,对全社会投资的贡献率 41.2%,拉动投资增长 6.7 个百分点。

工业投资结构持续优化。2013 年,装备制造业投资完成 293.1 亿元,增长 21.7%,较工业投资平均水平高 8.1 个百分点。高新技术产业完成投资 194.9 亿元,增长 44.5%。工业设备投资完成 497.8 亿元,增长 21.5%,占工业投资比重为 55.7,占比提高 3.4 个百分点。

“机器换人”成效显著,工业技改投资趋升。2013 年,嘉兴积极实施“1718”“机器换人”工程(即力争三年内完成技术改造投资 1700 万元,实施“机器换人”技术改造项目 1000 项,总投资 800 亿元),不断推进技术改造三年行动计划,工业技改投资回稳趋升。工业技术改造投资完成 563.4 亿元,增长 16.7%,增速比上年提升 1.9 个百分点,占工业投资比重为 63.1%,占比提高 1.5 个百分点。2013 年,全市工业技改项目共 2354 个,其中亿元以上项目 181 个。大项目中,计划总投资18.6亿元的桐昆集团超仿棉差别化纤维技改项目本年投资9.6亿元,计划总投资18.0亿元的中维化纤功能性涤纶纤维技改项目本年投资3.0亿元,计划总投资5.1亿元的富鼎电子便携式微型计算机组件项目本年完成投资3.5亿元。"机器换人"技术改造投资规模和水平的不断提升,为嘉兴经济走效益质量之路提供了强有力的保障。

(三)服务业投资增长较快

2013年,嘉兴依托省、市级现代服务业集聚平台建设,加大服务业投入,完成投资998.9亿元,增长18.6%,较全社会投资高2.3个百分点,占全社会投资的比重为52.3%,比上年提升1个百分点。

生产性服务业[①]投资增长迅猛。2013年,共完成投资192.8亿元,增长46.2%,占服务业投资的比重为19.3%,比2012年提高3.6个百分点。其中交通运输、仓储和邮政业完成投资79.6亿元,增长39.9%;租赁和商务服务业完成投资69.6亿元,增长47.5%;信息传输、软件和信息技术服务业迅猛增长完成投资14.1亿元,是去年投资额的2倍。

房地产开发投资保持快速增长。房地产开发投资完成510.8亿元,增长22.8%,快于全省平均(18.9%)3.9个百分点,增速比上年提高14.3个百分点。拉动全市投资增长5.8个百分点,占服务业投资比重为51.1%,比2012年提高1.7个百分点。其中,住宅投资333.80亿元,增长19.5%,增速比2012年提高11.9个百分点。

(四)大项目投资拉动作用明显

2013年,嘉兴市计划总投资在亿元以上的项目共775个,同比增长30.5%,增速高于同期14.3个百分点,高于上半年3.1个百分点,亿元以上大项目个数大幅提升。从亿元以上项目完成投资情况看,大项目投资增速也较快。2013年,亿元以上项目完成投资304.0亿元,增长35.6%,较上年快了35.7个百分点。亿元以上项目投资对全市投资增长的贡献率为29.8%,比上年提高30.0个百分点,拉动增长4.9个百分点。

嘉兴加大招商引资力度,突出"招大引强选优",2013年亿元以上新开工项目289个,增长44.5%,计划总投资934.9亿元,增长30.2%,完成投资304.0亿元,增长35.6%。本年新开工的计划总投资27.3亿元的兴兴新能源项目本年投资15.5亿元,计划总投资16.9亿元的新风鸣集团超仿真涤纶纤维项目本

① 生产性服务业投资统计范围由之前的七大类变更为2013年的六大类,即商业、营业用房开发投资不在其列。现生产性服务业投资统计口径与省标准一致。

年投资7.7亿元，计划总投资21.2亿元的钱江通道及接线项目本年投资2.8亿元。这些大项目带动了嘉兴固定资产投资的增长，也推动了投资增长的可持续性。

(五)浙商投资平稳回归

“浙商回归”是嘉兴经济再创新优势的具体行动，是调整经济结构、推动转型发展的关键性措施。2013年，嘉兴加大浙商回归引资和项目推进力度，“浙商回归”144个项目共完成投资80.1亿元，本年新开工项目84个，计划总投资91.4亿元，完成投资51.7亿元，占全部投资比重比年初提高了1.2个百分点。其中桐乡平安投资高桥项目计划总投资20亿元，本年完成投资6.0亿元；华能桐乡天然气热电联产项目计划总投资14.9亿元，本年完成投资9.4亿元；嘉兴八佰伴商业中心项目计划总投资6.3亿元，本年完成投资2.1亿元。

(六)建设资金到位率高

2013年，全市资金来源共2220.7亿元，增长24.0%，资金到位率116.3%，比去年提升了7.2个百分点，到位资金较好地满足了建设需求。在当年资金来源中，国家预算内资金45.1亿元，增长40.0%，占当年资金来源比重为2.0%，比上年提高0.2个百分点；国内贷款306.6亿元，增长10.6%，占当年资金来源比重为13.8%，比上年提高1.7个百分点；利用外资81.3亿元，比上年下降8.9%；自筹资金1353.9亿元，增长23.2%，占当年资金来源比重为61.0%，比上年回落0.3个百分点。

二、2013年嘉兴固定资产投资需关注的问题

(一)战略性新兴产业投资下降

2013年，嘉兴坚持创新优化环境，有效投入平稳较快发展，但仍存在不少问题，面临较大压力。九大战略性新兴产业完成投资225.3亿元，下降5.4%，除新一代信息技术和物联网产业，新材料产业和新能源汽车增长外，其他六大产业均处于下降状态。纺织、服装和皮革等传统行业投资增长仍较快，纺织业投资91.7亿元，增长25.6%；服装业投资32.1亿元，增长16.7%；皮革业投资29.5亿元，增长52.6%，皆高于固定资产投资平均水平。

(二)部分高耗能行业投资过快增长

2013年，全市八大高耗能行业投资同比增长3.4%，增速比上年提高8.4

个百分点。其中石油加工、炼焦及核燃料加工业，非金属矿制品业投资呈现高速增长，分别增长106.6%和41.2%，同比分别加快70.0和26.3个百分点；电力、热力的生产和供应业，造纸和纸制品业，纺织业投资分别增长23.0%、23.1%和25.6%。八大高耗能行业中，除化学原料及化学制品制造业，黑色金属冶炼和压延加工业，化纤制造业外，其余五个行业投资增长较快，增速均快于全省平均水平，快于全市工业投资，对嘉兴未来的节能减排将带来较大压力，应倍加关注。

（三）民间投资领域不宽

2013年，嘉兴民间投资增速高于全省平均增速，规模不断扩大，贡献率也在提升，但民间投资的产业仍比较集中。全市民间投资在制造业和房地产业领域分别为605.9亿元和426.2亿元，两项合计占民间投资总额的85.9%，占比与上年基本持平。在基础设施建设和金融业领域，由于缺乏投资回报或投资门槛较高，风险承受力较弱，民资进入程度较低，投资分别为59.8亿元和1.4亿元，占比仅为5.0%和0.1%。近几年虽不断出台鼓励民间投资健康发展的政策，但民间投资实际上仍很难进入传统垄断行业和领域。

三、促进嘉兴固定资产投资平稳较快增长的建议

（一）加大投资结构调整

根据嘉兴市情，合理把握城市规划、产业规划，突出重点导向。牢牢把握“四换三名”、“两退两低”、“三改一拆”、“五水共治”等重大政策措施带来的投资机遇，加大“腾笼换鸟”，增强项目储备，发挥重大项目的支撑和带动作用。加快投资结构调整，积极引导投资方向，努力提高投资绩效，推进经济结构战略性调整和经济持续稳定健康发展。

（二）着力改善投资环境

继续保持投资平稳较快增长，需进一步采取措施。不断激发市场主体活力，创造更加宽松的投资环境，积极创新方式招商引资，实现招商引资、项目建设、产业转型升级同步推进。发挥各个县（市、区）优势，集中力量抓好重大项目的引进，增强大项目对嘉兴投资发展的拉动作用。

(三)促进民间投资健康发展

积极引导民间投资,增强投资增长后劲与活力。一是继续推进建设民间投资环境,支持民间资本参与公共事业等项目,不断推动民间投资转型升级。二是加大对民间投资政策保障力度,继续探索解决民间投资融资难问题。三是进一步优化民间投资发展环境,提高政策的透明度,营造有利于民间投资健康发展的良好环境和氛围。

2013年嘉兴房地产市场运行分析与展望

□ 张 赟

2013年，嘉兴市房地产市场运行呈现开发投入较快增长、土地购置量回升和商品房销售进一步放量等特点。在市场回暖的这一年，产品结构性矛盾突出、空置面积大幅提升、贷款量激增等问题仍然不容忽视。房地产市场调控的持续进行，加上受金融市场格局变化等各种不确定因素影响，2014年嘉兴房地产市场进一步升温难度较大，供求关系将更趋理性。

一、2013年嘉兴房地产开发市场运行概况

(一)房地产开发投入较快增长

2013年，全市房地产开发投资保持快速增长，增速呈现逐季回落，全年完成投资510.83亿元，同比增长22.8%，快于全省平均(18.9%)3.9个百分点，增速比上年提高14.3个百分点，与一季度、上半年和前三季度相比分别回落10.1、10.2和4.6个百分点(见图1)。

外资企业投资较快增长。按企业登记类型分，2013年全市外资企业完成房地产开发投资57.27亿元，同比增长68.9%，比上年同期提高81.1个百分点，对本年全市房地产开发投资的贡献率为24.6%，拉动房地产开发投资增长5.6个百分点。

住宅投资比例有所回落。按用途分，2013年全市完成住宅投资333.80亿元，占全市房地产开发完成投资65.3%，比上年同期回落1.9个百分点。其中小户型比例有所提升，90平方米以下完成投资84.83亿元，同比增长30.1%，比去年同期提高17.1个百分点，占当年住宅投资比例由23.3%提高到25.4%。

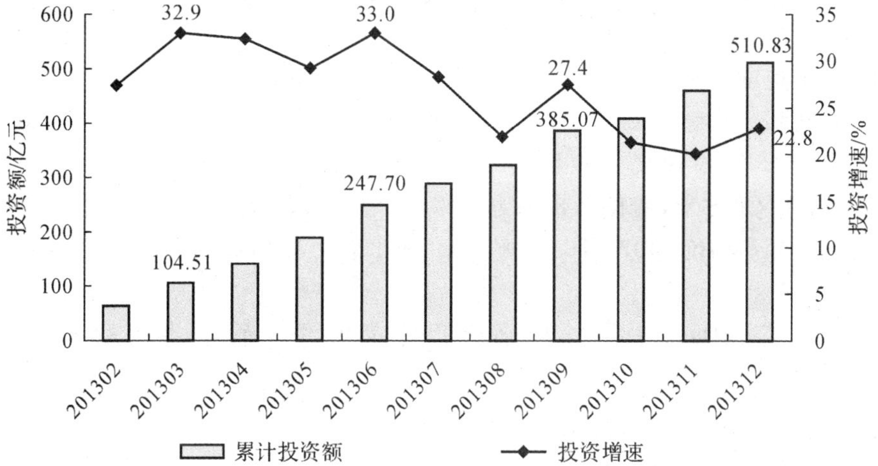

图 1　2013 年房地产开发投资走势

企业经营范围多样化。2013 年全市房地产开发企业其他[①]投资大幅增长，全年完成投资额 62.98 亿元，同比增长 68.3%，增长速度领先住宅、办公楼和商业营业用房 48.8、48.6 和 54.3 个百分点，投资额占全市房地产开发完成投资 12.3%，比上年同期提高 3.3 个百分点。

(二)房地产供应指标有所回升

企业土地购置量回升。2013 年，房地产开发企业本年土地购置面积在上年下降 46.3%的基础上增长 42.5%，本年土地购置价款在上年下降 36.2%的基础上增长 26.4%。

新开工面积呈现回暖式增长。2013 年，全市新开工面积 1171.79 万平方米，在上年下降 29.5%的基础上增长 32.7%，呈现回暖式增长。

施工面积和竣工面积均创 21 世纪以来最高。2013 年，全市施工面积和竣工面积分别为 4330.81 万和 680.33 万平方米，同比分别增长 18.5%和 44.7%。

(三)商品房销售进一步放量

商品房销售快速增长。2013 年，商品房销售面积 601.13 万平方米，增长 33.5%，增速比上年提高 20.5 个百分点；商品房销售额 439.78 亿元，增长 36.4%，增速比上年提高 19.5 个百分点。

2013 年，商品房销售形势良好，房地产企业资金回笼速度加快，资金保持充

---

① 不属于住宅、办公楼、商业营业用房，如中小学教学用房、托儿所、幼儿园、图书馆、体育馆等。

裕。本年实际到位资金728.85亿元,同比增长39.9%,快于房地产开发投资增速17.1个百分点。其中,定金及预收款和个人按揭贷款分别以55.3%和44.4%的速度快速增长。

销售均价平稳增长。2013年,全市商品房销售均价7315.92元/平方米,同比增长2.2%,增速比上年回落1.3个百分点。分类别看,住宅销售均价7039.79元/平方米,增长1.8%;办公楼均价5949.08元/平方米,增长4.0%;商业营业用房均价11973.10元/平方米,同比增长12.8%。

二、2013年嘉兴房地产开发市场存在的主要问题

(一)产品结构性矛盾突出

从市场需求看,小户型住宅较受消费者青睐。2013年,90平方米以下住房销售面积占全市住宅销售面积比例为21.9%,同比增长49.1%,增速高于144平方米42.5个百分点。2013年,嘉兴房地产开发企业住宅投资已适当提高小户型住房比例,但前期规划投资竣工后仍有大部分空置的大面积高档住房。2013年,144平方米以上住房完成竣工面积140.94万平方米,同比增长104.3%;待售面积85.51万平方米,占全市住宅待售面积近五成,同比增长78.2%,对全市住宅待售面积增长的贡献率达54.8%,拉动全市住宅待售面积增长31.8个百分点。

(二)商品房待售面积上升

2013年,全市商品房待售面积达344.55万平方米,同比增长37.6%,增速比上年同期提高16.9个百分点;住宅待售面积继续维持高位增长,同比增长49.1%。其中,商品房待售1～3年面积为218.44万平方米,同比增长48.4%,高于全市平均增速10.8个百分点。全市商品房待售量和增速均高于上年,去库存化压力仍然较大。

(三)房地产业贷款量激增

人民银行数据显示,截至2013年末,嘉兴房地产贷款余额582.82亿元,当年新增86.01亿元,新增贷款额比上年增加76.73亿元;其中,房地产开发贷款和个人住房贷款分别新增24.36亿元和61.88亿元,分别占2013年新增贷款额的28.3%和71.9%。与此同时,2013年房地产业不良贷款率(0.46%)也有所上升,分别比2012年、2011年提高了0.06和0.22个百分点。

三、2014 年嘉兴房地产市场展望

随着国家对房地产市场调控力度的加强，金融市场格局变化等各种不确定因素影响，2014 年嘉兴房地产市场进一步升温难度较大，供求关系将更趋理性。预计 2014 年行业整体温度有所降低，商品房销售市场难以延续 2013 年的态势，成交类指标增幅将有所回落。

（一）宏观调控政策影响

房地产市场在经历了 2012 年复苏和 2013 年繁荣之后，我国经济也将从高速换挡到中高速发展时期，中央房地产调控转向以保障房和住房供应体系为主的思路与调控长性机制的改革方向，不动产登记条例即将出台，能逼出部分存量二手房，但不会对楼市供应产生巨大的“倾向力”。因为市场供应总量主要是以商品房为主，二手房只是补充，所以，二手房的供应虽有增加，但不会对市场总体供应以及商品房的供应产生直接影响。房价是供给者与需求者间讨价还价的过程，可以预见的是在未来经济的增长过程中，刚需是主体，保值投资需求、投机需求将会大幅压缩。

（二）金融市场格局影响

2013 年，“余额宝”、“财付通”等互联网金融产品的推出，在很大程度上预示着互联网颠覆式改变金融格局的可能。互联网金融的异军突起，打破了银行一贯以利率点差“躺着赚钱”的模式。2014 年初，银行“钱荒”已经在一定程度上影响到房地产市场，大多数银行已经取消首套房利率优惠甚至上浮房贷利率，而部分资金紧张的股份制银行对房贷愈加谨慎。事实上，与众多专家所认为的三、四线城市先出现楼市降价不同，首先出现降价的是杭州、常州等二线城市。

（三）嘉兴非住宅类项目存在隐忧

从嘉兴房地产市场看，商业住宅价格一直处于长三角地区的低洼地，出现大幅降价的可能性不高，但近两年来，嘉兴特别是市区的城市综合体（以商业营业用房和办公楼为主）投资规划建设速度过快，在整体工业经济、服务业经济没有出现新的增长点，电商快速发展之际，过多的非住宅类项目建设存在一定的风险。

新型城镇化战略下嘉兴社会建设需求研究

□ 陈国强　余　剑

一、新型城镇化与社会建设要点

(一)新型城镇化

当前,"新型城镇化"成为备受瞩目且影响我国乃至世界发展的重大议题。诺贝尔经济学奖得主斯蒂格利茨就曾预言,21世纪对世界影响最大的事有两件:一是美国高科技产业;二是中国的城市化。党的十八大报告指出,我国要"坚持走中国特色新型工业化、信息化、城镇化、农业现代化道路,推动信息化和工业化深度融合、工业化和城镇化良性互动、城镇化和农业现代化相互协调,促进工业化、信息化、城镇化、农业现代化同步发展"。《中共中央关于全面深化改革若干重大问题的决定》进一步指出,"坚持走中国特色新型城镇化道路,推进以人为核心的城镇化,推动大中小城市和小城镇协调发展、产业和城镇融合发展,促进城镇化和新农村建设协调推进"。中央对走新型城镇化道路的多项指示和要求,一方面彰显"城镇化"在我国下一轮发展中的突出重要地位,其能够释放出巨大的发展潜力,具有极其重要的战略意义;另一方面融入科学发展理念,提示需要发展区别于以往的以土地和空间扩张为特征的"传统城镇化",而走一条以人为核心的"新型城镇化"道路。

新型城镇化议题形成至今,在讨论探索中对这一道路的总体定位已经形成,但完整、清晰的路径尚未明确。从相关文件和讨论中,大致可以明确新型城镇化是一个围绕人的资源和机会调整重组的过程,其中广大农村居民和已经进城的农民工能获得更多的发展机会。与此同时,由他们的转变为经济社会注入新的发展动力,包括内需的扩大和资源效益的释放。因此,人的城镇化是新型城镇化的核心，其对象主要是农民，包括已经进入城镇从事非农产业的农民工和被吸纳进入城镇、获得更好发展机会的农业人口。深入分析，这种人的城镇化包含了三个方面的内容：

身份的市民化。城镇化最基本的含义是农民进城变市民，因此居民身份的市民化是最基本的特征。然而，从20世纪50年代实行户籍制度对人口进行管理至今，户籍制度逐渐成为阻碍城镇化进程的核心问题。由于户籍制度与一系列福利、权利相捆绑，导致对农民身份的转化、确认变得异常困难。因此，2012年我国的名义城市化率（即城镇常住人口占总人口的比重）已经达到51%以上，但实际的城市化率（即城镇户籍人口占总人口的比重）只有32%。农民进入城市后无法得到相应的居民身份，造成他们行为的临时性与短期性，城市人口的流动性强、总人口增长缓慢。因此，农民（包括农民工）身份的城镇化是人的城镇化的第一要义。

权利的市民化。人的城镇化的核心是农民权利的市民化。由于我国的特殊国情，多年来形成了各类资源向城市倾斜、集聚的发展模式。在户籍制度的作用下，农民与市民享有这些资源的权利产生了差异与分隔。这些权利包括政治权利、经济权利、文化权利、社会权利等，体现为参与城市管理和享受社会保障、公共服务、公共设施等内容。并且，市民权利在总体上远优于农民权利，市民能获得比农民更好的发展条件与机会。因此，权利的市民化不仅包含转换为市民身份的农民获得相应的市民权利，也包含农民权利与市民权利的趋于均等。在新型城镇化建设过程中，进城农民将失去其在农村享有的权利，同时获得作为市民的相应权利，这是一个有序转化的过程，其难点在于农民权利与市民权利的衔接，最终表现为与市民在权利上的无差异化。这是保障城镇化进程的关键。

生活的市民化。居民生活的市民化是实现人的城镇化的最终标志。农民进入城市，意味着他们将再一次被社会化，他们将接受和适应城市的生活方式和市民文化。城市象征着文明与现代化进程，综合体现在人的行为习惯中，包括行为规范、消费习惯、娱乐闲暇方式、作息方式、社会交往方式等多个方面，而这些恰恰与农村居民有着最本质的区别。一个人可以较为容易地享受城市的各种设施和资源，包括就业、出行、消费、娱乐，但却较难形成城市的生活方式。生活的市民化是不能一蹴而就的，而需要一个缓慢的调整过程，这个过程可能无法在一代人内完成，需要居民在学习、模仿中真正融入城市。

（二）新型城镇化战略下社会建设要点

新型城镇化是一项系统而复杂的战略，是经济、政治、文化、社会、生态“五位一体"协同推进的整体工程。因此，这一发展视野一方面对社会建设提出了新的要求：它是一种以人为本的城镇化，是公平公正、充满活力、利益协调、安全有序、结构稳定的城镇化[①]；另一方面，它也预示新型城镇化建设应该遵循社会建设的规律，要按照社会建设的方针、原则去实现[②]。

1. 理念与目标

新型城镇化的主要初衷在于调整城乡之间的不平衡，弥合城乡之间的鸿沟，促进城乡协调发展。因此，社会建设要努力消除居民之间的不公，形成统一的发展机会和发展条件。特别是新进城农民与原城市居民在享受公共资源的时候是平等的。

城镇化的最终目标在于提高居民生活水平，并促进社会和谐。这是社会建设的题中应有之义。居民从农村进入城市，必定使其生活得到改善，从而拥有更高质量的生活。同时，城镇化要使社会更加和谐，而不是更无序和冲突。这种和谐一方面需要通过强化公平予以实现，另一方面也要通过调整社会关系、形成社会规范、管理越轨行为予以保障。

2. 主要内容

从党的十七大以来，中央关于社会建设的内容逐渐清晰起来，总体而言包括民生与社会治理两部分。十七大报告指出，要"在改善民生和创新社会管理中加强社会建设"。十八届三中全会又进一步指出，要"紧紧围绕更好保障和改善民生、促进社会公平正义深化社会体制改革"，"加快形成科学有效的社会治理体制"。其中民生基本包含：就业、收入、教育、社会保障、医疗等内容；社会治理基本包括培育发展社会组织、调解社会利益与矛盾、保障公共安全、强化社区自治建设等内容。因此，新型城镇化的社会建设，也需要围绕这些方面开展。

围绕新型城镇化关于社会建设的一些理念、目标与内容，大致可以形成以下关于新型城镇化下战略社会建设的一些要点（见表1）。

表1　新型城镇化战略下社会建设的要点

要点	内容
公平	同等的就业机会
	同等的受教育机会
	相同的保障体系
	同等的医疗服务

---

① 曾志伟：《新型城镇化新型度评价研究——以环长株潭城市群为例》，《城市发展研究》2012年第3期。

② 陆学艺：《遵循社会建设原则积极稳妥推进城镇化》，《北京工业大学学报》2013年第5期。

续表

要点	内容
发展	更高的收入
	更稳定的就业
	更健全的保障
	更便捷的服务
	更舒适的居住
和谐	社区自治水平
	发展社会组织
	社会调解机制
	社会治安管理

二、新型城镇化不同路径下的社会建设要求

新型城镇化明确了以人为核心的城镇化，但具体路径仍然依靠各地因地制宜探索。因此，在全国范围内出现多种类型、不同侧重点的城镇化，比如按照“推进模式”，可以分为建立开发区、建设新区和新城、城市扩展、旧城改造、建设中央商务区、乡镇产业化、村庄产业化等一些模式[①]；按照各地区的改革实践，也可以分为成都模式、广东模式、天津模式、苏南模式、温州模式和海盐模式等。本研究根据当前城镇化的实践，认为如果以人的城镇化为参照系，主要突出关注五个维度：户籍城镇化、社会保障城镇化、居住城镇化、就业城镇化和公共服务城镇化（见表 2）。

表 2　以人为核心的新型城镇化的不同维度

维度	主要内容
户籍	非农户籍
社会保障	(1)城镇居民养老保障或城镇职工养老保障 (2)城镇医疗保险 (3)其他保障

① 李强、陈宇琳、刘精明：《中国城镇化“推进模式”研究》，《中国社会科学》2012 年第 7 期。

续表

维度	主要内容
居住	(1)居住在城镇,房屋在农村,为小产权房 (2)居住在城镇,房屋在城镇,为小产权房 (3)居住在城镇,房屋在城镇,为商品房
就业	从事非农业工作
公共服务	享受城镇便捷、良好的: (1)基础设施和公共设施 (2)教育 (3)公共文化 (4)卫生服务 (5)养老服务

根据这五个维度的不同组合大致可以形成三种不同的城镇化路径,以及形成相应的社会建设要求。

1.彻底城镇化

居民拥有城镇户口,从事非农工作,参加城镇相关社会保障,在城镇拥有商品房,无土地和村集体资产,享受城镇相关公共服务。这种城镇化彻底将农民转化成市民,农民放弃其在农村的一切权益,并获得与市民一致的权益。保证农民权益向市民权益的有效转化是这种城镇化的关键,对外部投入有较高的要求(尤其是保障性住房和城镇居民社会保障投入)。其中社会建设的重点包括:保障性住房建设与供给;社会保障的覆盖、衔接、转化与提高;非农就业岗位的创造与保障;新建区域的基础设施、公共设施以及公共服务(教育、医疗、文化与养老等)的健全;新建区域的管理与自治。

2.低度城镇化

居民保持农村户口,从事非农工作,参加农村居民养老及医疗保险,继续拥有土地及村集体资产收益,在城镇拥有小产权房、并居住在城镇,基本享受城镇公共服务。这种城镇化的最大特征是基本维持农民原有的一些权益和特性,而只是引导农民向城镇集聚居住,并为他们提供从事非农工作的机会和条件。这一路径的最终实现还需依靠后续农村养老保险的逐步提高与完善,以及农民宅基地与住房的转化。因此,社会建设的重点包括:小产权房建设与保障;农村社会保障的提高与完善;非农就业岗位的创造与保障;新建区的基础设施、公共设施以及公共服务(教育、医疗、文化与养老等)的健全;新建区域的管理与自治。

3.适度城镇化

居民为农村户口,从事非农工作,参加城镇相关社会保障,无耕地,在城镇拥有小产权房、并居住于城镇，基本享受城镇公共服务。这种城镇化保证了农民在城镇的部分权利(社会保障和公共服务)，同时也继续维持其在农村的部分权益(土地及村集体资产收益)，成为一种不在地农民。它需要引导农民向城镇集聚，在为他们提供从事非农工作的机会和条件的同时，将其纳入城镇社会保障体系。因此，这一路径也需要一定量的外部投入(包括城镇居民社会保障和部分小产权房投入)，并探寻新集聚住房及土地性质的转化。其社会建设的重点包括：小产权房建设与保障；社会保障的覆盖、衔接、转化与提高；非农就业岗位的创造与保障；新建区的基础设施、公共设施以及公共服务(教育、医疗、文化与养老等)的健全；新建区的管理与自治。

三、嘉兴新型城镇化路径选择与社会建设分析

(一)嘉兴市发展新型城镇化的路径

1. 嘉兴新型城镇化的社会条件

嘉兴市 2013 年的城市化率(城镇常住人口占总人口的比重)为 57.1%，较上年提高了 1.8 个百分点[①]。在深入实施以人为核心的城镇化中也存在一些有利的条件：首先，从人口的就业领域看，2010 年嘉兴市的非农就业人口已占就业总人口的 88.3%，远远高于城市化率。其次，从收入水平看，2013 年嘉兴全市城镇居民人均可支配收入 39087 元，农村居民人均纯收入 20556 元，两者之间的收入差距问题并不突出(收入比为 1∶1.90)。再次，从社会保障情况看，2011 年全市企业养老保险参保人数达 166.7 万人，城乡居民社会养老保险参保人数 94.97 万人，基本医疗保险参保人数 146.1 万人，工伤、生育保险等参保人数都超过 100 万人，一方面显示农民的社会保障已基本建立，另一方面也显示有一部分农民自行参加了城镇社会保障，为城镇化中的社会保障转接创造了条件[②]。第四，从住房改建看，2010 年人口统计资料显示，嘉兴农村住房中在 1990 年前建造的有 15221 户，占近 24%，这些居民具有潜在的改善居住条件的需求。

2. 嘉兴新型城镇化涉及的居民规模

嘉兴市确立到 2015 年城镇化率达到 60%，意味着嘉兴 2013—2015 年三年间年均需提高城镇化率 1.6 个百分点左右。而按照《浙江省新型城市化“十二

---

① 浙江省发展和改革委员会，http://www.zjdpc.gov.cn/art/2014/2/27/art_10_633522.html.

② 2011 年嘉兴非农户籍人口 156 万人，农业户籍人口 186 万人。浙江省统计局：http://www.zj.stats.gov.cn/zjtj2012/indexch.htm.

五”规划》确立到2015年城市化率达到63%，嘉兴在2013—2015年间年均更需提高2.5个百分点以上。如果以2012年嘉兴市454万常住人口测算，每年至少还需转化7.26万人口，这部分人口主要是本市的农业户籍人口，其涉及城镇化水平的提高。此外，根据第六次人口普查结果，2010年嘉兴的市民化率(非农业户口人口占总人口的比重)只为26.62%①。如果考虑有效市民化问题，还有大约213万新居民也需要纳入新型城镇化建设过程中，这涉及城镇化质量的提高。

3.嘉兴不同人群城镇化的可能路径

新型城镇化的进程是一个复杂的过程，牵涉多重因素。就嘉兴市本地户籍居民而言，已出现在户籍上的逆城镇化倾向，更多的居民希望将户口迁入农村而非城镇，与此同时，在生活上他们又不排斥向城镇集聚。因此，嘉兴市发展以人为核心的新型城镇化，需要进一步比较不同人群之间的城乡差异。

城镇居民的主要优势：拥有较高水平及完整的社会保障，拥有更为良好的公共服务资源、拥有能进行交易的住房。

本市农民的主要优势：拥有本地耕地与农村集体资产，拥有本地宅基地及其小产权房，可以自由选择参加城镇职工养老保险，基本能获得镇公共服务资源。

新居民的优势：拥有异地耕地与农村集体资产，拥有异地宅基地及其小产权房，可以自由参加城镇职工养老保险及其他相关保险。

结合调研情况，比较城镇居民与本地农民、新居民的差异，农民只有在城镇化中能获得稳定且更高水平的社会保障、改善居住条件和环境，同时自身较少投入，才比较愿意接受城镇化。而新居民由于其耕地、宅基地无法作为资源用于本地城镇化，因此，其城镇化主要建立在其自身意愿以及自身投入能力上。比较两类群体城镇化可能路径的难易度(见表3)，本市农民较为适宜采用低度或适度城镇化(嘉兴“两分两换”②即体现了这一路径)，新居民适宜采用彻底城镇化。

① 嘉兴市人口普查办公室、嘉兴市统计局编：《嘉兴市2010年人口普查资料》(上册)。

② 嘉兴市为推进城镇化进程，从2008年开始实施“两分两换”工程，即农民小产权房换商品房，以土地换社会保障，并实现从农业户籍人口向城镇户籍人口的转换。

表 3 不同人群城镇化可能路径的难易度比较

新型城镇化路径	本市农民	新居民
彻底城镇化	较大投入，实施有难度	适度投入，有条件实施
低度城镇化	适度投入，有条件实施	无实施条件
适度城镇化	适度投入，有条件实施	无实施条件

(二)嘉兴市不同人群城镇化的社会建设需求

根据嘉兴市两类人群适宜的城镇化路径，呈现出进行相应社会建设的一些现实需求。

1. 本市农民城镇化的社会建设需求

在本市农民的低度城镇化和适度城镇化中，社会建设的侧重点在于结合居民的特点、尊重居民的总体选择，在保障并适度提高的原则下，引导居民向城镇集聚、生活。

改善和保障就业。由于本市居民实际从事非农工作的人口比例已较低(11.7%)，因此，理论上保障就业的压力相对不大。但是，仍需要充分分析各城镇农民主要从业的行业、就业地和就业特点，进一步为农民在城镇化过程中创造良好的就业条件、保障就业。首先，有条件地选择工业、商业集中的交通便利地区作为集聚区，继续改善就业环境，维护原有的就业格局。其次，为居民创造新的就业、创业机会和平台，在新规划集聚区内的就业岗位、店面、商业用房应优先提供给集聚区居民。结合本城镇产业规范定位，加强集聚区居民的技能培训。在镇(城)域内建立信息更加健全、发布面更为广的用工、招工信息平台。再次，为集聚区居民提供良好的就业保障服务，督促、规范相应单位、工厂的用工制度，支持、扩大工伤、失业等保险覆盖。

稳定和提高收入。由于入城镇居民从事的非农工作大多稳定性不强，容易导致收入产生波动，因此，需要充分监测、分析他们所从事工作的可持续性，多渠道提高工资性收入和财产性收入，探索他们住房财产权的抵押、担保、转让，维持收入稳定。

鼓励、支持住房改建。引导农民向城镇集中居住，住房是其中最为突出的问题。从目前看，要改善农民的居住条件，同时转换住房及土地的性质有较大难度。当前更多采用不改变居民住房及土地性质，由政府补贴为主、居民适当投入为辅，拆除旧房、集中重建的方式(也有一些地区采用渐进、自愿、自主、自担的集中重建的方式)。因此，需要加强对农民原有住房评估、补贴(或奖励)，引导、监督、规范集聚区的住房建设。同时，对愿意放弃宅基地(及自建房)，购买经济适用房、商品房进入城镇的,应赋予相应的权利,并研究形成宅基地(及自建房)抵充或折换方法。

健全和提高社会保障。社会保障是新型城镇化中另一个突出问题,是农民与市民之间生活水平差异的主要表现。要在城镇化过程中一次性弥合这种差异有较大难度,比如以2012年城镇职工养老保险、医疗保险年度最低筹资额(包括单位和个人缴费)分别约为380元和203元为参照①,每年7.26万人口共需外部新增投入4232.6万元。因此,只能采取渐进的社会保障方法,由政府补贴一部分、个人自付一部分,分类、分批推进。对于工作相对稳定、自愿参加城镇职工养老和医疗保险的居民,可支持其进入城镇社保体系。对于完成耕地征收的农民,可利用土地流转等收益转移支付支持农民自愿参加城镇社会保险。对于村集体资产收益良好的地区,有条件的也可由村出资一部分,支持农民参加城镇职工保险。

完善公共设施及服务。本市农民与城镇居民在享有公共设施和服务上存在一些差异,但主要由区位所造成,总体上对农民不构成排斥。因此,在新型城镇化中,一方面需要以城镇建设标准加强新建集聚区各类配套公共设施的建设,包括道路、公交、供水、供电、供气、绿化、照明、健身、活动、教育等。另一方面,针对乡镇公共设施和服务较为薄弱的现状,需要进一步平衡城市与镇之间的公共服务资源,提高镇级教育、医疗、文化等水平,努力做到从学前教育到高中教育的健全,有条件地恢复、建设一些文化娱乐设施(比如电影院),提高镇自身的就地吸纳能力。

提高社区治理水平。农民向城镇集中居住的过程是一个农村、农民生活整体发生巨大转变的过程,是一次居民间关系重新调整的过程。因此,即使在自愿、公平下推进城镇化,仍然需要重点围绕社区探索形成新的治理方式。一方面,围绕集聚小区自治,提高居民自我管理能力。加快自治小组筹建,引导其发挥对本小区的组织、议事、监督、教育、服务等作用。指导、支持集聚小区自治费用收取、管理与使用等办法的形成,由自治小组据此自行讨论确定小区卫生、治安等管理方式,当地政府做好监督、指导工作。另一方面,鼓励集聚区内具有相同兴趣爱好的居民成立群团组织,发挥骨干能人作用,支持其在社区内开展各类文化活动、矛盾纠纷调解工作。对村内原有的人际交往活动、习俗活动等,应创造条件积极予以维持,努力塑造集聚区内的新型社区关系。

2.新居民城镇化的社会需求

新居民的城镇化是提升城镇化真实水平的关键。在新居民的彻底城镇化

① 根据嘉兴市城镇职工养老保险和医疗保险相关规定测算获得。

中，社会建设的侧重点在于降低准入门槛，结合融入意愿，逐步将后置权利和服务改为前置权利和服务，充分发挥新居民的主体作用和积极性，实现城镇化。

规范用工，健全社会保障。加强劳动监察，指导用工部门尽量减少对户籍的要求，努力促进就业的市场化调节。同时，扩大社会保障对新居民的覆盖面，督促单位用工规范化，提高新居民参加城镇职工保险比率，研究自主职业者的过渡性社会保障方法，尽可能首先将新居民中的就业人口纳入本市的城镇社会保障体系中。

赋予权利，支持自购住房。新居民在本市城镇中购买自住房是其融入城镇的重要表现，但对他们也形成较大压力。因此，一方面要加大保障性住房的投入与供给，探索将新居民分步、分批纳入经济适用房保障内的方法，增加他们拥有住房的机会和能动性。另一方面，结合中央深化改革精神，研究、探索城镇化集聚区内农民住房财产权转让的方法和途径，进一步发挥其在解决新居民住房问题中的积极作用。

扩大范围，优化公共服务。经过努力，嘉兴已将众多公共服务(公共场所开放、卫生、计生、文化等)无差别地覆盖到新居民人群中。下一步，需要进一步拓宽对新居民的公共服务内容，并建立以常住人口为基础的公共服务体系。尤其要探索以户籍人口为基础、扩大到持居住证人口的学区制义务教育服务，逐步取消新居民学校。

促进融合，加强治理参与。要加强以常住人口为基础的社区治理方式，扩大居民参与治理社区事务的范围，特别是努力探索将较多关涉新居民群体的流动设摊、租房、卫生、安全、教育等问题纳入参与管理的范围，提高新居民对社区的认同。同时，积极鼓励新居民参加社区中的各类社会组织和活动，创设更多与新居民的交流互动平台和活动。

ZHUANTIYANJIUPIAN

专题研究篇

嘉兴创新农业生产经营体制研究

□ 嘉兴市农业经济局(农业办公室)课题组

党的十八大报告指出,"要发展农民专业合作和股份合作,培育新型经营主体,发展多种形式规模经营,构建集约化、专业化、组织化、社会化相结合的新型农业经营体系";中央一号文件强调,"农业生产经营组织创新是推进现代农业建设的核心和基础。要尊重和保障农户生产经营的主体地位,培育和壮大新型农业生产经营组织,充分激发农村生产要素潜能"。在坚持农村基本经营制度,稳定农村家庭承包责任制前提下,创新农业生产的组织形式和经营方式,大力培育新型农业经营主体,深化农业社会化服务,拓展农业与市场的融合度,对解决农业转型发展时期所面临的农业副业化、农户兼业化、农民老龄化问题,加快推进现代农业建设具有十分重要的意义。本文试图在分析嘉兴市农业生产经营体制现状和所面临的体制机制制约因素基础上,提出如何在现有基本制度下进一步深化农业生产经营体制的创新,促进农业生产要素优化配置,加快推进农业生产方式的转变。

一、充分认识创新农业生产经营体制的重要意义

(一)创新农业生产经营体制,是推进现代农业发展的重要途径

现代农业的实质性内涵是用现代物质条件装备农业,用现代科学技术改造农业,用现代产业体系提升农业,用现代经营形式推进农业,用现代发展理念引领农业,用培养新型农民发展农业,达到提高土地产出率、资源利用率和劳动生产率,提高农民素质、农业效益和农产品竞争力的目的。建设现代农业的过程,就是要改造传统农业,转变农业增长方式,不断发展农村生产力。从现代农业

建设的实践看，农业的经营主体是关键，农业的经营方式是核心，到底是由千家万户的农民，还是由新型农业经营主体来经营土地，是在零碎的承包地上，还是通过发展适度规模经营来搞农业，不同的农业生产经营体制，对现代设施装备和农业科技的有效需求、对农业发展理念和建立产业体系的愿望等等都具有显著的差异性。因此，要发展现代农业，最根本的途径是通过创新农业生产经营体制，来提升农业生产经营主体，改变农业生产经营方式，提高农业的组织化、产业化和专业化水平。

（二）创新农业生产经营体制，是推进城镇化发展的必然要求

2012年中央经济工作会议指出，城镇化是我国现代化建设的历史任务，也是扩大内需的最大潜力所在，要积极引导城镇化健康发展。目前，嘉兴市人均GDP已超过1.1万美元，产业非农化已接近95%，农村劳动力非农就业在89%以上，城镇化率已超过57%（以常住人口计算）。但如果按照有城镇户籍的人数，按照城镇居民享有政府提供的教育、医疗、社会保障等公共服务水平来说，嘉兴市的城镇化率则要低很多。要推进新型城镇化，关键是人的城镇化，要创造农村人口向城镇转移的通道，途径是要增强城镇产业发展、吸纳就业、人口集聚和辐射带动的功能。因此，在推进城镇化发展的背景下，只有创新农业生产经营体制，才能实现农业生产的规模化、专业化，把农民从自给自足的小农生产束缚中解放出来，让农民实现由农村向城镇的自由集聚，也才能让已进入城镇的农民消除后顾之忧，在城镇安居乐业，促进城镇的可持续发展。

（三）创新农业生产经营体制，是推进农民收入持续稳定增收的有效举措

嘉兴市农民人均纯收入虽然在2012年前已连续9年位居全省第一，2013年也达到20556元，但优势已经失去（居全省第二位），同时，也有被城镇居民收入拉远的可能。而且从收入结构上看，工资性收入占61.0%，财产性收入占3.4%，除了工资性收入和转移性收入刚性增长之外，财产性收入占比偏低，经营性收入尤其是第一产业经营收入回落趋势明显。要促进农民收入持续稳定增收，迫切需要创新农业生产经营体制，推进农业适度规模经营，才能提高农业劳动生产率，实现农民家庭经营性收入的增收；才能加快推进农村劳动力的转移就业，稳定增加农民工资性收入，也才能保护农民承包土地的权能，切实提高农民在土地、住房、农村集体资产等方面的财产性增收。

（四）创新农业生产经营体制，是推进政府职能转变的重要任务

长期以来，全市上下致力于推进政府管理体制的改革，农业行政管理部门

也以精简机构和加强农业公共服务等为重点,加快推进职能的转变。但是,现有的管理体制,部门之间职能的交叉,往往造成农业管理上的“越位”、“错位”和“缺位”现象,有利易管的事多头管,无利难管的事缺人管,政府职能的转变任重道远。只有通过创新农业生产经营体制,培育市场化经营主体,提高农民组织化程度,实现农民的自我管理,才能推进农业生产经营决策、行为和运作方式的自主性和组织性,谋求更大的组织化利益,避免政府对农业生产经营主体的直接干预;才能推进政府部门的职能定位,促进政府管理部门以管理为主的管理型模式向以提供公益性服务为主的服务型模式转变,同时,更好地行使宏观调控、政策指导、法规保障、部门协调、科技支持和综合服务等,调动各类农业生产经营主体的积极性和创造性。

二、嘉兴市农业生产经营体制现状

嘉兴市在加快推进现代农业建设中,面对农村家庭承包经营制度和农村劳动力在工业化、城镇化进程中大量转移等现实问题,在农业生产经营体制创新上进行了积极的探索,促进了农业的转型发展。

(一)农业生产经营方式得到了转变

坚持以家庭承包经营为基础、统分结合的双层经营体制,推进农村基本经营制度的稳定和完善。按照土地承包经营权落实到户、承包合同签订到户、土地四至明确到户、土地承包经营权证发放到户的要求,开展第二轮土地承包的完善,全市土地确权到户率在99%以上。在落实好农民土地承包权基础上,通过组建农村土地流转服务组织、制定土地流转扶持政策、开展土地流转经营权专项抵押贷款、创新土地流转的机制和形式等措施,一方面积极引导从事二、三产业和小规模的兼业农户通过转包、出租、互换、转让、入股等形式,把土地流转出来。另一方面,通过培育和发展农业新型经营主体,引导农民专业合作社、农业龙头企业、家庭农场集中流入土地。同时,通过建立农业产业园区,开展农业生产全程统一服务,探索季节性流转经营,推进土地整村、整组流转等形式,加快推进农业适度规模经营。到2013年末,全市土地流转总面积99.67万亩,占家庭承包经营耕地面积的41.20%。其中转包28.99万亩,占29.1%;转让0.55万亩,占0.55%;互换0.51万亩,占0.51%;出租62.10万亩,占62.30%;股份合作2.17万亩,占2.18%;其他形式流转的5.34万亩,占5.36%。农村土地流转,有效解决了承包土地分散、经营规模狭小、劳动生产率低下等问题,完善了农村基本经营制度,转变了农业生产经营方式,促进了农业生产的规模化、集约化经营。

(二)农业生产经营主体发生了嬗变

当前,农业生产经营上的主力军,已由家庭承包之初千家万户的自然农户,成功转型为家庭农场、农民专业合作社、农业龙头企业等具有法人地位的市场主体,这些主体引领着现代农业的发展方向。

一是家庭农场蓬勃兴起。近年发展起来的家庭农场,以农户家庭为基本组织单位,以适度规模的土地为劳动对象,以商品化生产为主要目的,是推进农业适度规模经营的最佳代表,也是促进农业信息化、科技化、机械化的有生力量。如2012年成立的桐乡市濮院镇大圣果蔬农场,流转148亩土地生产精品葡萄,通过信息化对接、科技化生产、精细化作业、品牌化运作,亩均净收益达到1.8万元,彻底颠覆了农业生产效益低的传统观念。到2013年末,全市家庭农场已发展到515家,经营耕地面积8.28万亩,2013年经营总收入5.96亿元,场均收入115.7万元,亩均收入7198元。

二是农民专业合作社发展方兴未艾。在不改变农户家庭经营情况下,将同类农产品的生产经营者或者同类农业生产经营服务的提供者、利用者组织起来,建立农民专业合作社,实现了千家万户小生产与千变万化大市场之间的有机衔接。经过多年的培育,农民专业合作社无论从数量还是质量上都呈现出强劲的发展势头。到2013年末,全市已建立比较规范的农民专业合作社916家,入社成员6.41万个,带动农户40.5万户,占总农户的63%,2013年统一销售农产品32.66亿元,统一购买农业投入品9.86亿元,组织各类培训13.41万人,联结产业基地68.19万亩,占家庭承包经营耕地面积的28.2%;占49.1%的合作社实施了农业标准化生产、建立了农业生产记录和农产品质量追溯制度。这一市场主体已成为推进农业产业化、提高农民组织化、促进产品安全化,实现增收持续化的主体力量,并将继续在推进现代农业发展中显现出强劲作用。

三是农业龙头企业再添新活力。以农产品加工或流通为主要目的,通过"企业+农户"、"企业+基地+农户"等形式建立利益联结机制,使农产品生产、加工、销售有机结合、相互促进的农业龙头企业,通过自建生产基地、与农户建立订单等形式,辐射带动农户开展生产。当前,农业龙头企业又与农民专业合作社这一组织形式相结合,使龙头企业解除了在农产品收购中的烦恼,专注于产品加工和市场销售。到2013年末,嘉兴市已培育市级以上农业龙头企业239家,其中生产加工型217家,市场型15家,中介型7家,省级以上骨干农业龙头企业32家,农业产业化国家级龙头企业4家。2013年,217家生产加工型龙头企业实现销售收入253亿元(超亿元的45家),15家市场型龙头企业交易额达

251 亿元。农业龙头企业的发展，在很大程度上解决了农产品卖难的难题，在推进农业产业化、促进农产品商品化中将继续大显身手。

四是职业农民为农业生产注入了新的生机。通过政策引导、强化培训、技术支持等手段，鼓励大中专毕业生到农村创业，鼓励高素质人才到农民专业合作社、农业龙头企业就业，为农业生产经营带来了新的生机。2013 年，全市共有 1496 名大中专毕业生在农业企业工作，其中有 78 名农民大学生享受到了省、市财政资金的补助。

(三)农业生产服务模式取得了突破

在较长的一段时期，农业生产的统一服务功能不断弱化，村集体统一服务职能基本没有得到发挥，统一服务成了农村双层经营体制中的一条短腿。随着农业生产方式的转变、商品化程度的提高，传统上由农民直接承担的，但事实上单家独户干不了或干了不合算的生产环节日益从农业生产过程中分化出来，由专业化的服务组织来承担。特别是近年来政府对公共服务的日益重视，加上一些生产、服务、营销等类型合作社的兴起，专业化服务公司的出现，农业生产上的服务需求得到了有效满足，农业日趋向专业化生产、社会化服务方向转变。如桐乡市石门镇的兴农粮油农机专业合作社，辐射带动 6 个村，联结农户 3200 多户，2013 年开展机耕、机插、机割、统防统治等服务面积近 3 万亩次，粮食烘干 1500 多吨，占全镇的 50%，有效的服务使农业传统生产方式取得了突破，极大地解放了农村劳动力。到 2013 年末，全市农业公共服务组织基本健全，集体统一服务和农民合作服务进一步加强，市场化服务更具活力。已建立粮油、服务类合作社 281 家，种子经营公司 300 多家，农资经营单位 2250 多家，其中批发企业 69 家，批零兼营 2180 多家，各类专业协会 200 多家，已基本形成了以公共服务、合作服务、市场服务相协调，涵盖农业产前、产中、产后各个环节，服务方式机动灵活的社会化服务体系。

(四)农业生产经营手段实现了提升

随着农业生产力的提高，农业生产经营的手段由封闭式、习惯式、劳动密集式向信息化、科技化、机械化演变。

一是农业信息应用广。农业门户网站和农民信箱的主平台作用强，广泛提供政策、市场动态、行业发展趋势等信息服务农业生产，利用农民信箱手机提示功能，传递农业生产技术指导、产品收购等信息。到 2013 年末，全市农民信箱注册用户达 24.15 万户，建立农技部门、涉农企业、种养大户等 7 大类 21 个专业通讯录，收录主体 15665 家。累计发布买卖信息 29.7 万条，公共信息 9.6 万条。2011年，农民信箱网上农产品交易额1.7亿元，日均成交额46.6万元，成为“永不落幕”的农博会。各类经营主体通过建立自己的网站，在网络上了解产业和市场行情，交流信息，宣传产品，开展交易。

二是农业科技含量高。加大对农业科技的投入，注重与农业科研院校的合作，建立农业科研基地，加强农业新品种的推广应用。“十一五”期间，全市引进农作物新品种3000多个次，良种覆盖率达98%以上。扩大农业新技术实施面，水稻直播、单晚五改、测土配方施肥、农药减量增效等技术试点扩面进展顺利。新型农业生产种养模式得到推广，“万元千斤”栽培模式、种养结合、生态养殖、稻鸭共育、“猪—沼—作物”等一批农作新模式在现代农业建设中发挥引领性作用。

三是农业机械装备强。落实农机购置补贴政策，增强农业生产机械化装备，切实转变农业生产劳动强度大、机械化水平低的窘境。到2013年末，全市农机总动力达到152.16万千瓦，建立育秧中心102个，粮食烘干中心113个，烘干机402台套，烘干能力45万吨，水稻机械化育插秧30.38万亩，机收率达99%以上，粮食生产耕种收综合机械化水平达到72.4%。

三、当前嘉兴市农业生产经营体制上存在的主要问题

嘉兴市在农业生产上的经营体制与改革初期相比，已经取得了明显的进展，但是，从现代农业发展要求来看，仍然存在不少问题，主要表现在以下五个方面。

（一）农业小规模经营方式的总体格局尚未改变

从全市范围来看，目前从事农业生产经营的农户有51.39户，涉及面积有244.45万亩，户均4.78亩。其中10亩以上的规模经营户12970户，面积77.04万亩，分别只占全市总数的2.5%和31.5%。在10亩以上的规模经营户中，家庭农场和专业大户50.5万亩，占65.5%，农业龙头企业9.6万亩，占12.5%，农民专业合作社11.6万亩，占15.1%，其他主体5.3万亩，占6.9%。总体上嘉兴市农业生产还是以家庭分散式经营为主，而且直接从事农业的绝大部分是年龄大、文化程度低的老人和妇女，生产方式仍然依靠经验来操作，这部分农户家庭的小规模经营，显然难以采用新技术、引进新品种、吸纳新装备来组织生产，也无力统筹好产前、产中、产后全程的生产经营活动，更无法避免小生产与大市场之间的矛盾。

(二)农业新型经营主体的提质发展尚有差距

家庭农场的发展已经起步,也取得了市场主体资格,但登记时按照个体户注册,承担无限责任的法律后果影响了农场主投入的积极性;多数农场单纯从事一个产业,抵御自然和市场双重风险的能力不足;一些农场因规模太大,造成用工困难,管理跟不上。农民专业合作社规模小、实力弱、管理不规范、利益联结不紧密、带动能力不足等问题依然存在,加上观念上的错位,一些合作社名实不符,起不到合作社应有的作用;一些制度上的设计,也造成要做大做强合作社困难重重,影响了农业产业化、农民组织化、产品商品化的进程。农业龙头企业总体上经营规模偏小,现代管理意识淡薄,资金投入有限,自主研发能力不强,在农产品加工、流通领域的主导作用不明显,距离做大做强的差距较大。

(三)农业社会化服务体系建设仍处在起步阶段

农业社会化服务从组织体系上看,还没有形成有效的组织管理体系,服务资源分散于各个涉农服务系统,缺乏综合协调性。从服务方式上看,以服务组织的自发性服务为主,供需信息不对称,服务平台建设滞后。从服务内容上看,各个环节的服务不均衡,重产前、轻产后现象突出,特别是在农产品流通、农业保险等环节服务的滞后性,农业生产总体上还没有形成强有力的抗风险能力。从服务机制上看,还没有形成成熟的服务模式,服务绩效评价体系尚未建立,少数服务组织缺乏诚信,农业服务人才短缺,尤其是基层一线专业技术人员缺乏和知识技能老化,已成为制约嘉兴市农业公益服务的瓶颈。

(四)农业接轨大市场的能力有待提升

农产品到哪卖,怎么卖,一直是农民感到最难驾控的一道难题。在农产品销售中,由于优质生态农产品宣传不到位,销售平台缺乏;品牌杂而多,市场知名度不高;经营主体分散闯市场,没有形成合力;营销手段比较传统,现代物流信息利用不多等等原因,尽管嘉兴市在拓宽农产品销售渠道上动了不少脑筋,制定了扶持政策,形成了农产品交易市场,开设“天天农展会”门店,建立浙江农博中心嘉兴展示展销厅、上海西郊嘉兴农产品直销中心,组织实施农超对接、农居对接等流通渠道,但一些地方特别是普通农户,往往靠经验及过往信息来判断市场,产品销售与市场需求脱节,导致农产品产量及价格大起大落。因此,全面提升农业接轨市场能力,解决农产品卖难问题仍是今后农业经营主体所面临的一项主要任务。

(五)制约农业生产经营体制创新的环境因素依然存在

一是法律法规的制约。虽然《土地承包法》规定农户承包的土地可以依法流转,但在四至明确情况下,有的农户因各种原因在流转费上漫天要价,推进规模化流转仍存在一定难度。二是政策支撑力不足。嘉兴市在农村土地流转、经营主体发展上已经制定了扶持政策,但现有的扶持办法,财政资金分散,扶持重点不突出,效果不明显。在推进社会化服务体系建设上尚未形成比较系统的支持政策。三是生产要素的制约。农业生产经营体制创新中涉及的土地流转、主体发展、服务开展等都受到土地、资金、人才要素的制约,由于各种原因,农业设施用地问题,一直得不到有效解决,管理用房、仓储设施、服务设施建设滞后,农业融资难、担保难、保险难、农业人才引进难等“老大难”问题,严重制约了农业生产经营体制机制的创新。

四、创新农业生产经营体制的方向

创新农业生产经营体制,归根到底是要充分激发农村生产要素潜能,进一步解放和发展农村社会生产力,加快推进现代农业建设。具体工作上,要着力在以下五个方面谋求创新。

(一)创新土地管理机制:着力解决好农村土地承包关系的稳定、完善和创新问题

1.稳定农村土地承包关系

要一以贯之落实好农村土地承包关系,保护农民土地承包经营的权能,促进农村土地承包关系的稳定并长久不变。要积极探索稳定土地承包关系的有效实现形式,稳妥开展农村土地确权登记工作,严格按照农村土地承包落实到户、承包合同签订到户、权证发放到户的要求做好第二轮土地承包工作的回头看,建立土地承包登记簿,完善农村第二轮土地承包档案,确保农户的土地承包权益。

2.完善农村土地承包关系

在坚持“依法、自愿、有偿”原则下,结合嘉兴市“两新工程”建设,通过农民土地入股、委托流转等形式,推进土地整村、整组流转,促进农民生产方式和生活方式的同步协调转变。要通过政府引导、主体主导、市场运行、规范管理,发挥好土地流转服务中心政策咨询、信息对接、合同签订、价格评估等流转服务,推进农村土地向专业大户、家庭农场、农民专业合作社流转,切实解决小规模经

营、劳动力转移、人地矛盾突出等一系列问题。

3. 创新农村土地承包管理

在统筹城乡发展水平较高，农民向城市转移较快，非农就业稳定的地方，要在保护农民土地承包权益基础上，探索土地承包管理机制上的创新。一要探索组建镇、村区域范围的土地合作社。为了完善农村土地集体所有性质，结合嘉兴市"两分两换"、"两新工程"建设，在农户统一集聚进入新市镇或城乡一体新社区，实行并村改居后，土地合作社作为集体土地所有者的代表，负责对相应区域范围内农村土地的管理。二要开展"定量不定位"试点。为了推进土地的适度规模经营，在明确农户土地承包经营面积基础上，对承包土地实行"定量不定位"管理，开展承包土地"地票"化改革，集体经济组织通过决议形式，明确今后涉及土地征用的补偿及安置等办法，在二轮承包到期后，农户凭"地票"选择继续流转或重新承包土地等符合农民意愿的处置方式。三要创新土地转让机制。在保障农户土地承包权益和土地所有权、农用地性质不变的基础上，突破土地转让受到期限和受让对象的限制，推动有经营能力的群体投资经营农业。

(二)创新主体发展机制：着力解决好由谁来种地，怎么种地，各类经营主体在现代农业建设中的发展方向问题

1. 大力培育家庭农场

要把培育家庭农场作为发展现代农业，加快推进产业化，促进规模化、专业化、标准化生产的主导力量。一要创造政策和法律环境，制定家庭农场登记管理办法，在法律上赋予家庭农场承担有限责任的市场主体地位；研究扶持家庭农场发展的政策措施，采取奖励、补助、项目建设、示范评优、税费减免、用地用电用水优惠等多种措施，引导专业大户、职业农民向家庭农场转化。二要把农户家庭经营作为现代农业的生产经营主体，积极培育核心农户，引导和鼓励土地承包经营权向核心农户转移，加快形成农业生产专业大户、职业农民和家庭农场，壮大家庭经营实力，推动家庭经营向采用先进科技和生产手段的方向转变，提高家庭经营的专业化、集约化和标准化水平。三要引导家庭农场向适度规模和多产业发展方向转变。据 366 个家庭农场调查，经营面积在 50 亩以下的有 69 家，占 18.8%；50～100 亩的 93 家，占 25.4%；100～500 亩的 186 家，占 50.8%；500 亩以上的 18 家，占 5%。长年性雇工 2569 人，平均每个农场 4.3 人，农场主普遍反映的一个难题是用工困难且用工成本较大。因此，家庭农场必须要与以家庭为经营单位的资金、技术、劳力和管理水平相适应，避免盲目追求规模，才能发挥家庭农场的最佳规模效益。同时，要鼓励家庭农场向循环农业方向发展，采取种养结合、产业互补等方式，最大限度地发挥生产要素的作

用,规避单个产业所面临的市场风险。

2.发展壮大农民专业合作社

要把发展壮大农民专业合作社作为提高农民组织化程度,推进农产品安全生产,增强农产品市场竞争力,促进农民持续增收的主力军。一要规范合作社的发展。合作社是农民弱者之间的联合,是在不改变家庭承包关系基础上产业间的合作。因此,要按照法律规定规范运作,特别是在股金设置、民主决策、财务管理、收益分配等重大事项上,要真正体现合作性质,使每个成员都能享受到合作带来的红利。二要强化合作社的服务。要创新合作社的经营服务机制,增强合作社的服务能力,发挥合作社在产前、产中、产后各个环节的服务作用,推进农业生产的组织化和标准化。三要增强合作社的实力。要创新合作社的管理机制,建立合作社投资人与管理层相分离的职业经理制;推进合作社与农产品品牌的重组、整合,引导同产业或接受同类服务的合作社组建联合社,促进合作社之间的联合发展;鼓励合作社结合产品优势开展农产品加工,延长产业链,增强市场竞争力;加快合作社的信用认定,对信用好、发展上规范的合作社优先承担农业产业化项目,增强示范带动和辐射能力。四要扶持合作社发展。要树立扶持合作社就是扶持农民的观念,加大对合作社的政策扶持。特别要研究原有的财政资金扶持方法,突出财政奖补资金的引领,发挥财政资金"四两拨千斤"的作用。要在农民专业合作社开展经营活动、申报"三品"认证、开展标准化生产等方面给予支持,在农业产业政策、农业项目申报、产品开发上优先安排,在技术服务上重点倾斜。要加强调研,及时反映合作社发展中的有关问题,强化部门沟通协调,寻求有效解决办法,为农民专业合作社发展提供宽松优惠的政策环境。

3.做大做强农业龙头企业

要把做大做强农业龙头企业作为延长农业产业链,增强产后加工能力,提升农产品价值,扩大市场占有率的主要抓手。一要推进可持续发展。促进龙头企业实施农业标准,提升农业品牌,强化龙头企业在农产品生产、加工、包装、储藏、运输、销售等的全程质量标准管理,逐步建立与国际接轨的标准体系;鼓励龙头企业生产无公害食品、绿色食品和有机食品,加强农产品质量安全管理,加快外向型农业龙头企业的培育;鼓励有条件的龙头企业组建科研和技术开发机构,增强龙头企业的科技创新和加工增值能力,打造可持续发展之路。二要推进集群规模发展。引导和鼓励龙头企业通过定向投入、定向服务、定向收购,或通过资金投入与农户土地使用权入股方式组建股份制、股份合作制的生产基地,增强龙头企业的辐射能力;引导龙头企业通过兼并、重组、收购、控股等方式组建大型企业集团,形成市场主导力量,增强市场竞争能力。三要推进共赢互动发展。引导龙头企业通过最低保护价收购、签订产销合同、股份分红、利润返还等方式，与农户建立比较紧密的利益关系，让农民享受更多的加工销售收益。引导龙头企业发展适合企业化经营的种养业，培育壮大区域主导产业，增强区域经济发展实力。四要推进良性循环发展。建立分级管理、可进可出、优胜劣汰的动态管理机制，引导同行龙头企业组建行业协会，加强行业自律，发挥行为规范、价格协调、纠纷调解等作用。强化政策宣传培训，采用请进来、走出去的办法，拓宽视野，更新知识，提高经营者的素质，推动企业发展壮大。

(三)创新服务推进机制：着力解决好农民干不了或者干了不合算的生产经营活动，让经营主体与与社会化服务结合起来，提供低成本、便利化、全方位的社会化服务，实现“小生产”与“大市场”有效对接的问题

1. 完善组织体系

按照“政府引领、合作主导、市场为辅”的建设目标，加快培育公益型、合作型、市场型服务组织。一是健全公益型服务组织。全面建立县乡村三级农业公共服务组织，加强机构建设、队伍建设、制度建设和条件建设，重点解决公共服务组织服务用房、仪器设备、信息平台、培训设施等基本设施设备，优化和规范服务行为，提升服务能力。二是壮大合作型服务组织。发展壮大村经济合作社实力，发挥村集体经济组织在农田水利基础设施、农业生产、土地流转等方面的统一服务功能；围绕农业产前、产中、产后，引导组建服务类的农民专业合作社，推进经营服务机制创新，强化联合与发展，发挥生产、服务中的带动作用，构建有效的合作型服务平台。三是发展市场型服务组织。培育发展专业服务公司、专业技术协会、农业龙头企业、农民经纪人等各类市场化服务主体，在政府订购、定向委托、奖励补助等方式方法下，积极参与公益性服务领域，形成以龙头企业为基础、各类服务组织为骨干的市场化服务网络。

2. 拓展服务内涵

从农业生产各环节的产业性服务向抵御农业自然和市场两类风险的保障性服务延伸。一是产业性服务。围绕农业主导产业和各个环节，推进农业产前、产中、产后服务。产前重点推进信息发布、种子种苗供应、农技培训等服务；产中重点推进农机作业、统防统治、测土配方施肥和农资统一供应、回收等生产性服务；产后重点推进农产品粗加工用房、粮食烘干中心、冷库、仓储等设施建设，建立农产品展示展销平台，推进农产品品牌培育与整合，提升农产品市场营销能力。二是保障性服务。重点推进农业生产要素优化配置，集聚资源，促进农业生产的规模化、专业化经营；加强动植物疫病防控和农产品质量安全监管，提升农产品品质；推动农村金融产品、服务、监管模式的创新，解决服务组织资金不足矛盾；加强农村信用体系建设，推进服务组织信用认定，提高服务组织社会知名度；完善政策性农业保险，探索将服务组织纳入农业政策性保险范围，增强服务组织的发展能力。

3. 构建服务平台

创新服务方式，整合服务资源，为供需双方搭建有效的服务平台。一是信息综合服务平台。统一构建“12316”信息综合服务平台，为农民提供简便易记的服务号码；在全面调查现有各类农业服务组织基础上，建立服务供需信息数据库和为农服务志愿者队伍电子档案，以公共服务、志愿服务为主要手段，为全市各类农业生产经营者提供系列化、全天候的社会化服务。二是资源要素服务平台。建立农村产权交易、农村土地流转、农村劳动力、农业金融担保等服务平台，为农村各类生产要素的自由、规范流动提供交易服务，解决农业生产中资金、土地、人才等要素制约。三是安全监管服务平台。以农产品质量安全监管为中心，加快先进适用农业技术的推广应用，加大农业标准化建设力度，推进“三品一标”建设。强化动植物疫病防控队伍建设，加强生猪养殖强制免疫、疫情测报和检疫等服务，加快推进畜牧业规范养殖；建立农产品质量检验检测中心，落实农产品质量安全监管责任，加大农产品检验检测力度，推进农产品质量监管示范县创建，确保农产品质量安全。

（四）创新手段提升机制：着力解决好提高农业生产的现代经营手段，促进农业生产活动信息化、机械化，增强农民从事农业幸福感的问题

1. 加强农业信息化建设

把推进农业信息化作为农业生产经营活动的基本资源和发展动力，加强农村信息基础设施建设，扩大农村信息普及覆盖面，提升农村综合信息服务能力；完善农业生产、农产品流通、市场监管等信息服务体系，发展优质、精准、高效和生态农业，加快开发应用多功能、智能化，集信息采集、精准作业、现代管理、灾害预警于一体信息技术，建立健全农产品和生产资料市场监测、质量监管、产品追溯、信息服务等系统。加强信息技术知识培训，特别要在新型经营主体中加强推广普及，增强辐射带动功能，促进农业信息在农村产业结构调整和农民增收中发挥好作用。

2. 推进农业科技转化应用

要加大农业科技资金的投入力度，推进农业科技创新、成果转化和推广应用三大体系建设，以农业科技创新推动农业转型升级。推进现代种业发展，深化市校合作机制，提高农业科研推广能力；推进农技推广体系建设，加快现代农业科技成果转化；推进农作制度创新，推广粮经复合、种养结合、生态循环、水旱轮作、"万元千斤"等高效种养模式;推进测土配方施肥技术,建立主要作物科学施肥技术体系。加强信息发布和利用,推进农业生产经营的信息化水平。

3.提升农业设施装备

大力实施农业机械化促进工程,优化农机装备结构,鼓励各类农业经营主体加大资金投入,购置联合收割机、粮食烘干机、水稻插秧机及配套精密播种育秧流水线、畜禽散装饲料配送和自动喂料、农业废弃物处理、水底增氧机械、冷藏保鲜库等现代农机装备,推进粮油和主导产业的机械化生产。加快推进设施农业建设,鼓励村级集体经济组织、生产经营主体和社会化服务组织等围绕主导产业,发展省地、节水、聚能、高产、高效的设施农业,扩大智能化日光温室、单体及连栋钢架大棚、大棚卷帘机械、温湿度调控设施、节水灌溉设备和避雨栽培、畜禽饲养、水产养殖等设施设备的应用,降低农业生产劳动强度,提高农业生产设施化、机械化水平。

(五)强化工作推动机制:着力解决好促进农业生产经营体制创新发展的环境问题

1.强化组织领导

创新农业生产经营体制,转变农业增长方式,是推进农村改革,加快现代农业发展的重要任务。各级农业部门要高度重视,把推进农业生产经营体制创新作为解放和发展农村生产力、促进农业经济又好又快发展的根本动力,在"四化"同步发展中去思考、谋划、推进,在发展重点、项目安排、设施建设、经费保障等方面给予倾斜。要加强与有关部门的联系,相互沟通,相互配合,形成工作合力,共同推进农业生产经营体制的创新。

2.强化政策支持

要完善、整合各类支持农业经营体制创新的扶持政策,加大财政奖补力度,引导和鼓励农村土地承包经营权的流转、农业经营主体的发展、生产设施装备的改善和社会化服务工作的开展。要制订、落实工商登记、设施用地、人才引进、税费减免、用电用水等政策扶持措施。要深化配套性改革,大力推进城乡一体化进程,着力解决公共财政均等化、户籍制度改革、统筹城乡社会保障、城乡劳动力市场统一等问题,推进农村资源等要素的市场化改革,建立健全农村新型治理结构和机制。

3.强化工作指导

推进农业生产经营体制创新政策性强,涉及面广,要加强工作指导,严格把握法律政策界限,在坚持稳定和完善农村基本经营制度的前提下来推进。要充分发挥农民的主体作用和创造精神,指导基层从实际出发,结合产业分布、主体发展、服务需求等，因地制宜开展体制机制上的创新。要加强新形势下农村各项改革试验工作，先试先行、封闭运行，努力破解农村改革发展中的难题。

4. 强化制度保障

创新农业生产经营体制，必须明确工作目标，强化工作责任，用规范的制度、实在的措施、良好的机制来推进。要分年度制定创新农业生产经营体制有关内容的目标任务，研究制定创新标准，建立工作目标完成评价体系，推动创新工作有序正常进行。要加强工作督查，采取定期督查和不定期抽查等方法，推进创新工作的持久开展。要加强宣传培训，充分运用新闻媒体和宣传载体，总结各地推进体制创新的好做法、好经验，发挥示范和引领作用，促进嘉兴现代农业的发展。

促进农民持续稳定增收的对策研究

□　嘉兴市农业经济局(农业办公室)课题组

"三农"问题的核心是农民问题,而农民问题关键又在农民增收。近年来,嘉兴突出城乡平等协调发展,着力推进统筹城乡综合配套改革,积极调整农村经济结构,加快农业转型发展,有效地激发了广大农民创业创新的积极性,为劳动力转移和农民增收创造了良好条件,农民收入保持平稳较快增长态势,人均纯收入已经连续 9 年位居全省首位。但是,随着改革进入深水区和农民转移就业的基本到位,在高基数条件下,保持农民收入持续较快增长的难度在不断加大。为了进一步掌握和分析嘉兴市农民的收入状况,研究影响农民增收的相关因素,有针对性地制定和实施促进农民持续稳定增收的对策意见,我们组织课题组对农民收入情况进行了专题调研。现报告如下。

一、嘉兴农民收入增长历程回顾

(一)从收入增长情况看,嘉兴农民收入与城镇居民可支配收入基本保持同步增长,与国民生产总值增长幅度趋于接近

自 2000 年至 2013 年,嘉兴市 GDP 从 524 亿元增长到 3147 亿元,增长了 5 倍,同期城镇居民人均可支配收入和农村居民人均纯收入分别从 9338 元和 4734 元增长到 39087 元和 20556 元,分别增长了 4.19 倍和 4.34 倍。其中自 2008 年至 2013 年,GDP 从 1819 亿元增长到 3147 亿元,增长了 73%,同期城镇居民人均可支配收入和农村居民人均纯收入分别从 22481 元和 11538 元增长到 39087 元和 20556 元,分别增长了 74%和 78%,三者基本实现了同步增长(见表 1)。

表1　2000—2013年嘉兴市GDP、农村居民人均纯收入、城镇居民人均可支配收入

	2000年	2005年	2006年	2007年	2008年	2009年	2010年	2011年	2012年	2013年
GDP(亿元)	524	1158	1343	1585	1819	1918	2300	2677	2884	3147
农村居民人均纯收入(元)	4734	8007	8952	10163	11538	12685	14365	16707	18636	39087
城镇居民人均可支配收入(元)	9338	16189	17828	20128	22481	24693	27487	31520	35696	20556

(二)从收入来源结构看,工资性收入已经成为嘉兴农民收入的主要来源,但占比快速增长的趋势受到抑制

2004年以前,随着农民转移就业的推进,嘉兴农民纯收入中来自工资性收入的比例快速上升,家庭经营收入比例呈同步下降趋势。自1993年至2004年,农民纯收入中,工资性收入的比重由37.02%提高到60.38%,提高了23个百分点,而家庭经营收入的比重则由57.03%下降到34.90%,下降了近22个百分点。从家庭经营三次产业看,来自一产的纯收入比重由42.05%下降到16.75%,下降了近25个百分点;而来自二、三产业的纯收入比重则分别由35.80%和16.21%提高到59.41%和19.12%,提高了近24和近3个百分点。自2005年以来,工资性收入占比基本稳定在60%~64%之间,成为农民收入的第一来源,但是扩大趋势明显受到抑制。由此可以表明,2004年前随着农村工业化和城镇化建设的不断推进,农民转移就业人数快速增加,工资性收入及非农产业收入成为农民收入的主要来源,但到2005年以后,农民转移就业基本达到动态平衡,工资性收入占比趋于稳定。财产性收入和转移性收入在2005年以后分别稳定在3%和2%~4%之间(见表2)。

表2　2000—2012年嘉兴市农民人均纯收入来源结构

一、全年纯收入	2000年	2005年	2006年	2007年	2008年	2009年	2010年	2011年	2012年
(一)工资性收入	53.3	59.5	60.7	60.8	61.3	61.2	63.0	63.8	61.6
(二)家庭经营纯收入	44.1	35.5	34.6	34.2	33.1	31.3	30.7	30.5	31.5
第一产业	27.8	18.5	17.4	18.2	17.5	15.7	14.6	14.9	13.8
第二产业	15.0	5.9	6.8	5.2	5.0	6.0	6.7	6.9	7.9
第三产业	11.9	11.2	10.5	10.7	10.6	9.6	9.4	8.7	9.7
(三)财产性收入	0.8	3.2	2.9	3.0	3.1	4.5	3.6	2.5	3.1
(四)转移性收入	7.5	1.8	1.7	2.1	2.5	2.9	2.6	3.3	3.8
二、全年现金纯收入	87.1	97.1	96.6	97.5	97.1	97.8	97.8	98.5	97.9
三、全年实物纯收入	12.9	2.9	3.4	2.5	2.9	2.2	2.2	1.5	2.1

(三)与周边地区比较,嘉兴农民收入处于较高水平,但收入结构差异比较明显

2012年,嘉兴农民人均纯收入为18636元,在本省实现连续9年位居第一,比全省平均14552元高4076元,高28%,略高于宁波和舟山,在长三角16个城市中仅次于苏州位居第二(见图1)。2012年城乡收入比为1.92∶1,明显低于全省平均的2.37∶1。

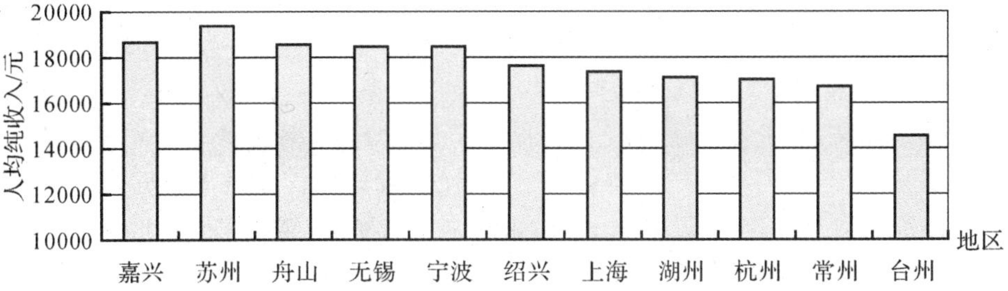

图1　2012年嘉兴农民人均纯收入与周边地区对比

从收入来源结构与省内其他地区比较,嘉兴农民人均纯收入中工资性收入占比明显高于其他地区,达到了61.6%,宁波为59.7%,绍兴为56.1%,台州为47%;而财产性收入、转移性收入等非经营性收入占比则明显低于其他地区,嘉兴财产性收入、转移性收入占比分别仅为3.1%和3.8%,而宁波为7.5%和10.6%,绍兴为2.3%和5.8%,台州为5.9%和5.9%(见表3)。

表3　2012年嘉兴农民收入来源结构与宁波、绍兴、台州比较　　单位:元,%

	嘉兴		宁波		绍兴		台州	
	金额	占比	金额	占比	金额	占比	金额	占比
一、全年纯收入	18636	100.0	18475	100.0	17706	100.0	14567	100.0
(一)工资性收入	11485	61.6	11023	59.7	9936	56.1	6841	47.0
(二)家庭经营纯收入	5862	31.5	4097	22.2	6331	35.8	6007	41.2
(三)财产性收入	575	3.1	1391	7.5	414	2.3	855	5.9
(四)转移性收入	714	3.8	1964	10.6	1025	5.8	863	5.9

(四)从收入人群结构看,高低收入水平差距较为明显

2012年,嘉兴农民高收入的20%人群人均纯收入为35637元,而低收入的20%人群人均纯收入为6699元,两者之比为5.31∶1。如以嘉兴市新一轮扶贫标准8700元计算,全市年收入低于8700元的农户共有48884户、141481人,分

别占全市农户总数和农村户籍总人口的8.65%和7.56%(不含经营性亏损的农户)。低收入农户主要包括两部分:一是以纯种植粮油作物为主的农户,这部分农户受到粮食生产效益的制约,商品率不高,如无其他经济来源的补充,则家庭收入水平相对较低,增收困难;二是因病、因残等特殊家庭,由于缺乏劳动、资金、技术等要素,就业无路,创业无门,家庭收入处于最低层。

二、关于嘉兴农民收入未来增长趋势研判

党的十八大提出了到2020年实现国内生产总值和城乡居民人均收入比2010年翻一番的宏伟目标。嘉兴市委、市政府根据嘉兴农民收入近年来较快增长的发展态势,在七届一次党代会上提出了到2016年率先实现城乡居民收入翻番目标。根据这一目标,六年中,嘉兴农民收入要确保年均12.2%以上的增长。综合考虑各方面情况,我们认为,未来三至五年内,嘉兴市农民收入将由快速增长转入稳定增长期,增长速度将有所放缓,但考虑到2011年、2012年、2013年分别增长14.0%、13.9%和10.3%打下的良好基础,实现这一目标仍具有现实可能。研判主要基于以下几点。

(一)工资性收入有望实现稳定增长

工资性收入作为嘉兴农民收入的主要来源,其稳定增长在农民收入增长中占有举足轻重的地位。劳均收入水平提高和务工劳动力比重增加,是促使工资性收入实现持续稳步增长的重要因素。从2010年到2012年,嘉兴农民人均工资性收入年均增长12.6%。我们认为,今后三到五年,人均工资性收入水平有望实现持续稳定增加。理由有二:一是国家收入分配制度改革的全面推进为劳均收入水平提高提供了制度保障。党的十八届三中全会提出,要保护劳动所得,提高劳动报酬在初次分配中的比重;健全工资正常增长机制,努力缩小城乡、区域、行业收入分配差距。这些改革措施,有利于增加劳动报酬在初次分配中的份额,有利于促进中低收入职工工资合理增长。二是经济结构转型将为劳均收入水平提高提供有力的产业支撑。"十二五"期间,通过进一步优化产业布局,优先发展现代服务业,大力发展先进制造业和加快发展现代都市型生态农业,产业结构不断优化调整。特别是实施"两退两进"策略,通过建立倒逼和激励机制,腾退制造业中相对低端低效的产业、企业,发展相对高端高效的先进制造业和现代服务业,集中力量扶持高科技、高附加值的产业和产品,使产业结构逐步优化,高附加值产业的比重逐步提升,从业主体由"蓝领"向"白领"转变,职均收入水平提升,使中等收入人群快速扩大,全社会居民的收入分布逐步从"金

字塔形”向“橄榄形”转变。但是，与此相对应的农村劳动力转移就业趋势将出现逆转，将对工资性收入持续增长造成制约。近年来，嘉兴市农村实有劳动力总体呈增加态势，从2005年到2012年，农村实有劳动力由153.42万人增加到166.08万人，同期农业从业人员数量由42.16万人下降到31.96万人，转移就业率从72.52%增加到80.76%。尽管按劳动—耕地比例法估计，全市尚有少量富余劳动力，但从现实情况看，一方面，随着20世纪八九十年代人口出生高峰的消退和人口老龄化的加剧，农村实有劳动力快速增加的趋势将出现逆转；另一方面，农村青壮年基本已经实现转移就业，其余的由于个人意愿、能力等因素，再转移就业的可能性已经大幅下降。同时随着机器换人、电商换市步伐的加快，实体经济对劳动力数量的需求将进一步减退，低端农民工将出现就业回流的现象。综合考虑上述情况，我们认为嘉兴农民工资性收入增长速度可能稍有回落，但仍有望保持年均10%左右的增长速度。

(二)家庭经营性收入增长速度有望基本保持

从2010年到2012年，嘉兴农村居民人均家庭经营纯收入年均增长15.4%，其中来自一产年均增长10.7%，二产年均增长23.7%，三产年均增长15.7%。今后三到五年，这一增长速度有望基本保持，其中来自三产的家庭经营性收入有望实现较快增长。

从一产看，有利因素主要有：一是随着现代农业园区和粮食生产功能区建设的推进和耕地质量的提升，农业先进设施装备和先进生产技术的推广应用，农地的单位生产能力和劳动生产率有望实现稳步增长。二是农地流转保持快速推进的态势。2013年，全市新增土地流转面积保持在11万亩，累计已达98.2万亩，占家庭承包耕地面积的40%。农地流转为培育家庭农场、职业农民等新型经营主体创造了条件，规模经济使得农业的附加值快速提升，业内从业人员的人均产出大幅提高。三是农业结构调整优化，花卉苗木、精品水果、特种水产、食用菌、蔬菜等效益相对较高的产业稳步发展，以及农业现代物流业、种子种苗业、农业专业服务业的快速发展促进了农业效益的稳步提升。不利因素主要有：一是随着生猪产业减量提质工程的推进，生猪饲养量将大幅下降，养殖户将面临从畜牧产业转型的阵痛。二是中央八项禁令的出台对高端农产品的消费形成冲击，影响到农业附加值的提高。三是资源约束将会进一步加剧，随着农村工业化和城镇化的推进，农村土地越来越少，人多地少的矛盾进一步凸显，由于工业“三废”和生产、生活污染物的排放，农业生态环境恶化。四是农业劳动力短缺和老龄化的问题将会更加突出，季节性用工紧张的局面将会进一步加剧。

从二产看，有利因素主要有：一是在各类专业市场的带动下，嘉兴的区域经济发展有声有色，海宁的经编、皮革，秀洲和嘉善北部的轻纺，平湖的服装等都已形成了具有一定规模的家庭工业集群，发展基础良好。二是市委、市政府大力推进民营经济二次创业工程，为家庭工业的转型发展创造了良好契机，产业、产品的科技含量和竞争力，生产的效益有望进一步提升。不利的因素有，一是农村土地和资金供给矛盾比较突出；二是劳动力和部分原材料价格持续上升，生产成本提高；三是人民币汇率持续提高，出口导向型产业效益受到挤压；四是部分产业科技含量不高，竞争力不强，产能过剩。

从三产看，有利因素主要有：一是市委、市政府确立了服务业优先发展战略，出台了一系列扶持服务业发展的优惠政策。二是随着城镇化和农村社区化建设的推进，人口不断集聚，社会分工细化，产业间的增量释放加快，社区服务业等第三产业需求快速扩张，家庭服务业取代农民的趋势将进一步加快。三是交通、通信等基础设施持续改善，为发展电商、现代物流业等创造了更好的条件。不利的因素主要有农民素质尚不适应现代服务业的需求，相关人才的培养仍显滞后，相应的规划不尽健全等。

总之，家庭经营收入中来自一产的增速可能在振荡中上升，来自二产的增速有望稳中有进，来自三产的增速有望加快。

（三）转移性收入和财产性收入等非经营性收入增速有条件实现较快增长

从2010年到2012年，农民财产性收入年均增长5.73%，转移性收入年均增长37.80%。财产性收入增速明显低于社会经济发展水平和其他各个产业；转移性收入增速得益于统筹城乡综合配套改革的推进和国家支农惠农政策的实施，增速相对较快。随着改革的深化，农民财产权利的增加，我们认为，财产性收入增速缓慢的现状将会突破，转移性收入较快增长这一趋势将继续保持，两者在农民收入中的占比将会持续扩大。得出这一判断主要基于：一是国家明确进一步完善以税收、社会保障、转移支付为主要手段的再分配调节机制，惠农富农政策力度加大，农业各种补贴提高，新型农村社会养老保险实现全覆盖等保障制度逐步推行，有利于多渠道增加居民转移性收入。二是推进农地确权，引导有序推进农村土地承包经营权流转，允许农村集体经营性用地出让、租赁、入股，深化农村集体资产产权制度改革，通过村经济合作社股份合作制改造、土地股份合作社组建、新型农村金融服务组织兴办和规范发展农民专业合作社等多种途径促进更多农民持有股份，支持推进农民创业投资、合股经营等将有利于增加农民的财产性收入。但农村土地使用制度改革面临体制机制性障碍，农民在公共服务、社会保障等方面仍未享受到完整的国民待遇，农民的理财意识和理财能力不强、投资渠道狭窄等对收入的较快增长将造成制约。

三、促进农民持续稳定增收的对策措施

针对当前嘉兴市经济结构现状、农民收入主要特点和持续增长的制约因素，增加农民收入将是一个全社会的系统工程，既要考虑当前，又要着眼长远；既要从产业结构调整挖掘潜力，又要着眼于分配方式的改革与公共服务的延伸；既要做好增量拓展，强化投入，推进发展，更要做好存量挖掘，优化资源配置，腾笼换鸟。总体来看，要着眼农民收入的主要来源，全面深化统筹城乡改革，加快产业转型升级，鼓励和支持农民创业、就业，健全农村公共保障体系，不断完善和落实支农惠农政策，进一步构建农民增收长效机制，促进农民收入持续稳定增长。

(一)推进经济转型发展，促进农民家庭经营性增收，确保总量持续增加

一是以新型城镇化为契机，提高农民家庭经营收入。提高城镇化发展辐射力，带动农业结构调整、生产方式创新、科技创新和管理创新，提高农业劳动生产率；加快农业人口转移，使部分农产品供给者转变为需求者，改变农产品供求关系，增加农民农业经营收入；加快发展产业集群和现代服务业，吸纳更多农民到城镇务工经商，使城镇成为农民发展二、三产业的集聚地。

二是在稳定粮食生产基础上，大力发展现代都市型生态农业。要在推进生猪养殖业转型发展的阵痛中，抓住机遇，加快产业布局、调整和优化，重点加强农业“两区”建设、构筑现代农业种业体系、培育新型农业经营主体、推进农业社会化服务、改进农业生产经营手段、推进农业标准化生产等，提升农业生产经营的规模化、专业化、产业化、品牌化水平，提高农产品的市场竞争力，促进农业持续增效、农民持续增收。

三是以专业市场为终端，围绕特色产业发展家庭工业和家庭三产，以区域经济的增长带动家庭经营，实现“抱团闯市场，合作建产业”的目标。重点推动专业市场、电商营销、渠道销售等纵向发展模式，将分散、零星的家庭经营纳入区域特色产业的发展之中，拓展农民的增收渠道。

四是畅通农产品流通渠道，降低农业生产的交易成本。加强农产品交易市场和区域性的农产品批发市场建设，着力培育现代物流新业态，运用现代配送体系建设，以及电子商务、网上交易、农产品拍卖等方式，实现农产品物畅其流，降低农产品营销成本。

五是改善农业农村生产条件，降低农业的风险成本。加大农业基础设施投入，加强农田水利设施建设，切实改善农业生产条件，进一步提高抗灾减灾能力，减少各类自然灾害对农业的影响。实施适度的农业保护，建立风险预警系

统、农业风险基金和农业保护价格制度，稳定农产品价格，防止暴涨暴跌。健全农业政策性保险，降低农业的生产经营风险。

(二)推进农村劳动力就业创业，促进农民工资性增收，确保占比相对稳定

一是按照市委、市政府提出的“两新工程”①建设要求，加快新市镇、城乡一体新社区建设，进一步集聚要素资源，激发区域发展活力，为农村二、三产业发展搭建平台，进一步促进农村劳动力向非农产业转移，拓展农民非农增收渠道。

二是积极促进民营经济二次创业。制定扶持政策，放宽前置审批条件，降低民营小企业的市场准入门槛，公正公平地配置社会资源，使民营企业实现空间集聚，内部资源有效配置，形成具有地方特色的先进制造业基地，成为吸纳农村劳动力转移的主渠道。

三是营造农民创业环境。建立农民创业扶持基金。由财政列出专项资金，通过提供小额贷款担保、农民创业贷款贴息、支付农业保险保费补贴等方式扶持农民创业，探索建立集技能培训、创业指导，到资金扶持、后续服务于一体的新型农民创业帮扶体系。

四是完善农村劳务合作社发展机制。组织农村富余劳动力多主体牵头兴办劳务合作社，开展提供岗位信息，以及与新型农业经营主体、企业等建立长期或不定期的用工关系等服务，解决用工单位与劳动力之间信息不对称的矛盾；着力解决劳动人员的工伤、医疗保险，消除劳务合作社发展的后顾之忧，增加富裕劳动力的就业收入。

五是强化对农民的教育培训，从根本上提高农村劳动力的就业竞争力。在加强对失地农民和农村富余劳动力培训，提高就业技能和整体素质，加快其向二、三产业转移的基础上，重点加强对已经在二、三产业就业的农村劳动力的专业培训，提高岗位技能，加速农民工向三产和二产中高附加值领域的转移，实现从低层次就业向高层次就业的转化。

六是完善城乡互通的劳动用工制度和覆盖市、县、乡的就业服务网络，使城乡就业人员在劳动合同、工资标准、社会保险等方面享有同等待遇。

(三)创新资源优化配置机制，促进农民财产性增收，确保比重大幅提升

全面深化以土地使用制度改革为重点的统筹城乡综改，使市场在资源配置中起决定性作用，让农民充分享受改革发展红利。

一是按照保障农民用益物权、拓展权益功能内涵、增加权益转让渠道及收

---

① “两新工程”：即新市镇工程和城乡一体新社区工程。

益的思路，积极探索宅基地及其住房的空间置换、有偿退出和差别化使用机制，加快构建房产权利城乡居民平等、农村居民财产权利充分实现的制度体系，扶持发展房东经济。

二是赋予农民土地主体地位，提高土地征用标准，稳步推进农民住房财产权抵押、担保、转让试点，完善农村集体土地增值收益共享机制，增加基于土地的财产性收入。

三是创新农村土地承包经营权管理，建立与现代农业发展相适应的土地流转机制，推进农民以土地、劳动力等形式入股，发展土地股份合作社和各类富民合作社，增加股份的财产性收入。

四是深化农村集体资产产权制度改革，进一步发展壮大村级集体经济实力，建立完善现代企业管理体制和集体资产保值增值奖惩机制；深化农村产权交易中心建设，推进农村集体资产、农村集体资产股权的交易流动，探索开展农村住房、农村知识产权等农村产权的公开、公平、公正交易，增加农民的资本性收入。

五是深化农村金融改革，加大信贷扶持力度，扩大担保贷款和信用贷款范围，加快农村金融产品和服务方式创新，着力增强农民投资理财观念，增加资金的财产性收入。

(四)完善农村社会保障机制，促进农民转移性增收，确保比重稳步提高

加快调整国民收入分配格局和财政支出结构，扩大公共财政对农村、农业和农民的覆盖面，增加农民转移性收入。

一是加大支持农业发展力度，完善农业补贴政策，重点将更多的农业补贴向适度规模经营主体倾斜；完善低收入农户帮扶制度，区分类型，对不同的对象采取有针对性的措施。

二是强化农村社会保障体系建设，全面提高养老、医疗保障水平；提升失地农民基本生活保障和城乡居民养老保险水平，加快推进与城镇职工养老保险的接轨；完善新型农村合作医疗制度，稳步提高新农合保障标准。

三是推进公共服务均等化，促进义务教育、就业服务、公共文化体育、福利救助、社会公共安全等基本公共服务在城乡、区域、群体之间的均衡配置，让农民享受更多的发展红利。

四是通过“政府补助、农户出资”形式，探索建立农民家庭财产保险机制，确保农民家庭财产的安全和完整；加强对农民负担的长效监管，确保农民负担持续减轻不反弹，为农民持续稳定增收创造良好的环境。

嘉兴市城乡基本公共服务均等化进程研究

□ 卿　瑜

基本公共服务是一个社会人们生存和发展必需的基本条件，是一个社会由政府提供、有效满足和充分保障的基本福利水准。平等享受基本公共服务是人们基本的权利。当前我国基本公共服务存在明显的非均等化，这不仅严重制约了我国经济转型升级，加剧了社会不平等，也成为近年来社会矛盾的根源之一。党的十六届六中全会强调要实现基本公共服务均等化，十七大强调"缩小区域发展差距，必须注重实现基本公共服务均等化"，十八大将公共服务均等化作为全面建设小康社会的重要目标，十八届三中全会又再次强调要推进城乡公共服务均等化。截至目前，推进基本公共服务均等化已成为我国各地政府推进城乡之间、区域之间协调发展的重要举措。嘉兴市作为浙江省乃至全国统筹城乡发展的先行地，自 2003 年推出《嘉兴市城乡社会发展一体化专题规划》以来，政府就着力推进城乡基本公共服务均等化。全面总结嘉兴市在推进城乡基本公共服务方面的发展成效，不仅有利于我们科学评估当地近年来的社会政策，而且对于下一步深入推进城镇化和统筹城乡发展具有重大现实意义。

一、嘉兴市促进城乡公共服务均等化的地方实践

推进公共服务均等化，特别是城乡公共服务均等化，各级政府责无旁贷，而这项开展工作的首要前提是如何理解"公共服务均等化"。目前，人们倾向于从结果平等、机会平等、能力平等和需求平等等几个角度来研究。无论是学界还是政府自身，比较赞同的观点是全体居民在机会均等的原则下，其所享受的公共服务结果大体相等。从现阶段我国各地区所面临的突出问题及政府自身财政能力来讲，各级政府都倾向于在基本公共服务领域来讨论均等化问题，而嘉兴的特色就在于政府除在基本公共服务输出上推进城乡均等化以外，还从实现

均等的机会,保障均等的制度,以及支撑均等的服务体系等方面共同推进城乡公共服务均等化。

(一)嘉兴市城乡基本公共服务分配现状

各地区居民所享受的公共产品主要由两部分构成:一部分是中央政府提供的全国性公共产品,从理论上讲,地域差别不大;一部分是各个地方政府提供的地方性公共产品,其供给水平由地方政府的财政能力决定①。因此,本文所指嘉兴市城乡公共服务均指由嘉兴市政府财政能力所提供的地方性公共产品和服务。近年来,随着嘉兴市政府财政实力的增长,以及政府职能重心逐渐从经济领域转移到经济社会并重的公共服务领域,政府愈渐重视对事关民生的公共领域的投入,特别是自2003年推出《嘉兴市城乡社会发展一体化专题规划》以来,政府着力推进城乡共同发展,在缩小城乡居民所享受的公共服务事实差距,解决政府公共输出的二元结构上做了巨大努力,在基础教育、基本卫生医疗、社会保障、文化事业等方面推进城乡居民共享。

1.基础教育方面,力促城乡教育一体化

政府坚持教育公益性质。本着市本级教育经费占当年财政支出总额的比例随国民经济发展逐步提高,不断加大对农村基础教育投入,调整农村中小学布局,配备完备的教学设备和学生活动场地,并对全市中小学学校教职工编制统一进行合编,保证了农村学校和城市学校有同样的新教师补充量。另一方面积极引导教育资源流向农村。深入推进城乡义务阶段教师交流制度,对结对交流的骨干教师进行考核,落实农村骨干教师、支教教师的各项待遇,并同时完成农村中小学教师素质提升工程培训任务,培训合格率达到99%以上。2013年,嘉兴进一步对推进义务教育学校教师校长轮岗交流作出全面部署,要求义务教育学校教师校长轮岗交流在县域内进行,校长在同一学校任职满10年一般要参与轮岗交流;教师在同一学校连续任教满12年须轮岗交流,交流后服务时间一般不少于3年,每年参与交流的教师比例占符合交流教师总数的10%左右。近两年,政府不断加大对中等职业教育、高等院校涉农专业的投入,由于这类院校农村学生比例较高,体现了对农村教育扶持的增长。

加大城乡教育统筹发展。嘉兴市政府积极推动"四个同步"建设,即同步谋划城乡教育规划,一体化配置城乡教育资源;同步改造基础设施,一体化改善城乡办学条件;同步培养师资队伍,一体化提升城乡教师素质;同等支持各类教

---

① 解建立:《我国城乡二元公共服务体系形成根源探究》,《民生之路——惠及13亿人的基本公共服务》,中国经济出版社2008年版,第150页

育，一体化推进终身教育。

2. 基本医疗卫生方面，嘉兴市有城镇职工基本医疗保险制度和城乡居民合作医疗保险制度

目前全国范围内有三种制度，城镇职工基本医疗保险制度、新型农村合作医疗制度和城镇居民基本医疗保险制度。嘉兴市有两种制度，城镇职工基本医疗保险制度和城乡居民合作医疗保险制度。涉及城乡居民基本医疗卫生均等化的城乡居民合作医疗制度，其人均筹资标准从2003年的35元将提高到2014年的650元，其中，住院费用报销比例提高到70%以上，门诊费用报销比例达到30%以上，住院补偿线提高到12万元。从所补助对象来看，截至2013年1月，嘉兴市共有190.33万人参加城乡居民合作医疗保险，其中农村居民137.79万人，农村居民参保率99.14%，农民成为主要受益对象。截至2012年末，全市已建成82个社区卫生服务中心其中：省级规范社区服务中心78个，社区卫生服务站792个，基层医疗卫生机构覆盖率100%，规划建成率100%。

3. 就业和社会保障方面，嘉兴在全国较早建立城乡平等的就业制度

在打破城乡二元就业“樊篱”方面，先后取消了企业使用农村和外来劳动力的审批制度，取消“不准和限制招用农村和外来劳动力的行业和工种”规定，取消涉及农村和外来劳动力进城镇就业的所有收费，取消针对农村和外来劳动力的歧视性就业政策，打破城乡就业二元化格局，形成劳动者自主择业、市场调节就业、政府促进就业的市场导向就业机制。在促进城乡统一就业方面，政府先后建立了城乡一体的劳动就业体制和管理制度，城乡一体的劳动力市场和公平的就业制度，与城乡统筹就业相适应的多层次保障体系和制度，城乡一体的劳动用工执法和监督体系。在拓展就业渠道、开发城乡就业岗位，以及户籍、土地、教育等方面，建立并形成比较完善的政策体系，加快了统一的人力资源市场建设步伐，形成面向城乡所有用人单位和劳动者的市场信息网络，有效地引导劳动力的有序流动。在引导农民就业方面，政府积极促进被征地农民就业，大力开展农村劳动力职业技能培训，提高其转移就业能力。2008年，嘉兴就曾凭借“探索建立统一的就业政策、招聘市场、服务制度等，城乡发展比较均衡”的优势，入选联合国统筹城乡就业项目，成为全国五个入选城市之一。2012年，又开展创建充分就业村试点，建立城乡一体的就业政策和服务体系。帮助农村劳动力转移就业5.10万人，深入推进充分就业社区（村）创建，全市775村达到充分就业村标准，达标率为95%；全市累计建立农村劳务合作社49家，吸纳农村闲置劳动力近7000人。

社会保障领域，嘉兴城乡居民全部纳入多层次社会养老保障体系，实现了养老保险制度全覆盖。截至2013年6月底，全市被征地人员605788人，其中

劳动年龄段329041人，就业人数273709人，已建立社会保障数451045人，已领取养老保险金137340人。进行“两分两换”的15个试点镇户籍总人数723485人，劳动力总人数403677人，其中涉及两分两换的劳动力84269人，已安置劳动力82345人，已参保人员106369人（应参保人员131323人），两分两换人员就业率为97.7%，其中转移就业率为82.1%。被征地居民养老基本生活保障水平达到785元（市本级）；城乡居民社会养老保险不缴费直接享受基础养老金待遇水平已达到人均100元。全市户籍人口各类社会养老保障覆盖人数达到261.9万人，覆盖率达到96.5%。

4.基础设施建设方面快速发展，特别是农村地区基础设施建设

到2006年末，全市所有乡镇有二级以上公路通过的占100%，乡镇政府所在地距县城在一小时车程内的占100%，距一级公路或高速公路出入口在50公里之内的占100%，有邮电所的乡镇占100%，100%的乡镇有储蓄所。嘉兴市于2003年推行城乡公交一体化战略，到2007年末，基本建立了中心城市到副中心城市，副中心城市到各中心乡镇，中心乡镇到行政村的城乡三级公交客运网络。截至2012年末，嘉兴中心城镇工业污水处理率达到100%，所有城镇生活污水和工业污水全部入网，污水管网覆盖率达到85%以上，城区、镇区生活垃圾无害化处理率达到100%，农村生活垃圾收集全覆盖，无害化处理率达到85%以上，全市农村自来水受益率99.80%，农村农户改厕率97.98%。在今后几年内，嘉兴还将投资10.9亿元提升农村公路等级，包括近200个提升改造建设项目，约580公里，届时，嘉兴农村生活环境将得到全面提升。

5.公共文体事业方面，嘉兴大力推进文化资源共享

以市、县文体活动中心为核心，乡镇文体活动中心为主体，村（社区）文体活动中心为补充，率先推进图书馆乡镇分馆建设，并对所有设施按统一要求配备、管理和考核。在以城市公共文化基础设施为龙头的艺术演出、社会阅读、博物展览体系，以群艺馆、艺术创作研究所等为中心的公共文化产品创作生产体系，以戏曲歌舞、电影为主要内容，以村落、社区为主要服务对象的公共文化产品供求和文化互动体系基础上，形成了全市直至村（社区）的公共文化基础设施网络体系。截至2012年末，全市行政村有线电视联网率达到100%，广播和电视人口覆盖率均达100%，全年广场文艺演出约637场次、电影下乡放映11168场次，观众人数255万人次，大剧院引进各类演出96场次，观众人数达10.5万余人次。

（二）嘉兴市推进城乡公共服务均等化的路径特点

1.基本公共产品均等化

判断城乡居民所享受的公共服务是否均等，最直观的标准就是看政府所提

供的基本公共产品是否均等。因为,从农村居民的角度来看,其所享受到的教育、医疗、社会保障水平在多大程度上实现了与城镇居民的同一性,直接影响其心理状态。严重失衡的城乡公共供给必将使农村居民产生强烈的被剥夺感和不公平感,而这是影响社会稳定的重要因素,也是政府施政的非正义现象。从另一点上来说,嘉兴自古就是一个鱼米之乡,城乡差距本来就不大,从2012年的最新统计数据来看,2011年,嘉兴城镇居民人均可支配收入35696元,农村居民人均纯收入18636元,城乡差距1.92∶1。政府若在城乡居民所享受的基本公共服务产品这个问题上造成事实上的不平等,其不平等比率甚至还要高于经济差距,这必将对政府的公信力造成极大的伤害。嘉兴市政府注重这方面的工作,近年来尤其加大了对农村地区公共服务的倾斜,力促在基本公共服务产品方面做到城乡均等化。

2.制度安排强调起点平等

如果说基本公共产品均等化是从结果上强调公共服务均等化的话,那么制度安排将从源头上保障社会居民享受基本公共产品的正义性,因为公平的制度是承载社会进步的依托。就嘉兴来说,教育方面,政府制定并实施了城乡教育一体化发展规划,并不断细化。城乡就业方面,实行了城乡统一政策措施、统一招聘市场、统一服务制度、统一用工管理、统一社保体系。基本医疗卫生方面,实行了城镇职工基本医疗保险制度和面向城乡所有居民的城乡居民合作医疗保险制度,并积极探索二者的衔接。此外,政府在财政、城乡科技、文化等其他方面也形成了一体化发展纲领和指导意见。这些制度实际上成为嘉兴市政府推动城乡基本公共服务均等化的制度安排。

3.实现机会倾斜,增加农村居民获得更多公共产品的机会

从消除城乡二元格局方面,强调农民参与共享城镇公共资源;从抓农民培训、平等就业和特色经济等方面实现所有人民的共同发展。通过城镇化的扩展,减少农村居民,让更多农村居民变成城镇居民。以工业化促进城镇化,嘉兴近年来的小城镇综合改革试点镇以农业为基础,大力发展非农产业,通过工业化培育城镇化的基础;通过"两分两换"[①]不仅让农民住上了公寓式的住房,更让他们享受到了与城镇居民同等的生活环境,更多的就业机会和完善的社会保障。

进行户籍制度改革,从根本上解决了城乡公共服务非均等化的制度症结。2008年10月,嘉兴市正式实施《关于改革户籍管理制度 进一步推进城乡一体

① "两分两换"指的是宅基地与承包地分开,拆迁与征地分开;以宅基地置换城镇房产,以土地承包经营权置换社会保障。

化的若干意见(试行)》,农业户口、非农业户口的称谓正式告别历史舞台,全市城乡居民户口统一称为"居民户口"。这场改革的伟大意义不仅将改变农村居民祖祖辈辈的"农民"身份,更在于他们将和"城里人"一样,享受更多的公共服务。在社会保障上,根据规定,有地的农村居民的职工养老保险,按现行的"双低"标准执行;有地的农村居民通过土地置换后或者全部征用后,成为无地居民,其相应的养老保险、医疗保险、退伍士兵优抚安置、最低生活保障等,按改革前城镇居民有关政策执行,"这等于专门设计了一个农村居民向城镇居民转化的通道"。此外,农村户口子女在就读上,也将享受到同等待遇。根据规定,宅基地置换进入城镇的农村居民,子女就读,在其居住地所在辖区就读,在九年义务教育期间免收借读费,享受城镇免费的公共教育资源①。

4.优化财政支出结构,注重事实平等

一方面,加大对基本公共服务领域的财政投入。到2012年,嘉兴市政府用于发展社会事业和解决民生问题的财政支出达190.68亿元,占全市公共财政预算支出的73.14%,同比增长9%,增速高于当年全市GDP增速。2012年,嘉兴市城乡居民合作医疗保险人均筹资额提高到500元,教育支出64.93亿元,城乡社区社会事务支出23.63亿元,就业和社会保障20.97亿元,财政支出向基本公共服务的倾斜有力改善了民生。另一方面,加大对农村地区公共事业投入,逐步缩小城乡公共服务差距。从2001年开始,政府按照"公共财政普惠城乡"的思路,开始把农村地区的基础设施和社会事业建设纳入各级财政预算,并不断加大支持力度。2006年,嘉兴市财政支农资金达33.14亿元,2007年全市财政支出的三分之一投向"三农",2008年财政预算中又有近42亿元"三农"支出,2012年,这一数字达102.91亿元,比上年增加17.1%。

5.以城乡一体化发展为推进载体

发展社会事业其本质就是一个成果分享的问题,尤其是农村社会事业,它的意义不仅在于不断满足农村居民增长的公共产品和公共服务需求,还在于缩小不断扩张的城乡差距,尤其是公共服务差距,使社会全体公民共享改革开放成果,改变城乡居民公共服务的二元结构,实现城乡一体化。我们研究发现,嘉兴市推进城乡公共服务均等化最重要的载体是2004年制定的《嘉兴城乡一体化发展纲要》,在纲要指导下,政府先后在教育、就业、社会保障、体育文化、生态环境等方面下发了城乡一体化发展的改革意见。可以发现,不管是政府的财政投入,还是资源配置,正是在"城乡一体化"的目标之下逐渐向农村地区倾斜,以

① "嘉兴正式实施户籍制度改革 将取消农民此称呼",新华网地方新闻,2008年6月11日 http://www.xinhuanet.com/chinanews/2008-06/11/content_13512608.htm.

弥补经济快速发展带来的农村社会事业发展滞后现象。包括科技、教育、文体事业、医疗卫生、社会保障、基础设施建设、劳动力转移等多项农村社会事业正是在这个纲要下快速发展并逐渐向城市水平靠拢。从这个意义上讲,公共服务均等化与城乡一体化是相互促进的。

二、嘉兴推进城乡公共服务均等化存在的现实难题

截至目前,嘉兴市政府以推进城乡一体化改革为契机,深入推进城乡公共服务均等化的各项工作正在广泛开展,许多制度正在实施中,其中有不少得到了专家学者、新闻媒体和上级政府的肯定。这些举措对于解决嘉兴城乡二元格局,促进公共服务均等化有着非常重大的意义。综观嘉兴社会公共事业全局,以下几个方面需要政府引起足够的重视。

(一)政府所提供的公共产品与社会需求之间仍存在较大差距

2013年,嘉兴市人均地区生产总值突破1万美元,人民群众生存性问题的压力明显减弱,发展性问题压力明显增大。经济的快速发展所带来的是社会公共服务需求的加速度增长。而这种公共需求又表现出几方面的特征:一是满足生存性需求的公共服务仍然存在,城乡社会公众对于就业、医疗等方面的需求表现出强烈效应;二是享受性公共服务需求快速增加,随着经济快速发展,嘉兴社会中产阶层明显增长,他们所需要的公共产品具有种类多、层次高、需求增长快速的特点。这两类需求,都事关社会稳定和可持续发展。从另一个角度来说,社会公众总是在寻求自身利益的最大化,对于公共产品同样如此,他们总是期望政府提供更多的社会福利产品。因此,政府的公共职责在某种程度上表现为总是不断地为满足社会公众的需求而努力。这样,对于政府来说,不仅要不断满足社会公众的公共需求,更要在这个过程中动态平衡不同阶层之间、不同群体之间和不同区域之间的需求状态,以维护社会的动态平衡。而目前来讲,嘉兴市政府在促进城乡公共服务均等化方面,基于政府的财政实力,仍然从基本公共服务领域力促城乡均等化,城镇居民所享有的部分公共产品,如基础设施、社会保障水平等仍明显高于农村。

(二)基本公共服务资源的配置存在地区性不均等

基本公共服务资源的配置存在地区性不均等,而这种地区差别由于城市化滞后又表现为城乡差别。城乡差别和体制分割给实现基本公共服务均等化带

来了巨大的困难。这是中国基本公共服务不均等区别于其他国家的基本特征[①]。也正是因为这个原因，嘉兴市积极推进城镇化建设，如，“1640”工程，“两分两换”工作等，以此吸纳更多的农村居民进入城镇体制，一定程度上也成为城乡公共服务均等化的制度通道。但是，我们也可以看到，目前部分农村居民在城镇化过程中失去土地以后，其所获得的保障仍然是不高的。而且据统计，嘉兴市农村居民受教育程度在全省处于低水平位次，因此，在失去土地保障之后，其日后生存与发展存在隐患。

（三）以投入为主的治理方式过于粗放

近年来，嘉兴市政府大大加强了对民生和社会事业的投入，尤其注重加大对农村社会公共事业的投入来弥补城乡公共服务的二元结构，这对于缩小城乡公共服务差距起到了巨大作用。但是我们可以看到，以投入为主的政府治理存在很多困难与挑战：一是投入的可持续性问题，在经济下行的情况下，从中央到地方，目前最重要的工作是在何如保持经济增长的同时促进社会发展，因此，政府更多的财政主要还是投入到了与 GDP 发展速度相关的领域，社会民生领域投入的可持续性值得关注。二是一直以来，我国各级政府其实都存在一种计划经济之下的“高投入、低效率”政府治理文化，侧重于从支出，而不是通过监督保证财政支出的效果和目标的实现程度，这实际已成为推进城乡公共服务均等化的一大问题。

（四）当前的考核方式难以反映城乡公共服务均等化实现程度

一是目前的统计常常建立起与数量联系而不是质量联系的指标看政府公共服务情况。如教育，我们常用入学率来看待政府公共服务情况，而事实上，这个指标并不能显示贫困地区家庭和富裕地区家庭、城市家庭和农村家庭子女间所受教育的巨大差距。二是我们往往注重农村居民获取某种公共产品的可能，诸如医院病床数、医生数和城乡合作医疗参保率等，但这不能说他们需要服务时所获得服务的程度[②]。因此，对于推进城乡公共服务均等化建设，有必要从城乡居民所享受公共服务的事实程度作出判断，以制定相应政策。

---

① 丁元竹：《促进我国基本公共服务均等化的对策》，《宏观经济管理》2008 年第 3 期。

② 马和励：《中国基本公共服务均等化的目标和途径》，载：《民生之路——惠及 13 亿人的基本公共服务》，中国经济出版社 2008 年版，第 3 页。

三、对进一步推进嘉兴城乡公共服务均等化的几点建议

党的十八届三中全会再次提出了构建城乡一体化新格局的战略目标和推进城乡基本公共服务均等化的重要任务。无论是改变城乡二元制度结构，还是缓解当前宏观经济压力，推进以基本公共服务均等化为重点的城乡一体化都是新阶段改革发展的必然选择。就嘉兴的情况来说，需要突出以下几个方面工作。

（一）追踪完善现有政策体系，增强发展农村基本公共服务的可持续性

嘉兴市以城乡一体化为制度载体，大力推进城乡公共服务均等化，不少政策措施在全国都处于领先位置。也正是因为这样，我们的制度还需要在实践中不断摸索、完善。建议定期进行“嘉兴市城乡公共服务均等化发展情况调查”。依据调查数据分析市民对公共服务的具体需求特点和规律，在此基础上，有针对性地制定、完善和执行公共服务政策，使得公共服务始终围绕城乡居民的需求发展。与此同时，不断追踪调研已有政策实施情况，特别是正在推行的户籍制度改革和“两分两换”工作，注重农村居民的公共服务需求，实现政策的可持续发展。

（二）建立结果导向型的政府，增强发展农村基本公共服务的可执行性

近年来，嘉兴市政府大大加强对农村公共服务的投入，以输入为主的治理模式存在“高投入、低效率”的弊病。因此，应该把城乡社会公众所享受的公共服务实际效果作为政府工作的评判标准。这样就有必要改变政府工作的某些传统思路，建立与公共服务质量而不仅仅是数量相联系的指标评价体系，并以此作为政府制定政策的依据。要改变以投入为主的政府治理模式，更加注重政府的支出效率，这一方面是应对财政增速下降，增强公共财政能力的需要，另一方面有助于转变政府官僚作风，减少腐败机会。

（三）加大对农民基本公共服务的资源投入，增强发展农村基本公共服务的保障性

社会公众的公共需求是多层次的，无止境的。当前政府财政收入增长压力加大，这就更需要优化公共财政支出，更多向农村地区倾斜，起到“雪中送炭”的作用。农民问题是“三农”问题的核心问题，目前，政府不仅要加大对农村地区公共服务的资源和制度倾斜，更要把这种倾斜重点放在农民身上，对于涉及农

民生存与发展的教育、医疗和社会保障事业要投入更多的资源。这样不仅能弥补长期以来对农民的欠账问题，让农民对未来生活有预期，从而落实中央的拉动内需、刺激经济政策，也是维护社会正义，实现和谐发展的题中应有之意。

(四)大力促进农村地区经济发展，增强发展农村基本公共服务的可获得性

有研究认为，改善农村地区基本公共服务有助于缩小城乡经济发展差距。教育和医疗的不公平是导致陷入贫困的重要根源，更好的公共服务可以显著的消除这种根源[①]。毫无疑问，政府公共服务在一定程度上影响了城乡经济差距，但把这种差距的根源归咎于政府的公共服务未免过于简单。我们认为，这种"因果关系"应该倒过来，即城乡经济差距造成了城乡公共服务的差距。我们应该看到，基层社会的公共服务主要是由基层政府提供的，而这主要依赖于基层财政，如果没有强有力的财政实力，社会基层的公共服务特别是农村的公共服务与城市差距没有办法根本解决。因此，从根本上解决城乡公共服务非均等化的问题还得依赖农村地区的经济发展，只有基层政府，特别是乡镇一级政府财政充实了，城乡公共服务均等化的问题才能从根本上得到解决。从另一个角度来讲，只有农村经济发展了，农民收入增加了，一些可能的公共资源才能变成可利用的公共服务，如医疗。

---

① 马和励:《中国基本公共服务均等化的目标和途径》，载:《民生之路——惠及13亿人的基本公共服务》，中国经济出版社2008年版，第3页。

嘉兴市公共文化服务均等化研究

□ 余　剑

公共文化服务是指，由公共部门或准公共部门共同生产或提供的，以满足社会成员的基本文化需要为目的，着眼于提高全体公民的文化素质和文化生活水平，即给公众提供基本的精神文化享受，已维持社会生存与发展所必需的文化环境与条件的公共产品和服务行为的总称。[①] 简单地说，公共文化服务是在政府的主导下，向公众提供的基本文化产品和服务，它是政府的一项重要职责。[②] 由此我们可知公共文化服务所满足的不是公民所有的文化需求，首先，它应该是那些能保障和满足公民基本文化需要的服务，例如阅读、学习、参加基本公共活动等，这些关系到公民的基本文化素质的培养，关系公民的学习能力、生存能力和发展能力的培养。其次，公共文化服务应该是那些能满足社会的公共文化需求的服务，例如创建博物馆、图书馆等。而公共文化的需求是会随着社会经济的发展而发展的，因而公共文化服务的内涵和外延也会随之变化。但总体而言，公共文化服务在政府的主导下，通过税收和财政投入的方式向社会整体提供文化产品以及服务。本文根据嘉兴市社会发展实际和研究需要，决定采用限定的公共文化服务概念为研究对象，即对政府而言，特指基本公共文化服务，包含基本公共文化基础设施建设、基本公共文化服务平台构建、基本公共文化政策制定与财政投入、基本公共信息服务、基本公共文化服务品牌、基本公共文化服务人才队伍建设等。所谓基本公共文化服务基础设施主要指各级公共文化服务设施，重大文化设施及标志性文化设施网络、演艺场馆设施系列、图书馆系列和群众艺术馆、文化馆站设施系列；基本公共文化服务平台指社会文化的服务网络，创设和开展各类文化活动，打造文化节庆品牌，培育特色文化；基本公共文化政策制定与财政投入主要指公共文化保障机制建立，要实现经费、

---

① 陈威主编：《公共文化服务体系研究》，深圳报业集团出版社 2006 年版。

② 李景源等：《中国公共文化服务发展报告(2007)》，社会科学文献出版社 2007 年版。

人才、政策法规体系的完善;基本公共信息服务指文化信息服务网络服务,包括文化信息资源共享工程、网络文化服务、文化活动信息发布、文化活动和机构服务指引等;基本公共文化服务品牌指文化精品创作,为公众提供高雅优质的服务,满足高品位、个性化的文化需求;基本公共文化服务人才队伍建设指包括场馆、机构管理和服务人员的充实到位以及发展,通过建立高水平的公共文化服务人才梯队提供高水平的服务。

从基本公共文化服务的内涵和功能来看,主要有以下几个特性:公平性,也称均等性,指公共文化服务和资源的公平分配。如何对基本公共文化服务资源进行有效的配置,使得所有人能够享受到公共部门或准公共部门提供的同等程度的基本公共文化服务;便利性,指基本公共文化服务应该是及时的、经常性的服务;多元性,指基本公共文化服务除了本身的产品及服务应多样化之外,还要满足不同层次、不同年龄、不同人群对公共文化服务的多元化要求;公益性,指基本公共文化服务在理论上应该是免费的,或者说绝大部分应该是免费的,具备公益特征。由此,引申出了本文研究的另一个重要概念——"均等化"(Equalization)。公共服务均等化是公共财政的基本目标之一,是指政府要为社会公众提供基本的、在不同阶段具有不同标准的、最终大致均等的公共物品和公共服务。公共服务均等化有助于公平分配,实现公平和效率的统一。当前,我国基本公共服务的非均等化问题比较突出,并由此使地区之间、城乡之间、不同群体之间在基础教育、公共医疗、社会保障等基本公共服务方面的差距逐步拉大,并已成为社会公平、公正的焦点问题之一。所以实行公共服务均等化在当前具有非同寻常的重大意义,是缩小城乡差距和贫富差距以及地区间不均衡发展的重要途径。

作为基本公共服务主要内容之一的公共文化服务均等化的实质,就是对公共文化产品的供给实现均等化。具体地说,公共文化服务均等化是指公共部门与准公共部门要为社会公众提供基本的、在不同阶段不同标准的、最终大致均等的基本公共文化服务。因此,作为公共部门主体的政府必须承担起实现基本公共文化均等化的历史使命,启动资源,深化改革,增强活力,提供高效优质的公共文化服务。

一、基本公共文化服务均等化的合法性来源

文化权利是人人享有的基本权利之一。人的文化权利包括人人有参与文化生活的权利;享受科学进步及其应用产生的福利的权利;科学研究和创造性活动所不可缺少的自由,等等。《世界人权宣言》第二十七条规定:"人人有权自

由参加社会的文化生活，享受艺术，并分享科学进步及其产生的福利。”“人人对由于他所创作的任何科学、文学或美术作品而产生的精神的和物质的利益，有享受保护的权利。”《经济、社会、文化权利国际公约》第十五条第一款规定：“本公约缔约各国承认人人有权：(甲)参加文化生活；(乙)享受科学进步及其应用所产生的利益；(丙)对其本人的任何科学、文学或艺术作品产生的精神上和物质上的利益，享受被保护的权利。”

(一)公民文化权利的基本内容

作为基本人权不可缺少的一部分，“文化权利”的法律规定尽管早在1919年的德国威玛宪法之中就得到体现，但只有到了二战以后，随着非殖民化运动的兴起、文化自决与民族自治原则出现以后，它才获得普遍的尊重。最得以体现的是，1986年联合国大会通过的《发展权宣言》将人权和发展权结合在一起。所谓发展权，是“一种不可让渡的人权，基于此种权利，每个人和所有的人民都有责任和权利去参与、贡献并享有经济文化和政治的发展，而所有的人权和基本自由就可以在其中被完全实现”。而进入20世纪90年代以后，随着经济的高速发展和科技的进一步发展，“文化权利”更加受到人们的关注和重视。这种关注和重视既来自于理论界，也来自于公共部门。事实上，正如为实现公民的政治权利、经济权利和社会权利，政府扮演了不可或缺的角色一样，在实现公民的文化权利方面，政府也发挥着极其重要的作用。保障并推动公民文化权利的实现，是政府最为基本的职责之一。一般来说，公民的文化权利主要包含了以下四个基本层面的内容：

一是享受文化成果的权利。以中国为例，随着文化事业的快速发展，以及文化产业的成长对文化生产力的大规模推动，文化产品和文化成果的总量与总类日益增加，社会文化的攻击能力也大大增强。这为公民创造了更多的享受文化成果的前提性条件，也构成了实现公民文化权利的最为基本的保障。

二是参与文化活动的权利。如果仅仅是享受文化成果，那文化权利还停留在基本的甚至是被动的层面上。因此在提供足够的文化成果的同时，还要通过开展各种各样、不同层次的文化活动，使广大人民能够得到充分的文化参与的权利。自娱自乐的文化广场的普遍形成，业余的民间艺术社团的大量产生，就表明现代社会的文化参与有着广泛的群众基础。要实现公民文化权利的最大化，就必须最大限度地创造老少皆宜、各得其所的参与文化活动的条件与环境。

三是开展文化创造的权利。最能体现公民文化主体意识的是文化创造活动的开展。只有当全社会的资源都被充分地调动起来，并投入到文化创造活动中去，才能切实形成大规模的文化建设的生动局面，才能使群众的文化创造热情和潜能得到最大程度的挖掘和发挥。

四是文化创作成果得到保护的权利。尊重和保护公民的发明和创作成果，维护人民群众的文化权益，也是与文化权利紧密联系在一起的。只有在制度和法律层面对此予以有效保障，进而形成尊重和保护公民文化创作成果的社会氛围，才能真正爱护和切实保障公民的思想活力和创造热情。

(二)文化权利的公平性

文化权利的提出，具有长远而积极的意义。而随着经济的不平衡发展，公民的文化资源分配存在不公的现象，由此产生的社会矛盾，如果不加以有效控制和解决，势必影响到社会的和谐稳定。文化权利的核心之一就是公平性。文化公平是指人人都拥有平等享受文化资源的机会和权利，每个人所特有的文化需求都能得到满足，这种机会和权利不受性别、种族、身份、阶层等因素的影响。《经济、社会、文化权利国际公约》第二条第二款规定："本公约各缔约国承担保证，本公约所宣布的权利应予以普遍行使，而不得有例如种族、肤色、性别、语言、宗教、政治或其他见解、国籍或社会出身、财产、出生或其他身份等任何区分。"

文化权利的公平性体现在以下几个方面：

一是平等享有公共文化服务的权利。每个公民都有平等享有图书馆、文化馆、博物馆等各种公共文化基础设施，平等地享受公益性文化服务的权利。

二是平等享有科学文化进步的权利。每个人都能随着技术的进步而享受文化进步与创新的成果。

三是平等享有参与文化生活与文化创造的权利。公民有平等参与社会文化生活的权利，这种参与是公民按照自己的意愿和审美需求抒发自己情感的自由选择，公民通过参与各种文化活动而获得精神文化的满足并促进自身的全面发展。

四是平等参与文化政策的制定、执行和评估的权利。公民参与公共文化事务的管理是实现其文化权利的前提，公民不仅要参与文化事务的决策，而且还要监督公共文化政策的执行，对公共文化服务的绩效进行监督。

总体而言，实现文化权利，促进文化公平具有重要的现实意义。享受文化权利是人的全面发展的本质要求，切实保障和实现公民的基本权利，是贯彻以人为本的科学发展观的具体体现。与此同时，文化权利也是现代公民的基本权利，社会成员能否公平享有文化权利、能否占有并享用文化资源是和谐社会的重要标志。因此，我们从为，直接或间接地动用政府的公共文化资源，建立完善的公共文化服务体系，满足公民的基本公共文化需求，真正意义上实现文化资源公平供给，才能切实保障人权的基本实现。而保障这一切实现的重要前提和主要途径就是实现公共文化服务均等化发展。

二、嘉兴公共文化服务均等化的现状

随着嘉兴工业化、城市化、农业化“三化”步伐的加快，特别是城乡一体化发展的迅速推进，嘉兴城乡公共文化服务均等化发展环境出现了许多变化，城乡公共文化服务均等化构建面临着难得的机遇和挑战。

（一）公共文化服务均等化建设取得的成就

嘉兴市通过长期特别是近年来全社会的共同努力，公共文化服务均等化建设取得了较大的成就。

1. 文化中心15分钟活动圈初步形成

初步建立起以市级文化场馆为核心，县级文化场馆为主干，乡镇（街道）文化站为枢纽，村（社区）文化活动中心（室）为基础的布局合理、覆盖城乡的公共文化基础设施网络体系。全市建成市县两级文化馆8个、公共图书馆6个、综合性博物馆6个、纪念馆（美术馆、艺术馆）15个、行业博物馆6个、剧院（电影院）28个。全市建成特色文化镇23个，镇（街道）文化站总建筑面积8.3万平方米，省、市级“东海文化明珠”镇（街道）覆盖率达87.9%。全市建成村级文化中心1097个。

2. 送文化到基层形式多样

常年实施嘉兴市“双百、双千、双万”工程，“送文化”下基层。2009年，全市广场文艺演出209场次，观众19万人次；电影放映179场次，观众4.5万人次；歌舞戏曲下乡演出788场次，观众39万人次；电影下乡8588场次，观众180万人次；市、县两级图书流动20.77万册。市群艺馆组织开展文化培训班34期，为基层培养文化专业人员1387人次；组织开展“嘉兴市首届排舞大赛”、“嘉兴市第四届农民艺术周”等形式多样的活动，为城乡群众提供不同层次的展示平台，引领基层群众文化生活。

3. 两项公共文化服务模式得到推广

一是公共图书馆乡镇分馆建设嘉兴模式得到广泛认同。截至2012年，全市已先后建成开放图书馆乡镇分馆32个，其中市本级实现乡镇分馆全覆盖。乡镇分馆累计建筑面积17421平方米，藏书约74.5万册，报刊杂志6590余种，书架2428个，电脑591台，工作人员104人。全市累计到馆人次已达246.4万人次，共办证41023张，外借图书125余万册次。2009年6月，中共中央政治局常委李长春来嘉兴调研，重点考察调研了嘉兴城乡一体化公共图书馆服务体系建设，高度称赞嘉兴市构建城乡一体化公共图书馆服务体系的做法是公共文化服务模式的一个创新，值得在全国推广。二是新华书店农村小连锁建设取得阶段性成果。2010年8月6日，省委常委、副省长葛慧君专题视察农村新华书店小连锁工作，充分肯定了嘉兴的工作经验。到目前为止，共建设农村新华书店小连锁30个。

4.文化低保工程满足弱势群体需求

实施广电低保工程，加大向基层特别是低收入和特殊群体免费提供文化服务的力度。截至2012年，累计为16760户对象提供服务，减免有线电视维护费554万元，减免初装费460万元。彩虹工程共筹措资金434万元，向全市低保户送出电视机6341台。

（二）公共文化服务均等化建设存在的问题

嘉兴市虽然在公共文化服务均等化方面取得了一些成绩，但是与嘉兴城乡一体化发展的目标和要求相比，嘉兴公共文化服务均等化建设仍存在不少问题。

1.管理体制没有理顺，相关的法律不健全

《中共中央、国务院关于深化文化体制改革的若干意见》（以下简称《意见》）对公共文化机构的改革作出了统一部署。《意见》指出：公共文化服务机构应以“增加投入、转换机制、增强活力、改善服务”为方向，以内部机制创新为重点，深化劳动人事制度、收入分配制度和社会保障制度改革，建立健全公共文化服务机构正常运转的经费保障机制和人才管理制度，建立健全公共文化服务绩效考核体系，不断提高公共文化服务能力和服务水平，增强自身的发展活力，实现和保障广大人民群众的基本文化权益。

近年来，嘉兴市公共文化服务机构坚持以体制机制创新为导向，不断深化公共文化服务机构内部改革，公共文化机构的文化产品供给能力和服务水平有了较大的提高，公共文化服务的人才管理体制也得到了较大的完善。但这些改革同嘉兴市经济社会发展要求相比，力度还明显不够，效果也未能明显凸显，还远远不能满足嘉兴城乡一体化的要求。随着各项文化事业的迅猛发展，现行的文化管理体制的弊端也逐渐暴露出来，当前的文化管理格局仍是由文化、新闻出版、广播影视等多部门组成，这种管理体制有利于各个部门发挥自己的专长，进行专业的管理。但这种体制也存在职能上的部分交叉和重叠，在一定程度上不利于对文化事业实施统一有效地管理与调控，不能满足当前迅猛发展的公共文化事业的要求。此外,尽管嘉兴近年来不断加强文化领域的政策法规体系建设,初步形成了较为完整的公共文化政策法规体系,但由于没有相应的文化管理法律,政策性的规章和要求在实践中执行的效果并不是很理想,一些文化管理部门仍然习惯于用行政审批和行政命令的传统办法来管理文化工作,致使文化管理上的主观性和随意性较突出,不利于公共文化事业的健康发展和公共文化服务体系的构建。

2.公共文化服务体系的保障机制不完善

公共文化服务体系的保障体系是公共文化服务体系的运行血脉和公共文化服务体系的活力源泉。《嘉兴市推动文化大发展大繁荣纲要(2008—2012)》明确提出,要紧紧围绕社会主义核心价值体系、公共文化服务体系和文化产业发展体系三大目标,拓展文化工作内涵,优化文化服务品质,统筹城乡文化一体发展,切实保障人民群众基本文化权益,努力构建文化生态。

首先,要有一支高素质的公共文化人才队伍来保证。在新的历史时期,从中央到地方,各级党委、政府对公共文化服务体系建设越来越重视,基层群众对精神文化的需求越来越高,相应的对文化队伍建设的要求也越来越高。近年来,嘉兴市公共文化队伍建设成绩斐然,但这些成绩主要集中在城市,基层公共文化服务人才保障体系仍然存在着不少问题:一是队伍不稳。许多乡镇、街道文化站没有专职站长,缺编空岗、专干不专的问题还比较普遍。由于乡镇文化站管理体制不一,基层文化工作者待遇偏低、人心不稳明显地影响了基层文化工作的深入开展。特别是大多数村文化活动中心(室)的管理人员,一般由村干部兼职。这些兼职干部由于工作繁忙或无所用心,大都不能很好地履行职责。二是文化队伍的整体素质仍然偏低。据调查,目前嘉兴市乡镇(街道)文化站的工作人员中,具有大专以上学历的人员所占比例仅七成,各市(区、县)文化馆的工作人员中具有高级职称的少之又少。人员学历和素质偏低的情况在农村更为突出。三是文化队伍的服务能力有待提高。据调查,在乡镇(街道)文化站工作的专职人员队伍中,年龄在45岁以上的接近1/3,相对基层文化工作的需要而言,队伍的年龄结构已稍显老化。同时,文化站干部兼任其他行政工作的情况比较突出,文化站干部业务技能不强,艺术门类的辅导、文化活动的组织无法胜任的问题也比较普遍。因此,必须下功夫强化文化队伍建设,全面提升文化工作者的素质,以适应公共文化工作目标所需要的能力和水平。

其次,要实现嘉兴建设文化强市的目标,还必须有完善的资金保障体系。公共文化服务建设的资金保障体系要适应公共文化服务构建主体多元化的要求,建立多元化的资金投入体系。尽管近年来,嘉兴市在公共文化服务体系的构建中已经尝试采用多种方式筹措资金,但由于这种多元化的资金保障体系还没有形成,公共文化服务体系的构建所需要的资金主要还是来自财政,这就造成了公共文化服务的财政投入相对不足,特别是农村的文化建设还相当薄弱。投入保障的差距制约和影响了公共文化服务的发展,公共文化事业经费主要用在文化设施建设上,其他的用于公共文化产品的生产和服务、文化人才的培养、文化市场的培育等经常性的经费投入很少。

3. 资源配置城乡不平衡,服务与需求间存在矛盾

党的十六届六中全会决议明确提出,要逐步实现基本公共服务均等化。基本公共服务均等化是科学发展观在社会领域的基本体现,也是构建社会主义和谐社会的内在要求。党的十七大报告指出,缩小区域和城乡发展差距,必须注重实现基本公共服务均等化。公共文化服务均等化是公共服务均等化的重要组成部分。改革开放三十年来,嘉兴市经济社会取得了极大的发展,全社会开始由以解决温饱为主要任务的生存型社会向以促进人的全面发展为目标的发展型社会过渡。这个历史性过渡,使全社会的"生存性"压力逐步减弱,"发展性"压力日益凸显,全社会公共需求全面快速增长与公共服务不到位、基本公共产品短缺之间的矛盾成为新阶段的突出矛盾。在这个特定背景下,实现城乡基本公共服务均等化已成为新阶段统筹城乡发展、推进嘉兴城乡一体化的重要任务。近年来,嘉兴在构建公共文化服务体系的过程中,农村的公共文化服务也扎实推进,乡村的公共文化活动越来越多,人民群众的参与积极性也得到较大的提高。但不可否认的是在构建公共文化服务体系的过程中,由于历史的原因和思维上的路径依赖,"城市偏向"并没有得到切实的改观。农村无论在资金的投入还是人才的支持等方面都与城市存在着较大的差距,农村公共文化服务体系的建设滞后于农村经济社会发展需要和人民群众的期望,具体表现在:一是城乡之间的文化资源不平衡。城市中一个重点文化设施投入甚至超过数十个乡村公共文化设施的总投入。文化设施布局主要集中在城镇,占全市 40%人口的农村拥有的公共文化设施总面积不及全市公共文化设施总面积的 1/3。二是村落之间的公共文化资源不平衡。许多经济发达村与贫困村、近郊村、边远村形成明显反差。部分村级集体经济发达的农村拥有较为完备的文化设施,且标准和档次都较高,一些村庄公共文化设施的规模甚至超过一些镇级的文化设施;而在一些经济欠发达的村庄,除了政府支援建设的简单的棋牌室和简单的图书馆等之外,基本上没什么公共文化实施。

城乡之间公共文化服务资源配置上的不平衡产生了一些新的问题:一是由于农村公共文化服务体系的建设资金投入不足,公共文化基础设施不健全,后续资金投入不能及时跟进,部分地方文化站(馆)只是徒有其形,建成后长期处于闲置状态。二是许多村镇专业的公共文化服务人才十分缺乏,管理工作跟不

上现实发展的需要。三是在一些不发达的村庄，农村精神文明领域出现了“断层”，由于健康向上的公共文化服务供给不足，赌博、封建迷信等文化垃圾又沉渣泛起。

4.构建主体结构不合理，构建主体较为单一

新中国成立后，高度集中的命令式计划体制在我国逐渐确立，计划经济下的“全能政府”模式决定了社会公共事务的供给主体只能有政府来担当，政府既是公共产品的组织者，又是生产者，公共文化服务作为政府公共服务的重要部分，长期以来都由政府这个单一的主体来提供。改革开放后，市场经济体制在我国得到确立并不断完善，这对政府的公共管理提出了新的要求：政府必须顺应市场经济的要求，从传统的“保姆式”的管理方式向现代公共管理方式转变。现代公共管理学和治理理论认为，一个科学合理的公共事务治理体系应该由一系列包括政府但不只局限于政府的社会公共机构和行为者组成①。公共文化服务本身的公共性决定了其提供的主要责任应由政府来承担，但政府不能垄断所有公共文化服务和产品的提供，政府应该直接提供的是基本的文化产品和服务，特别是那些市场“不能”也“不愿”解决的问题，以保障公民平等的获取文化机会。政府在公共文化服务体系构建中的主导作用应体现在保障基本的文化产品与服务，弥补市场缺陷，提供市场不能有效提供的公共产品和服务上。对于那些技术性、具体性、非政府组织和企业等社会组织乐意也能够提供的公共文化产品和服务应尽可能交给社会组织承担。通过社会各界力量普遍参与，充分发挥其各自的优势，形成政府与民间多方平等参与、主体同律、多元合作、良性互动的格局，推进公共文化服务供给方式的多元化，优质高效地满足人民群众的文化需求②。

近年来，嘉兴市通过不断深化文化管理体制，长期以来政府独家提供公共文化服务的局面开始有所改善，社会力量也开始参与到公共文化服务的提供中来，特别是城乡基层社区在公共文化服务提供中的主体作用得到了较大的发挥。但同嘉兴市经济社会的发展要求相比，同广大人民群众对公共文化服务需求相比，还存在较大差距。嘉兴经济发达，民间资本比较充裕，而且民间资本也有参与公共文化服务体系构建的愿望，但由于体制的原因，民间资本的作用还没有得到较大发挥。嘉兴作为改革开放的前沿阵地，各方面环境比较宽松，非政府组织发展较快。据嘉兴民政部门统计，在嘉兴各级民政部门登记注册的非政府组织就多达数千家，再加上因管理体制的原因而没有在民政部门登记注册

---

① 陈波、徐雯：《我国公共文化服务体系研究的理论与实践》，《深圳文化研究参考》2006年第2期。

② 李少惠：《公共文化服务体系建设的主体构成及其功能分析》，《社科纵横》2007年第2期。

的众多非政府组织，可以说嘉兴的非政府组织已经形成一个庞大的团体，这个庞大的民间组织群体本应在促进公共文化服务等社会公益事业的发展中发挥较大的作用，但从嘉兴目前的情况来看，非政府组织在公共文化服务的提供方面所发挥的作用还远远不够。

此外，嘉兴一些公共文化设施和活动的社会参与度也不够高。公共文化服务的对象是人民群众，因此衡量其发展水平的一个标准是其社会参与程度的高低。但由于部分公共文化设施存在着选址不当、功能定位或者管理方面的问题，直接或间接地影响了市民对公共文化活动的参与的热情，导致了一些公共文化设施和活动的社会参与度不高，没有很好地形成服务主体与服务对象之间的良性互动。

5.评估监督体系不完善，文化设施利用效率不高

公共文化服务设施既是文化建设的标志，又是公共文化服务工作的基础；既是文化产品的重要载体，又是文化成果的展示平台；既是今天的文化阵地，又是明天的文化遗存。一个科学合理的公共文化服务评估监督体系能够反映公共文化设施的利用效率，以及公众实际需求和公众的满意度。如果缺乏一个科学的全面的运行管理和评估监督机制，公共文化服务的投入、产出、数量、质量、运行状态以及公众的满意度等方方面面就难以得到综合的反应。没有有效的反馈，后续的公共文化服务就不能得到有效的改进，最终必然导致文化设施的服务效益达不到最优化①。

从嘉兴的情况来看，虽然近年来嘉兴公共文化设施总量大幅增长，但一些地方由于公共文化设施的功能定位不准，评估监督体系也不完善等原因，导致公共文化设施没有得到有效的利用②。主要表现在：一是一些公共文化设施不“公共”。公共文化服务设施具有双重属性和价值，即既有一般商品的属性，又有公共产品的属性。一般产品的属性决定了其要追求一定的经济效益，而公共产品的属性则决定了公共文化产品更要追求社会效益的最大化，这也是公共文化服务体系的两个主要支点。在公共文化服务设施的双重属性上，要优先保证其公共属性，在社会效益得到保证的情况下可以追求一定的经济效益。对于市场化运作的公共文化服务设施，应该坚持的一个基本准则是“保本微利”。但从现实中我们发现，一些采取市场化运作的文化设施，由于政府监管部门缺乏相应的监督制约机制，运营方往往为了追求经济效益，收益小的大众性文化娱乐

① 陈威：《公共文化服务体系研究》，深圳报业集团出版社2006年版，第284页。

② 王昉荔：《海西公共文化服务体系建设探析》，《福建农林大学学报》（哲学社会科学版）2009年第3期。

项目设置极少，造成了公共文化服务设施属性的异化。二是些公共文化设施不“文化”。公共文化设施本质上应处处彰显文化的内涵，然而现实中一些设施名为“文化设施”，实际上却没有文化内涵可言。一些地方所谓的公共文化设施甚至是一些粗制滥造的“钢筋水泥怪物”，影响市容市貌。缺乏文化内涵的“文化设施”必然导致人气不旺，群众参与热情不高。三是一些公共文化设施监督管理不到位。公共文化服务设施的建设不是一劳永逸的。实践表明，公共文化设施往往是“建设容易运行难”，公共文化设施的建设是一次性投入，而运行则需要长期投入，没有稳定的长效机制来保障资金的持续投入就很难保障公共文化服务设施健康持续的运行。一些地方的公共文化设施存在着重建设轻管理的现象，公共文化设施建成后功能定位含糊，管理方和监督方不明确，考核评估、配套经费等一系列问题都没有明确规定，导致文化设施难以充分发挥作用。这种情况在基层的乡镇文化站表现得更为明显。

三、实现公共文化服务均等化的建议

（一）调整公共财政政策，拓宽基本公共文化投资渠道

公共财政对基本公共文化事业投入不足是当前浙江省各城市基本公共文化服务不均等的最主要制约因素。因此，笔者建议：一是发挥发达城市地方财政相对雄厚的优势，不断加大基本公共文化服务投入。基本公共文化投入的年均增长速度应不低于地方财政收入的增长速度。文化与传媒支出占全市公共财政总支出的比例应达到3%～4%。二是申请省政府加强对沿海较发达地区城市文化财政支持力度。保证这些城市对基本公共文化事业的投入不低于发达城市的支出水平。三是改变政府基本公共文化投入的范围，在保障国有公益性文化机构、项目等的基本投入前提下，政府的公共文化资源适度向民间机构开放，使每年占文化预算一定比例的公共财政经费，可以用于资助民办非营利文化机构。四是改革政府文化投入方式，公共财政应以间接投入为主，直接投入为辅，以资助文化项目和文化活动为主，辅助文化机构为辅。通过灵活高效地使用政府掌控的公共文化资源，提高公共文化资源的利用水平。五是完善公益性文化捐赠的政策法规，制定鼓励捐助文化事业的地方性法规，积极吸纳民间资金，全面拓宽基本公共文化事业的投资渠道，实现基本公共文化事业投资主体多元化发展。六是建立文物保护、图书购置、艺术收藏、大型活动等专项资金制度。这将有效帮助落后地区弥补文化底子薄弱的弱点，加快文化积累，推动全市基本公共文化服务均等化发展。

(二)加强完善基本公共文化服务的规划和政策法规建设

嘉兴目前在基本公共文化事业发展方面已经取得了初步的阶段性成果,但是由于发展意识、历史遗留问题等原因,还存在较大不足,尤其是在体制完善方面,还缺乏相关配套的政策法规。因此,笔者建议:一是将推动基本公共文化服均等化列入嘉兴市建设文化大市的总体规划当中,以《中共浙江省委关于加快建设文化大省的决定》作为基础,结合嘉兴市建设文化大市的要求,把嘉兴市基本公共文化服务均等化建设作为重要任务,在战略层面予以总体引导。二是完善相关配套法规,例如加快推出专项财政扶持基金政策,落后地区、弱势群体财政转移政策,优秀文化事业人才引进政策,公共文化设施管理法规细则等。三是加强知识产权保护,鼓励原创,不断提升城市公共文化产品的创造能力,增强对知识产权的保护力度等。

(三)完善公共文化设施网络,进一步发挥其功能于作用

针对嘉兴市各区域普遍存在的中大型文化设施布局不合理、总量偏少、基础设施不足等问题,笔者建议:一是加强对已建或再建的公共文化设施的管理,科学规划,合理引导。二是针对目前存在的公共文化设施功能欠完善、活力不够、效率低下的情况,积极探索与创新公共文化设施的服务机制,充分挖掘与发挥已有的公共文化设施的功能,提高效率,优化服务。三是加强未来城乡的空间规划,在加大公共文化设施建设的过程中,重点规划在县级和乡镇社区的布局,通过完善基层文化设施网络,为满足公众的文化需求创造足够的空间。

(四)立足特殊的区域结构,制定专项方案,满足不同区域不同群体的文化需求

针对嘉兴市经济社会发展的现状,统筹规划基本公共文化服务事业建设,将有限的公共文化资源相对公正地进行分配,满足不同区域均等发展的需要,实现公众文化权利。因此,笔者建议:一是根据建设嘉兴市基本公共文化服务均等化实际的需要,公共文化资源适当向落后地区,弱势群体倾斜,将集体经济相对较弱的乡镇、村等地区作为市县文化行政部门的重点服务对象,为落后地区、弱势群体提供必要而均等的基本公共文化服务。二是具体针对各县市文化发展实际,除了提高市政府的支持力度之外,还要发动地方政府加快发展基本公共文化事业,协调民间文化事业机构或组织,就如何缩小与发达城市的水平制定专项规划方案。三是针对农村地区,尝试通过市县联动,通过安排活动下乡和加强基础设施建设并行的方式,为农村地区居民提供稳定的、丰富的公共

文化产品和服务。四是对外来务工和非嘉兴户籍人群，也应提供均等的基本公共文化产品与服务。

（五）改革基本公共文化服务主体，促进服务主体多元化

针对嘉兴市目前基本公共文化服务主体总量不够、质量不高以及结构不合理的现状，从服务主体提供服务供给角度出发，笔者建议：一是大力发展民办非营利文化机构，政府应出台地方性法规，鼓励和引导民办非营利文化机构的发展，提高其法律地位，制定特殊扶持政策等。二是改革现有国有文化事业单位的数量和规模，使其结构合理化，淘汰落后机构，加大对高效组织的支持力度，适当增加弱势文化领域的国有文化事业单位如文物保护单位，增加落后地区公共图书馆、文化馆的数量等。三是加快市场化改革力度，引导民间资本和技术流入基本公共文化领域，促使基本公井文化事业整体水平的提高，效益的改善。

（六）加强基本公共文化服务人才体系建设

人才队伍建设是实现基本公共文化服务均等化发展的智力保障，能否建立完善的公共文化服务体系，提供均等的、高质量的公共文化供给，人才是其中的基础性和关键性因素。因此，必须要树立“人才是第一资源”的观念，高度重视基本公共文化服务人才队伍建设。具体而言，笔者建议：一是积极实施“人才兴文”战略，大力实施文化建设“八项工程”，提供公民的文化素质和创造力。二是着力培养公共文化领域的理论研究、文艺创作、文化服务、文化管理、文化运营等门类的优秀专业人才和复合型人才，切实加强文化人才队伍的培训与宣传，创造条件，做好服务，营造良好的人才生态环境、人才发展环境和文化人才创造环境，优化人才的资源配置，建立长效的激励机制。三是积极从外省甚至国外引进优秀文化人才，同时引导优秀人才向落后地区流动，切实提高嘉兴市公共文化领域人才队伍的素质和落后地区公共文化领域人才队伍的素质，为缩小区域差异，城乡差异提供政策性扶持和人才保障。

（七）加强基本公共文化服务的绩效评估

绩效管理是考察公共文化服务社会效果的方式与方法，它在公共文化服务发展中占据重要的位置。只有建立科学的评估机制，才能对基本公共文化服务的决策与执行情况进行有效的评价，并对服务手段进行全面的总结与改进。针对基本公共文化服务均等化也是一样，没有合理的评估机制，无从知晓区域和群体间的差异，便无从解决存在的问题。因此，笔者建议：一是加强领导，明确责任主体。各项文化项目和活动的实施都应明确责任主体，制定相应的责任追

究办法。二是加强资金监管，促使资金落到实处，提高资金的使用效益。进一步加强对基本公共文化财政投入执行的监管，尤其是转移支付给落后地区和落后群体的专项资金的使用，要保证资金的合理和有效使用。三是建立年度汇报制度，每个县市对本年度内基本公共文化服务项目的目标、完成情况、经费使用、综合执行等方面应建立规范的汇报制度，量化指标，定期向人大、上级部门和社会公众披露。四是鼓励多种形式的基本公共文化服务绩效评估。鼓励社会团体、公民个人、舆论机构、中介评价机构、学术研究机构等通过一定程序，直接或间接评估政府文化服务的绩效，并明确评估反馈的进一步落实。

（八）提高公众的基本公共文化参与度

在良好规划和管理的基础上，公民参与可以增强公共文化服务的有效性。对于政府和公共文化管理者来说，由于公民或者公民团体的参与为文化决策带来了更多的有效信息，不仅使得决策质量得到提高，公民的满意度和参与度也会大大提高，从而促进公共文化服务普及度的改善。因此，笔者建议：一是改善公民参与氛围，政府应创造条件使每个人有平等接近公共文化决策的机会，并能够对决策产生有效影响。例如公共文化服务政策法规的制定、文化设施空间的布局、文化发展的远景规划等，需要注意不同群体之间的平衡和互动。文化行政部门与公众应保持理性的态度及目标的一致性。同时，政府还应考虑到不同层次社会群体的参与比例和参与人数，以保障公民参与的合理性。二是完善公民参与制度，必须制定有效的决策过程、公平的执行程序、完整的民众参与制度。具体来说，政府应该设计一个开放的、弹性的组织结构，以利于公民参与决策或者活动，同时要检测现有的地方性法律法规或者决策程序，应将公民参与的精神吸纳其中，保证公民参与的合法性。三是多举办听证会、沟通会、民意调查等，提高公民参与的积极性，加强与民众沟通的效果，避免高姿态、强硬态度的强势行为。

参考文献：

[1]陈威主编：《公共文化服务体系研究》，深圳报业集团出版社 2006 年版。
[2]胡税根：《公共部门绩效管理—迎接效能革命的挑战》，浙江大学出版社 2005 年版。
[3]胡税根、温列恩：《绩效管理视野中的行政审批制度改革》，《政治学研究》2005 年第 10 期。
[4]余迅达、黄天柱：《公共事业民营化的社会风险及政府责任》。载余逊达等主编：《民营经济与政府管理》，浙江大学出版社 2006 年版。
[5]李景源等：《中国公共文化服务发展报告（2007）》，社会科学文献出版社 2007 年版。
[6]刘金程、李明刚：《对"基本公共服务均衡化"的理解》，《人大复印资料：公共行政》，2007 年。

[7]陈依慧:《以公平为基准推进城乡公共服务均衡化》(浙江省基本公共服务均衡化研究报告),2007年。
[8]李军鹅:《公共服务型政府》,北京大学出版社2004年版。
[9]席恒:《公与私:公共事业运行机制研究》,商务印书馆2003年版。
[10]王俊豪:《政府管制经济学导论》,商务印书馆2001年版。
[11]中国社会科学院浙江经验与中国发展研究课题组编:《浙江经验与中国发展:科学发展观与和谐社会建设在浙江》,社会科学文献出版社2007年版。

加强人才引育工作的调研与思考

□ 嘉兴市咨询委员会课题组

国以才立,政以才治,业以才兴。人才是指具有一定的专业知识或专门技能,进行创造性劳动并对社会作出贡献的人,是人力资源中能力和素质较高的劳动者。嘉兴经过改革开放30多年发展,在21世纪初基本完成了工业化发展阶段,进入经济转型升级的新阶段。推进经济转型升级发展、建设"三城一市"以及"两富"现代化伟大转变,最具基础性、战略性和决定性的工作是人才资源的引育工作。多年来特别是2009年以来,嘉兴市在人才引育方面做了许多工作,也取得了明显成效。但面对新的形势和任务,如何进一步加强人才引育工作,还有许多内容需要探索。本课题组通过资料分析、入企访谈、走访管理部门等方法,就进一步加强人才引育工作作了调查研究,并提出一些意见建议。

一、近年来嘉兴市人才引育工作主要成效

嘉兴地处上海、杭州等大城市之间,历史上虽然人才辈出,但人才大多流出市外,成为人才洼地,劳动力受教育水平、高素质人力资源密度低于全国、全省平均水平,低于周边城市。2008年第二次全国经济普查时,嘉兴非农产业法人单位从业人员平均受教育年限9.39年,分别比全国、全省低1.77年和0.69年,列省内各市末位;大专及以上高学历从业人员比重14.7%,分别比全国、全省低15.5和5.7个百分点,列省内第10位;具有专业技术职称人才比重10.4%,分别比全国、全省低6.3和2.2个百分点,列省内第10位;具有国家技术等级证书的高技能人才比重1.5%,分别比全国、全省低0.8和2.8个百分点,列省内第11位。这一状况与经济转型升级对人力资源,特别是人才资源的要求很不相称。面对这一窘境,嘉兴市委、市政府痛下决心,高度重视人才引育工作。2009年以来,围绕加快推进经济社会转型发展、提升嘉兴经济的核心竞

争力和可持续发展能力，坚定不移地推进人才强市战略，以创新型人才为重点，着力推进“创新嘉兴·精英引领计划”，着力引育创业创新领军人才；努力实施“高技能人才振兴工程”，加快高技能人才队伍建设步伐；实施“专业技术人才知识更新工程”，提升专业技术人才队伍素质；实施拔尖人才引育工程，高层次人才队伍进一步壮大；实施人才公共服务工程，大力引进基础性人才；不断创新人才工作体制机制，统筹推进各类人才队伍建设；加快建设人才发展平台，着力优化人才发展环境。全市育才引才聚才用才机制逐步完善，人才创业创新环境不断优化，人才队伍进一步发展壮大。

（一）人才规模进一步扩大

据市人力社保局测算，截至2012年末，嘉兴市共有各类人才85.1万人，比2008年增长47.1%，年均增长10.1%，远高于全社会从业人员年均2.3%的增长率。人才资源密度（人才资源占全社会从业人员比重）26.0%，比2008年的19.4%提高6.7个百分点。五支人才队伍中，党政人才2.08万人，比2008年增长21.6%；企业经营管理人才16.02万人，比2008年增长60.7%；专业技术人才49.8万人，比2008年增长66.2%；高技能人才11.5万人，比2008年增长55.4%；农村实用人才5.7万人，比2008年减少35.2%。

另据市统计局对全市非私营单位与规模以上私营单位统计，2008年以来嘉兴市人才资源总量快速增长。2012年，全市非私营单位与规模以上私营单位人才资源46.18万人，比2008年增加13.34万人，年均增长8.9%，比从业人员年均增幅高出5.5个百分点；人才资源密度30.5%，比2008年提高5.7个百分点，平均每年提高1.4个百分点。

（二）人才整体素质明显提高

据市人力社保局测算，截至2012年末，全市共引育了国家“千人计划”专家23人，浙江省“千人计划”专家56人。全市累计有60人享受国务院政府特殊津贴。嘉兴市高层次人才总数24206人，比2008年增长103.2%，年均增长19.2%，比人才资源总量增幅高出9.3个百分点，占全部人才资源总量的比重由2008年的2.06%提高到2.84%，4年提高0.78个百分点。4年来，博士生875人，比2008年182人增长3.8倍；硕士生7625人，增长2.3倍；高级职称人员16493人，增长58.7%。

据市统计局对全市非私营单位与规模以上私营单位统计，2012年，嘉兴市本科及以上学历人员达14.28万人，比2008年增加6.04万人，年均增长14.7%；与人才资源的比例为30.9%，比2008年的25.1%提高5.8个百分点。

专业技术人才23.35万人，比2008年增加4.59万人，年均增长5.6%，占从业人员的比重为15.4%，比2008年提高3.2个百分点；高技能人才5.79万人，比2008年增加3.75万人，年均增长29.8%，占从业人员的比重为3.8%，比2008年提高2.3个百分点。

(三)人才创新能力进一步提高

"创新嘉兴·精英引领计划"实施3年多来，已先后遴选了3批285个项目，其中247个项目已完成注册。经对前两批141家企业的评估，注册资本达11.6亿元，其中领军人才个人出资4.6亿元，吸收民营资本7亿元；项目总投资近20亿元；2012年产值达14.4亿元，利润1.5亿元，纳税8000余万元，其中销售收入亿元以上企业3家、千万元以上企业17家、百万元以上企业31家。

另据市统计局对规模以上工业企业、民营科技企业、农业企事业单位、软件开发单位统计调查，2012年，从事科技活动的人员5.02万人，从事R&D人员3.07万人，分别比2008年增长23.0%和59.1%。全市R&D投入66.26亿元，比2008年增加34.77亿元，年均增长20.4%；占全市GDP的比重由2008年的1.73提高到2012年的2.29%，4年提高0.56个百分点。专利申请量、授权量大幅增长。2012年，全市专利申请授权量12008件，比2008年5328件增长2.8倍，其中发明专利490件，比2008年的73件增长5.7倍。全市规模以上工业企业实现新产品产值1853亿元，比2008年增长2.08倍，占全市规上工业产值的37.3%，比2008年提高7.2个百分点。

(四)人才引育能力进一步加强

截至2012年末，嘉兴市对于入选"创新嘉兴·精英引领计划"项目和创新团队，各级财政共拨付资金2.46亿元。2012年，市级财政安排人才发展资金6500万元，2008年仅800万元，4年来翻了三番；其中人才专项1500万元，2008年未列人才专项资金。

截至2012年末，全市已形成高新技术产业基地(省级以上14家、国家级9家)、科技孵化器(省级以上9家)、留学生创业园(省级3家)、企业研发中心(省级100家)等共同开发的平台体系；院士专家工作站13家，博士后科研工作站14家；博士后创业创新驿站1家，目前已有22名博士后进站。

(五)人才发展环境进一步优化

近年来，嘉兴全面改善人才发展的社会环境、制度环境、工作环境、生活环境，着力发挥领军人才"生活绿卡"服务联盟作用，定期召开联盟成员单位联席会议，加强沟通协作。目前已发放“生活绿卡”248张，为11位领军人才办理子女就学，6位“千人计划”人才直接认定高级职称。14个领军人才、43个重点创新团队核心成员获购房补助、个人所得税财政奖励资金1050万元。

二、嘉兴市人才引育工作中存在的问题及原因分析

随着经济发展方式的转变，全面增强嘉兴市综合竞争力已成为市委、市政府重要发展战略。近年来，市委、市政府对嘉兴市的人才工作高度重视，市及各县(市、区)制定了系列引进人才的政策和措施，致力于引进“高端人才”，寄望通过人才战略实现经济的持续发展。嘉兴市人才引育工作虽然取得了一些成绩，但与先进市相比、与推进经济社会又好又快发展的要求相比，仍然与面临的新形势和新任务不相适应。

(一)存在的问题

1.人才资源的总量相对不足

近年来，嘉兴市人才资源虽以较快速度增长，总量有了大幅度提高，但与全省及周边城市相比仍有较大差距，人才资源总量仍然不足，主要表现为人才资源密度低。2012年，嘉兴非私营和规上私营单位人才资源密度(人才资源与从业人员比例)比全省的34.5%低2.4个百分点，全社会从业人员人才资源密度仅为26.0%，比北邻的苏州市(30.3%)低4.3个百分点。

2.人才资源的结构性矛盾比较突出

从人才资源产业分布结构上看，2012年，以非私营和规上私营单位人才分布为例，第二产业从业人员占全部从业人员的78.1%，而人才资源仅占61.3%，人才密度仅24.0%；第三产业从业人员占全部从业人员21.9%，而人才资源要占38.6%，人才密度达53.9%。从行业分布看，制造业、建筑业、商业、交通运输业等主导性产业人才资源密度明显偏低，其中制造业人才密度仅22.7%，而从业人员要占全部非私营和规上私营单位的57.7%；金融、科研、教育、文化、卫生、公共管理等行业人才资源密度超过50%，其中教育、卫生、公共管理超过80%。从调研情况看，高新技术类企业对研发型人才需求最为迫切，进一步显示不同产业发展的人才工作侧重点存在差异。从今后嘉兴产业发展的总体趋势看，研发应用型人才、技术类人才、服务型人才等需求量将会进一步凸显。

3.人才资源的整体素质仍然偏低

专业技术人才中高级职称人才占比偏低，在非私营和规上私营单位统计数

据中，2012年嘉兴高级职称人才在专业技术人才中的占比要比全省的6.94%低0.77个百分点；在高技能人才中高级技师、技师的占比较全省的10.33%和28.35%分别低2.95和8.14个百分点。特别是在规上私营企业与以“三资”企业为主的其他非国有集体单位人才素质的结构性差距更大，其中高级技师占高技能人才比重比全省12.33%低4.32个百分点，技师占比要比全省27.95%低9.55个百分点。据2012年市统计局对非公企业单位人才资源抽样调查，各类人才中具有大专及以上学历的比重，经营管理人才为42.2%，专业技术人才为51.9%，高技能人才仅为11.3%，虽然比2008年调查时有不同程度的提高，分别提高18.1、9.2和2.6个百分点，但与2012年全省调查结果相比，分别低了7.2、10.1和12.5个百分点。

4.人才资源的规范化(组织化)程度不高

据2012年市统计局对非公企业单位人才资源抽样调查，专业人才中具有国家评定职称的占51.2%，没有职称的占48.8%，其中非管理岗位上的专业技术人才没有职称的[①]要占62.2%。具有职业技能等级证书的高技能人才仅占23.5%，无证书的[②]要占76.5%。与2008年调查时相比，也就是说非管理岗位上的专业技术人才无职称比例下降了15.9个百分点，而无高技能职业证书的高技能人才占比下降了4.0个百分点。

(二)原因分析

嘉兴人才资源总量低小、素质不高的原因是多样的，既有产业层次低、企业规模不大、实力不强、人力资源总体素质不高等基础性、历史性因素，也有人才引育工作千头万绪，各项工作推进进度不一等过程性、发展性因素。

1.从产业层次看，嘉兴第三产业比重偏低

2012年第三产业增加值仅占GDP的39.3%，比省内11市的平均低4.7个百分点，在省内11个市中列第9位；第三产业从业人员占全社会从业人员的比重仅为29.6%，比省内11市的平均38.3%低8.7个百分点，列末位。全社会劳动生产率比全省各市平均低6.7%，在省内位次也中等偏下列第6位。第三产业人才资源密度要明显高于第二产业，嘉兴三产比重低，影响全社会人才资源密度水平。

2.从企业规模能级看，嘉兴企业规模偏小

规模以上工业企业平均主营业务营业收入仅1.37亿元，比全省平均低

---

① 这些无职称的专业技术人才因为在专业技术岗位上工作才列入专业技术人才统计。

② 这些无高技能职业资格证书的高技能人才是依据岗位工作年限才列入统计的。

12.2%，列第8位。企业生产附加值低，2012年规上工业企业毛利率为12.2%，比省内11市平均低2.1个百分点，列第9位。企业规模小、人力资源管理不健全，加上生产的附加值低，企业的人才资源引育工作薄弱，影响全社会人才资源密度和质量的提高。

3. 从人力资源基本素质看，嘉兴就业人口平均受教育程度偏低

据2010年人口普查，嘉兴就业人口平均受教育年限为8.84年，比全省平均低0.38年，比全国低0.29年，在省内列第7位。与2000年相比，嘉兴就业人口人均受教育年限提高12.7%，比全省低3.7个百分点，比全国低2.0个百分点，提高速度列全省第8位。与周边的苏州相比差距更大，平均受教育年限比苏州的10.22年低1.48年，提高速度低8.2个百分点。高学历受教育就业人口比例差距更大，2010年嘉兴大专及以上就业人口占比为8.97%，比全省平均11.56%低2.59个百分点，列省内第8位；比苏州的17.28%低8.31个百分点，与2000年时与苏州的差距2.72个百分点又扩大了5.49个百分点。

4. 从人才引育工作看，各项工作发展进度不一

创业创新领军人才的引育工作成效相对明显，基础性人才引育工作相对逊色。“引”的成效相对明显，“育”的成效显现缓慢。引育措施相对较多，鼓励使用措施较少。

三、加强人才引育工作的若干思考与建议

（一）加强人才引育工作的若干思考

发达国家和先进地区的经验表明，随着工业化进程的不断推进，企业对人才的需求量越来越大，对创新的依存度越来越高，市场竞争的核心就是人才的竞争。根据嘉兴市经济社会的发展现状和前景，以人才的多元化需求和层次性特征，嘉兴需要树立全局性、全面性、前瞻性等理念，实现人才的战略性目标。为此，要做到以下几个结合。

1. 精神与物质结合

人是历史性、社会性的动物，人才的发展及其作用的发挥必然离不开精神与物质因素的支撑。因此，给予人才的待遇应是综合性、多样性的。精神性层面包括政治待遇、社会待遇、精神鼓励等，要给予人才足够的尊重，使人才有“主人”的感觉和实际体会。物质待遇包括工资等生活待遇，还包括各种发展需要的平台，如给予创业者创业平台、科研者研究平台，要扩大物质待遇给予面，提

供必要的资金和各种物质条件。

2. 引进与培养结合

要眼光向外,更要眼光向内。嘉兴各种高学历、高技能、高水平的人才应该已经有了不少,他们了解嘉兴,了解实际,按理比新引进的"人才"有一定的优势和适用性。因此,要充分挖掘、开发、培养和使用现有的人才,发挥他们的主动性、能动性和积极性。人才不但要引得进,还要用得好,更要留得住。不能搞成"热热闹闹引进来,冷冷清清晾一边",这样对人才既不公平,更无益于人才作用的发挥,无益于经济社会的发展。

3. 实用性与适用性结合

人才本身就有专业、技能等的差别,应无根本的高低、优劣之分,而只有适用性之分。在人才的认定上应有多样化的标准和界定。不能唯学历、唯职称论人才。因此,要注重实用性,但更要重视适用性。实用性一般注重当前,缺乏长远规划和战略,对促进经济转型发展并不一定有利。适用性的范围比实用性更广、视野更宽。凡是对经济社会发展有利的人才,都是适用的人才。在发挥人才适用性的过程中,要善于把引进人才的权力交还企业,让企业拥有自主的人才权力。政府除了提供政策、资金和各种支持之外,对企业的具体操作应不作过多干预。

4. 现实性与前瞻性结合

现实发展需要的人才当然要引进和培养,但还要树立长远的发展眼光,以战略性眼光布局人才的数量、结构和梯队。从经济、社会、政治、文化、体育等学科角度,从基础性、应用性等层面,从老、中、青的年龄结构,从国家、地区等视野,从经济社会发展趋势的需要等培养多元化、多层次、符合战略发展的人才队伍。要将这种具有全局性、整体性的人才观,融入到现实的具体实践中,树立"大"人才观念。

(二)加强工作人才引育工作的建议

1. 科学谋划,进一步完善人才发展政策措施

在深入学习《国家中长期人才发展规划纲要》,贯彻落实全国和省人才工作会议精神,以及全面总结2011年以来嘉兴人才发展实施情况下,要以嘉兴人才发展的现实基础和所面临的新形势为基础,对照《嘉兴市中长期人才发展规划纲要(2011—2020年)》所提出的人才发展总体思路和主要目标,找出薄弱点和难点,及时发现,及早谋划。始终把服务发展、人才优先、以用为本、创新引领、统筹整合作为人才发展的指导原则,把领军人才、海外人才、专门人才、应用型

人才作为人才发展重点，把人才国际化、人才高端化作为人才长远发展战略，继续加大企业人才优先开发力度，把创新人才工作领导体制、人才管理体制、人才工作体制作为人才发展改革突破口，进一步完善嘉兴市人才发展政策措施，为嘉兴到2020年人才发展实现新提升提供保障。

2.突出重点，进一步加大人才发展投入

要根据《国家中长期人才发展规划纲要》中提出加大人才投入的新要求，加大嘉兴人才发展投入力度。人才发展投入主要包括人才引培、人才使用和人才激励三个主要方面的投入。人才发展投入强度直接关系到人才引进与培养的层次、人才使用与产出的效益、人才评价与激励的作用。要以高端人才、创新人才引进与培养为主体，以企业人才开发为重点，在人才引进、培养上加大投入力度，为嘉兴集聚和拥有"大师级"人才提供财力保障；要以科技创新、产品研发、成果转化为重点，在人才使用上加大投入力度，为人才承担重大科研项目、集聚创新要素、产出高新成果、引领产业发展提供财力保障；要以科学的评价技术手段、先进的资本激励方式，在人才评价、人才贡献、人才回报上加大财力投入力度，促进人才资源向人才资本转变，促进人才效能的进一步提升。

3.创新途径，进一步完善人才培育体系。

一要建立多元化人才培育体系。结合嘉兴经济社会的发展，对人才培育目标进行恰当定位，根据不同层次、不同行业、不同类型人才的客观需求，鼓励一批知名培训机构或培训业务的进入。完善人才培育途径，建立政府公益性与社会市场化相结合，以公益为主、社会广泛参与的多层次培育格局。

二要拓宽高技能人才培育途径。大力推动职业技术学校与骨干企业联合发展职业教育，有针对性地培养各类实用性高技能人才。加大职业教育力度，引导企业培养高技能人才，强化职校培养学生的针对性。加大对高技能人才引育激励，可参照苏州等地对高技能人才实施岗位补贴激励措施，由政府人才基金与企业共同承担对高技能人才分级岗位津贴，以吸引高技能人才在嘉企业工作。加大职业技能等级考核发证工作力度，促进职业技能性人才规范化(组织化)，鼓励倡导企业按职业技能等级制定薪酬制度，吸引技能人才学技能、求升级。

三要推行关键人才培育工程。经过多年的发展，民营经济在嘉兴市国民经济中的位置更加突出。民营企业家是企业的决策者、创造者、指挥者、组织者，民营企业家素质的高低直接决定着一个地方民营经济的发展水平。因此，加强民营企业家培训特别是新生代民营企业家的培育工作，是当前一项急需的重点工程，通过培训和培养，进一步提升企业家的素质，使嘉兴市民营企业更具活力和更有持久力。

4.优化环境,进一步促进高校毕业生就业创业

高校毕业生是嘉兴人才发展的基础性资源,也是支撑嘉兴当前及今后创新发展的基本力量。从近几年嘉兴新增高校毕业生的学历结构看,具有博士、硕士研究生学历的比重在不断加大,同时,本地生源以外的本科学历毕业生在嘉兴就业的比重明显加大。促进高校毕业生就业,就业环境是关键。

一是要加大博士、硕士研究生流向企业的引导力度。鼓励高新企业引进高学历人才的积极性和主动性,为高新企业引进、储备创新人才提供动力。同时,要围绕重点发展领域,新建、扩建适应于高学历毕业生就业的载体平台,以提高这些领域吸纳高学历毕业生的能力。特别要关注海内外博士毕业生所需的高端就业载体建设,以加快博士毕业生向嘉兴集聚。

二是加大本科学历人才再培养选拔力度。要在目前以行政、事业单位为主选拔本科及以上学历人才外送培养深造的基础上,认真总结经验,完善选拔程序,拓宽选拔范围,强化企业人才优先开发理念,提高企业人才占外送培养深造人选的比重,让一批既熟悉企业经营、又懂得企业创新机理的人才通过外送培养深造成为企业发展的重要骨干力量。

三是完善高校毕业生就业创业政策。在现行高校毕业生就业创业政策的基础上,继续实施高校毕业生就业促进政策,让更多的高校毕业生来嘉兴顺利就业;创新高校毕业生积极的创业扶持政策,拓宽扶持的创业领域,加大现代服务业领域的创业扶持力度,形成一套鼓励、支持、扶持高校毕业生在多领域创业的政策体系。

5.加强服务,进一步加大留住人才力度

引进人才,就是为了我们嘉兴的社会经济发展建设。因此,一方面我们要加大力度引进人才,另一方面,我们更要留住人才,使他们安心、舒心、称心地在嘉兴创业。

一是要营造干事创业、人尽其才的工作环境。人才通常看重的是事业,是在创业中实现自身的价值。所以,决定人才去留的主要因素,在于能否为人才提供良好的发展空间。要把人才载体建设作为人才工作的关键举措,下功夫把各类载体做大做强做优,使其真正成为吸引人才的"磁场",培养人才的"摇篮",各类人才施展才华的"舞台"。同时,优化人才引进流程,整合、简化一些操作环节,进一步提高办事效率,使人才来嘉兴工作的各类手续办理时间缩短,提高留住人才的主动性。

二是要营造功能健全、服务到位的市场环境。在市场经济条件下,市场对资源的配置起着基础性的作用。人才资源也只有通过市场这只"看不见的手"才能实现合理流动和最佳配置。要进一步加强人才市场软硬件建设,为供需双

方进入市场并在其中实现自主选择提供优质高效的服务。

三是要为高层次人才成长提供良好的学术环境,促进各类高层次人才向嘉兴集聚。高层次人才的成长需要相应的学术环境,缺少学术环境是二、三线城市人才流失的重要原因。因此,国内不少城市,如苏州早已在四五年前已出台高层次学术活动资助办法。嘉兴这方面虽然有一些举措,但还没有系统的政策,因此,嘉兴也应对国内外知名学术机构和学术组织在嘉兴举办的高层次学术活动,择优给予资助;对在嘉兴建立学术会议基地的,根据会议层次和规模予以重点资助。支持高层次人才在职攻读学历学位、申请科研项目资助、参加高层次学术交流和培训教育活动,推荐高层次人才参加各类学术组织,以及在高校和科研院所兼职从事学术活动。

四是要营造重才惜才、爱才护才的人文环境。要广泛宣传嘉兴市的人才政策,努力在全社会形成崇尚知识、尊重人才的良好氛围。要十分关心并解决人才在工作、学习、住房和医疗等方面碰到的困难,为他们尽可能提供专心干事的后勤保障。要进一步加快城市现代化进程,加大城市美化绿化和生态保护力度,打造蓝天、绿水的宜居嘉兴,以生态之城、平安之城留住人才。

城镇化进程中嘉兴市乡镇政府职能演进研究

□ 卿 瑜

党的十八大报告指出，到2020年我国要全面建成小康社会，并指出工业化、信息化、城镇化和农业现代化是实现全面小康的重要载体。国务院总理李克强也多次强调，城镇化是今后一段时期之内我国扩大内需的最大潜力①。可见，城镇化将成为今后我国经济发展的重要推动力和抓手。在这一过程中，作为城镇化发生地的乡村社会环境将发生巨大变化：大量社会摩擦出现在基层，大量人口流动出现在基层，大量社会管理事务出现在基层，基层社会组织发生深刻转型，这给我国的基层社会管理工作提出了大量新的课题。乡镇政府作为实施基层社会管理的主导机构，如何适应大规模城镇化背景下的环境变迁，适时调整自身职能，不仅是实现城镇化科学发展的关键所在，也是避免社会矛盾，实现基层治理的重要命题。

嘉兴，作为新型城镇化发展的现行地区，早在1996年就开始了撤乡并镇工作，2007年末，根据《浙江省人民政府关于加快推进中心镇培育工程的若干意见》（浙政发〔2007〕13号），嘉兴市委、市政府印发《关于推进强镇扩权积极培育现代新市镇的若干意见》的通知，在全市范围内全面启动了旨在强镇扩权的新市镇建设。截至2012年末，嘉兴市统筹城乡改革，已经从原来的143个乡镇撤并为47个新市镇，形成了区域特色经济发展和城乡居民安居乐业的特色小城市。2013年4月，市委又下发了《关于开展嘉兴市小城市培育试点的实施意见》，拉开了嘉兴新市镇发展向小城市培育的序幕。可以说，在党的十八大提出加快城镇化发展战略的背景下，嘉兴的城镇化建设已经先行一步，目前已形成了较为成熟的城镇化模式，深入总结研究当地乡镇政府在城镇化过程中的管理职能变迁，对于当下城镇化建设中的基层社会管理创新具有一定的参考意义。

---

① 李克强：《中国未来最大发展潜力在城镇化》，《中国证券报》2012年11月30日。

一、新市镇建设前的嘉兴乡村社会及政府职能要点

根据我国《地方政府组织法》第六十一条规定，乡、民族乡、镇的人民政府行使下列职权："（一）执行本级人民代表大会的决议和上级国家行政机关的决定和命令，发布决定和命令；（二）执行本行政区域内的经济和社会发展计划、预算，管理本行政区域内的经济、教育、科学、文化、卫生、体育事业和财政、民政、公安、司法行政、计划生育等行政工作；（三）保护社会主义的全民所有的财产和劳动群众集体所有的财产，保护公民私人所有的合法财产，维护社会秩序，保障公民的人身权利、民主权利和其他权利；（四）保护各种经济组织的合法权益；（五）保障少数民族的权利和尊重少数民族的风俗习惯；（六）保障宪法和法律赋予妇女的男女平等、同工同酬和婚姻自由等各项权利；（七）办理上级人民政府交办的其他事项。"

20世纪90年代中期撤乡并镇以前，嘉兴乡镇众多，但规模普遍偏小，"走过一村又一村，村村像城镇；走过一镇又一镇，镇镇像农村"[①]，许多乡镇平均人口不到1000人，大量公共设施低水平重复建设，行政区划分割造成的"玻璃墙"阻碍了资源的集聚。此时，乡镇政府的主要职能除了履行《地方政府组织法》中的七项职能外，更主要地在于乡村秩序维护和日常乡镇事务处理。

21世纪以来，嘉兴各乡镇发展已突破传统农业社会发展模式，呈现农业、工业、服务业等多产业、多维度发展并举的蓬勃态势，城镇化萌芽在各乡镇之间开始显现：一是嘉兴相当一部分乡镇具有自己的优势、特色产业，具备一定的产业聚集能力和经济辐射效应；二是农村基础设施较为完备，城乡之间、区域之间交通便利，来往密切；三是农村社会事业发展取得了很大进步，城乡公共服务资源分配较为均衡；四是农民已自发地开始向城市转移，留守农村的多以中老年人为主；五是由于产业聚集效应，大量外来人口出现在乡镇；六是农业农村发展逐渐走上现代化发展道路，规模种植、规模养殖较为普遍。此时，乡镇政府除履行《地方政府组织法》的日常职能之外，其工作重心主要围绕乡镇经济发展展开，经济建设性的职能突出，如，指导、培训农民养殖、种植技能，招商引资，专业市场建设与管理等。同时，也兼具一些社会管理职能，如农村矛盾调解，外来人口管理，专业市场秩序管理与维护等。

综观新市镇建设前的乡政府职能要点，其经济建设性与行政统治性职能突出，这充分适合了城镇化建设之前的乡村社会管理需要，在维护农村秩序，促进

---

① 《嘉兴城镇化进程迈入新阶段》，《嘉兴日报》2013年4月18日，第一版。

地方和谐方面发挥了重要作用，乡镇政府成为上级政府有效实施经济发展与基层管理的有力助手。但是，随着新市镇建设的大力推进，嘉兴乡村社会环境发生了巨大变化，这给乡镇政府的工作开展也带来了新的挑战。

二、新市镇建设与乡村社会环境变迁

快速推动的城市化给整个嘉兴，尤其是新市镇社会环境带来了巨大的影响。

（一）城镇化过程中出现城乡一体新社区

自2008年浙江省把嘉兴市列为统筹城乡综合配套改革试点城市以来，以“两分两换”为抓手，嘉兴大力推动农村居民向城镇或周边跨组、跨村、跨镇聚集，形成了以城市社区建设和管理理念进行规划建设的新型农村居民集中居住区。这是嘉兴在城镇化发展过程中的地方创新，大量以前生活在乡村社会的农村现在变成了城乡一体新社区的社区居民。对于这样一种全新的社区形态，其组织成员、社区规模、发展方向都表现出了与城镇社区，以及传统农村社区不一样的情形，新社区的管理是一个全新的课题。

（二）农民需求发生了变化

嘉兴市统筹城乡改革让农村居民从原来的分散居住，变成了集中居住，其生活方式、卫生习惯、文化娱乐发生了根本性的变化。嘉兴在实施“两分两换”工作过程中，实行宅基地换住房、换保障，之前分散居住的农民被安置在了政府统一规划建设的居民小区，即当地的城乡一体新社区，由单门独户到集中居住之后，农民的耕地与居住地分离，文化娱乐从原来的赌博变成了社区里的体育健身，生活资料从“自给自足”到“全部购买”，利益关系深刻调整，价值观念深刻变化，迫切需要乡政府的社会管理方式也作出调整。

（三）大量外来人口涌入

嘉兴市《关于推进强镇扩权积极培育现代新市镇的若干意见》指出，新市镇要成为所在农村地区经济、文化、服务中心，成为区域特色经济发展和城乡居民安居乐业的各具特色的小城市，成为主、副中心城市的特色功能区和卫星城，成为嘉兴网络型大城市的基础性节点，以及推进城乡一体化、统筹城乡发展的重要载体和联结纽带。其中，区域特色经济是新市镇建设的重要特色，如濮院镇的羊毛衫市场、王江泾镇的小家电产业等。这些产业吸引了众多来嘉兴务工的农民工。截至2012年12月底，嘉兴持居住证的新居民人数为170多万，每3个嘉兴人中就有1个外地新居民。这其中既有“两新”企业的白领，也有餐饮行业的服务员、建筑工地的工人、专业市场的打工者等。据调查，嘉兴的外来人口八成以上是40岁以下人员，其平均受教育年限仅为8.97年，具有专业技术职称的仅占12.5%，以租住在城镇老小区、城乡结合部、农村社区等生活成本相对较低的地方为主，对他们的服务和管理面临诸多难题。

(四)社会矛盾大量涌现

城镇化使农村乡村环境、社会治安、乡土文化都受到了不同程度的破坏，由解决农村居民就业、社会保障、征地补偿、拆迁安置等社会问题所引发的干群矛盾、上访事件成为当地社会矛盾的主要类别。在嘉兴，新市镇建设过程中，乡镇一级政府权力运行空间随之扩大，拥有的权力不断增多，掌握的资金流量增多，职务腐败的隐患渐趋增多，群众对基层组织和党员干部的反映较为强烈，发生在农村的征地拆迁、环境保护等方面的涉访涉诉事件增多，群众要求信息公开、对话、沟通的呼声也日益高涨。这迫切要求乡镇政府的社会管理，特别是社会矛盾的化解机制实施创新。

(五)组织建构与组织职能发挥需要创新

推进新市镇建设以前，活跃于传统农村社区的社会组织主要以村两委会为主，虽是农村基层自治组织，但它们实际上发挥着政府管理社会的职能，行政性色彩浓厚。除此之外，较多农村社区还经常活跃着一些以文娱、健身为目的的自发性文娱团体，它们松散、临时。撤乡并镇之后，新市镇及新建立的城乡一体新社区的地域范围、乡容乡貌都发生了较大程度的变化，社区居民的生产、生活方式也发生了根本性的变革。与此同时，新市镇社会组织发展却没有快速发展，活跃于当地的社会管理主体仍然是体制内组织，它们需要把过去以服务农业农村发展的职能设置转变为以服务社区民主生活为主的职能设置，其管理方式、管理重心都应作出新的变化和调整。

三、当前嘉兴市新市镇政府职能要点

嘉兴市委、市政府充分关注到了乡村社会环境所发生的巨大变化，在启动新市镇建设的同时就一直强调地方政府的职能要点。2007年，在新市镇建设规划伊始，市政府强调新市镇建设要培育发展特色产业，促进农民转移就业，实施户籍制度改革,加强对新居民的管理和服务①。2010 年,在深化新市镇建设时期,市委、市政府要求要深化行政体制改革,进一步下放县级经济社会管理权限给新市镇,加快对工业功能区、农业和商贸的公共服务,大力推进"两分两换"②。当前,各新市镇政府主要职能有以下几个方面。

(一)城镇规划与管理

新市镇建设涉及大规模征地拆迁,市镇规划、市镇基础设施建设,城乡环境整治等城镇规划、建设与管理工作。这些工作,新市镇政府并不直接具体参与建设与操作,更多的是实施规划与管理。如,秀洲区王江泾镇 2011 年编制了《王江泾省级小城市培育试点镇总体规划》、《王江泾镇莲泗荡周边区域控制性详细规划及城市设计》等一系列规划,深入实施了新农村建设,城乡环境整治等改善城乡面貌。

(二)引导经济发展

经济职能仍然是各新市镇政府目前的主要职能之一。一方面,嘉兴新市镇建设的基础就产业特色突出,聚集效应明显,具有较强带动力和发展潜力的城镇。撤乡并镇以后,新市镇政府的主要职能在于如何引导做强、做大当地的产业经济,促进新市镇经济继续领先发展。另一方面,经济职能的发挥主要在于市场软环境的建设上面。如,秀洲区王江泾镇,作为浙江省小城市培育试点镇,近年来,尤其强调地方政府加强经济发展的软环境建设,在镇政府的主导之下,当地先后搭建了产学研合作平台、农业园区建设,商贸园区建设等,有力推动了地方经济发展。

(三)基本公共服务建设

随着城镇化建设的推进,更多的农村居民有序地转变为城镇居民,由此而来的新市民的就业、医疗、社会保障、文化服务等成为亟待解决的问题。在推进新市镇建设过程中,嘉兴市政府自 2008 年起就从全市层面实施了以"两分两换"优化土地使用制度为核心,包括劳动就业、社会保障、户籍制度、新居民管理、涉农体制、村镇建设、金融体系、公共服务、规划统筹等的"十改联动",既从政策层面解决了农民、农村在城镇化发展过程中面临的一系列基本公共权益保障的问题,又走出了一条具有嘉兴特色的统筹城乡发展之路。作为新市镇所在地的镇政府,其主要职能在于宣传、落实市级政策,推动发展地方社会事业,如

---

① 《关于推进强镇扩权积极培育现代新市镇的若干意见》,嘉委〔2007〕36 号。

② 《关于深化完善新市镇建设的若干意见》,嘉委办〔2010〕18 号。

教育、医疗、社会保障覆盖面，村、镇公共服务场馆建设等。

(四)社会稳定与社会公平

在城镇化快速发展过程中，各方权益都处于微妙的博弈之中，一旦失去平衡，就极易引发社会矛盾。如，经济发展与环境保护的博弈，大规模征地补偿、拆迁安置与补偿公允的关系，新市镇政府权力增加与权力隐患的关系，本地居民与外地新居民的关系等。这些关系一旦处理不好，就容易引发社会矛盾，造成百姓上访乃至大规模群体性事件。因此，新市镇政府的主要职能之一，便是加强和创新社会管理，实现社会稳定。如，秀洲区王江泾镇开展“网格化管理，组团式服务”，实现村(社区)综合服务管理站全覆盖；建立“新三联”维稳机制，开展下访、约访、定期接访活动；加强新居民等重点人群管理，深化出租房“三色”管理和“小挎包大服务”活动；严厉打击各类违法犯罪活动，加强安全生产工作，有效确保了经济社会和谐平稳。

四、“管制型”到“服务型”：城镇化进程中乡镇政府职能演进的特点与规律

城镇化过程中，不仅乡村社会发展环境会发生深刻变化，人的生活方式、价值观念及利益关系都会发生深刻调整。乡镇政府作为城镇化发生地的基层政府，是我国行政管理体系中最基层的政府机关，具有执行国家意志的义务，负有对农村社会管理的职责任务。随着城市化的推进，以及广大农村群众公共需求的增加，乡镇政府职能将更加突出其服务性。据中国(海南)改革发展研究院《2006’中国改革问卷调查报告》显示，随着农业税的全面取消，大部分专家都认为乡镇政府的职能应该定位于为农民提供基本而有保障的公共服务和保持农村稳定的社会管理。

从嘉兴市新市镇建设过程中新市镇政府职能变迁来看，其职能演进呈现出以下特点和规律。

(一)城镇化进程中乡政府职能演进特点

1.从政治统治到社会管理

传统社会，特别是改革开放以前，乡镇政府在农村主要实施政治统治的职能，以执行国家意志为主，其经济职能、社会职能、文化职能等都很薄弱。改革开放特别是新世纪以来，乡镇政府政治统治职能逐渐弱化，经济性职能逐渐凸显。但是随着社会进入转型期，特别是城镇化发展过程中农民身份、利益、观

念、生活方面等各方面的剧烈调整、变化，基层政府的社会管理职能被大大强化。如 2011 年，胡锦涛同志在中央党校的社会管理专题研讨班上也再一次强调要强化基层的社会管理和服务，基层社会矛盾调解、社会管理成为基层政府的主要职能。

2. 从农村社会管制到城市公共服务

城镇化之前，农村社会管理重点在于矛盾调解和秩序维护，且这种基层政府管理目标的实现主要依靠行政控制来实现。农村社会事业、基础设施建设等公共服务相对不足。城镇化之后，大规模的城镇基础设施建设，征地拆迁，特别是嘉兴城乡一体新社区的出现，让农民的生活方式发生了彻底的改变，生产地和居住地也产生了分离，农民的就业、医疗、文化需求等需要大力发展，原来面对农村、农民的基层乡镇政府变成了面对城市居民的、社区的新市政政府，原有的乡镇政府职能已在多个层面与市镇建设、居民需求不相匹配，这里迫切需要发展城市公共服务，以应对这些社会环境的变化。

3. 从农业、农村服务到以人为中心的公共服务

新市镇建设之前，乡镇政府的主要工作内容，是在农村引导发展农村经济，如，养殖技术的培训，农业市场信息的传播等，是以“物”为中心的服务。城镇化之后，农业种植、养殖规模大量减少，大量农民变成了工业产业工人，他们进入到工厂、城镇，突破了原有活动地域，其居住地成为社区，因此，所在地的基层政府将需要更加强调对社区居民的服务。嘉兴市城乡一体新社区建设的经验就已经表明，基层政府在职能转变过程中，对人的管理和服务将越来越被强化。

纵观嘉兴市新市镇建设中乡镇政府的职能调整，其职能方式和重心总体从一种“管制型”向“服务型”转变，从封闭到开放转变，从僵化到弹性转变，从以物为重点的管理到以人为中心的服务转变。总体来说，表现出以下两个规律特点：

(二)城镇化进程中乡政府职能演进规律

1. 经济性职能与社会性职能并重，社会性职能将更加凸显

在新市镇建设过程中，经济性职能仍然是新市镇政府的职能中心。无论是新市镇规划、基础设施建设，还是产业平台的搭建、招商引资的推进，经济工作都是新市镇政府的核心工作。但是，其经济职能的发挥，也出现了两个心的趋势：一是职能方式更加突出服务性，围绕平台建设，政策引导，市场环境营造等方面展开，改变了以往政府直接插足经济建设与生产的传统职能模式；二是经济共走重心逐渐从一产过渡到二产和三产，随着农村耕地面积的减少，传统的

种植农业规模、方式都放生了巨大变化，工业和服务也逐渐兴起，新市镇政府更多朝着工业和服务领域引导经济发展。

与此同时，政府社会职能权重增加，并日渐成为政府职能核心之一。十八大所提出的城镇化是新型城镇化，它不是简单的城市人口比例增加和城市面积扩张，更重要的是实现产业结构、就业方式、人居环境、社会保障等一系列由"乡"到"城"的重要转变。新型城镇化发展能否避免粗放式的城市化发展道路，实现科学规划、合理布局，促进大中小城市和小城镇合理分工、互补发展，能否使农民突破身份限制，顺利转为市民是新一轮城镇化建设的核心命题。在这一过程中，对人的管理和服务是核心命题。嘉兴市启动的"十改联动"就充分体现了政府对城镇化进程中的农民的公共权益的全方位调整和保护，力为农民及其家属提供基本公共服务，使农民能够转为市民，这是新型城镇化区别于传统城镇化的关键性内容。因此，对人的需求的社会性职能将成为政府的主要职能之一。

2. 管理性职能弱化，服务性职能强化

传统乡村社会，乡镇政府主要行驶行政性管理职能，一方面，在对社会公共事务进行管理和治理的过程中既要承接上级政府的领导，另一方面又要直接面对广大人民群众的利益要求，尤其是转型时期，社会日趋复杂和人们社需求日趋多元化，乡镇政府的管制性职能尤为突出，主要表现为：1）管理和规范社会组织，2）协调社会矛盾，3）确保社会公正，4）维护社会秩序和稳定。但是随着新市镇建设的推进，一方面，传统的管制性社会管理办法有必要进行创新，政府将更多地实现社会管理关口前移，以改善民生的方式释放社会转型过程中所产生的社会压力；另一方面，随着城镇化建设的推进，各种由利益调整而引发的社会矛盾将逐渐减少，人们的价值观念，对新市镇的生活环境、生活方式都逐渐适应，社会将进入相对平稳期，压力型的政府管理方式有必要进行调整。而从嘉兴市新市镇政府当前的职能特点来看，无论是对经济发展的引导，还是对社会公众的管理，都更多地体现出了"服务"的姿态。

嘉兴市推进民办社会工作服务机构发展研究

□ 沈建良

民办社会工作服务机构(以下简称民办社工机构)是指"以社会工作者为主体,坚持'助人自助'宗旨,遵循社会工作专业伦理规范,综合运用社会工作专业知识、方法和技能,开展困难救助、矛盾调处、权益维护、心理疏导、行为矫治、关系调适等服务工作的民办非企业单位",是吸纳专业社工的重要平台,是社会服务的直接提供者。党的十六届六中全会提出,要建设一支宏大的结构合理、素质优良的社会工作人才队伍,《国家社会工作专业人才队伍建设中长期规划(2011—2020年)》提出要实施民办社会工作服务机构孵化基地建设工程,到2020年培育发展8万家民办社会工作服务机构。从全国看,社会工作和民办社工机构正处于发展的初级阶段,民办社工机构发育时间较短,数量较少,能力不强等问题较为突出,同时,制度、政策和社会环境方面还较为欠缺。

一、基本情况

近年来,嘉兴市委、市政府高度重视社会建设,以开展社会工作人才队伍建设综合试点为契机,在市委、市政府的高度重视、在上级民政部门的关心指导下,通过加强宣传指导、放宽登记门槛、推行政府购买服务等措施,积极培育扶持民办社工机构发展。目前,全市共有民办社工机构21家,提供专业服务6716人次,在促进嘉兴市基层社会管理服务创新、提升公共服务专业水平、维护社会和谐稳定方面发挥了积极作用。

(一)从数量看,通过扶持培育,机构数量建设从无到有逐步发展

嘉兴市从2009年成立全省首家民办社工机构以来,根据嘉兴市社会工作试点发展情况,通过免注册费、每家机构财政补助5万～10万元开办费等举措,

有计划地在民政、妇联、司法、团委、新居民局等系统内扶持培育了民办社工机构36家，其中市本级2家，秀洲区、嘉善县、平湖市、海盐县和海宁市各5家，南湖区、桐乡市各4家。各社工机构服务已涵盖妇女家庭、老年人、儿童青少年、社区建设、司法矫治等领域（见图1）。

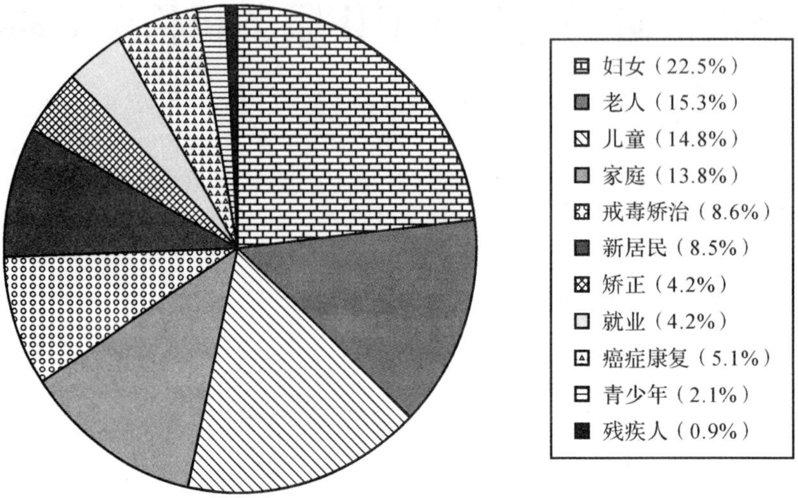

图1　全市政府购买民办社工机构社会工作服务领域

(二)从能力看，通过专业培养，机构自身能力建设逐步提升

嘉兴市与省内外高校和专业社工机构建立了市校合作机制，与复旦大学签订了《社会工作框架合作协议》，共建"社会工作实训室"、"社会工作实习站"和"社会实践基地"，与华东理工大学、浙江工商大学、浦东新区社会工作协会、嘉兴学院等共建嘉兴市社会工作"一中心三基地"（社会工作研究中心、社工实习基地、社工实务培训基地、社工教育培训基地），聘请10多名省内外高校和社工机构专家组建了"嘉兴市社会工作专家库"，强化对专业社会工作理论、人才培养、专业培训、项目孵化和专业督导等方面的研究和合作，每年有10多名社工专家每半个月对嘉兴市民办社工机构进行一次实地督导，实现了社工机构和专业服务的借智登高、借力发展（见图2）。同时，通过大力实施"社会工作人才培育工程"，培养和吸引了具有专业知识、实务经验、专业服务技巧的各类社会工作专业服务人才。全市民办社工机构现有工作人员110人（本科47人、专科42人、专科以下21人），专业社工51人，平均年龄37岁，其中社工师11人、助理社工师20人、社工专业本科学历人员20人（见图3、图4）。嘉兴市阳光家庭社工事务所2011年被市委、市政府表彰为2010年度优秀社会组织，2012年又被中

国社工协会表彰为全国先进民办社工机构二十佳之一。民政部 2012 年公布的首届全国优秀专业社会工作服务项目评选结果中，嘉兴市有 3 个项目获三等奖和优秀奖。嘉兴市有 9 个项目获全省社区社会工作优秀奖。

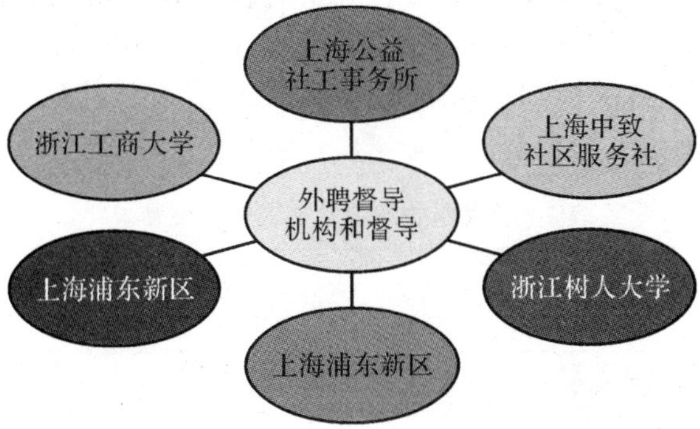

图 2　嘉兴市社会工作督导支持情况

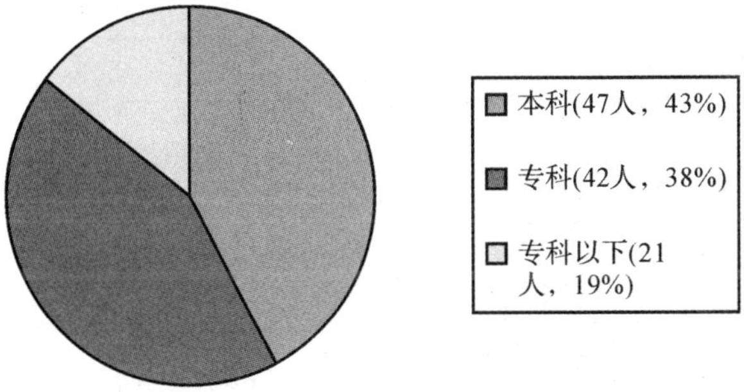

图 3　嘉兴市社会工作者持证情况

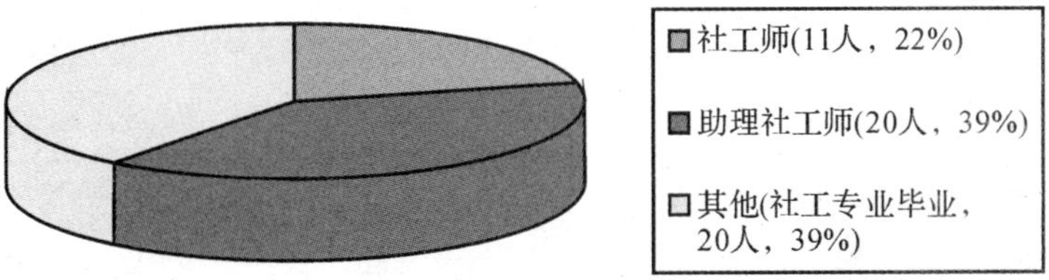

图 4　嘉兴市社会工作督导支持情况

(三)从发展定位看，通过政府主导，支持力度持续加大

当前嘉兴市社会工作水平处于初级发展阶段，在政府购买服务的规模和数量不大、社会工作服务市场发育不充分不完全的情况下，各级社工办牵头负责，

社工委相关成员单位根据群众服务需求和社会事业发展需要，以提供服务场所、办公设施和服务项目的扶持，有选择、分步骤地发起成立了民办社工机构，并以政府购买服务的方式让民办社工机构参与社会管理服务，促进了政府与民办社会工作服务机构间的紧密合作。全市各民办社工机构总面积1943平方米，其中政府提供的面积1198平方米（见表1）。嘉兴市以扶持培育“政府主导型”民办社工机构，在短时间内创新服务供给方式、丰富服务内容、增强服务效果，也为将来社会工作服务的进一步拓展作了有益的探索。

表1 相关机构服务场所面积组成情况

机构名称	场地面积（平方米）	场地性质
嘉兴市阳光家庭社工事务所	178	市场租赁
嘉兴市拾星者社工事务所	120	政府提供
南湖社工服务社	500	政府提供
南湖区芯悦社工事务所	22	市场租赁
秀洲区心路法务社工服务室	15	市场租赁
秀洲区珍爱社会工作服务社	20	政府提供
嘉善县致恺社工服务社	50	政府提供
嘉善县致和社工服务社	30	政府提供
平湖市“阳光小屋”青少年成长服务中心	55	市场租赁
平湖市和谐家庭社工事务所	150	政府提供
海盐县乐龄社工事务所	51	其他
海盐县益智社工事务所	130	市场租赁
海盐县沁园社工事务所	55	自有
海宁市紫薇社会工作服务站	50	其他：借用
海宁市温馨港湾居家服务中心	60	其他：社区用房
海宁市癌症康复俱乐部	50	其他：借用
桐乡市七彩夕阳社会工作室	38	政府提供
桐乡市属家服务社	50	政府提供
桐乡市徐阿姨工作室	20	政府提供
桐乡市杨家门社区傅阿姨为老服务站	300	政府提供

（四）从环境看，通过完善政策，机构建设的制度、政策和社会环境逐步改善

目前，推进民办社工机构政策措施逐步健全，嘉兴市制定出台了加快推进政府购买社会组织公共服务的指导意见和购买社会组织公益性服务的实施办法，明确了政府购买社会服务的范围、实施程序、服务资质、购买方式、各方职责、验收方式等，形成了既有原则性、又具可操作性的支持性举措。市委、市政府在2009年明确要求，各级政府要建立公共财政支持体系，确立财政资金对社会工作发展的主渠道作用，经费应列入各级财政预算，建立以政府购买社会工作服务项目和社工岗位为主要形式的财政支持机制，支持民办社工机构等公益性社团承接社会工作，通过项目购买、项目补贴、项目奖励、岗位购买等多种形式实行政府购买社会工作服务。2009年以来，全市社会工作经费累计达到1860万元（见表2），有力促进了政府购买社会工作服务的开展。近年来，还通过举办红船论坛、专题研修班、设立“三社建设”专栏、战略研讨会、学习考察等方式，加强宣传报道，有力地促进了支持民办社工机构发展的良好社会氛围的形成。

表2　近年全市社会工作经费情况

		2009年	2010年	2011年	2012年	2013年	合计
资金规模及经费渠道（万元）	小计	65	289	342	564	600	1860
	其中：财政预算	61	149	239	350	350	1149
	福利彩票公益金	—	131	75	190	250	646
	其他（营收自支、社会捐赠）	4	9	28	24	—	65

（五）从成效看，机构专业服务成效初现

全市各民办社工机构积极践行专业宗旨、履行专业承诺、发挥专业优势，提升了社会管理服务的专业化水平。2012年，全市社工机构通过运用个案工作、小组工作和社区工作等专业知识与方法，共开展专业社工服务案例2035个（其中个案1139个，小组服务380个，社区服务516个），同比增长134%，提供专业服务4.8万人次。一是探索完善了社会服务体系。各民办社工机构通过购买服务的方式，在一些政府不便做、不能做或做不好的领域，积极提供婚姻家庭服务、青少年教育、社区服务等社会服务，进一步探索完善了社会服务体系，丰富了服务内容，提高了服务质量。如市妇联通过开展“单亲妈妈家庭”专业社工服务项目，有效探索了“妇工＋社工＋义工”的服务新途径，延长了妇联工作的手臂。又如市残联提出了要求开展孤残儿童自闭症专业社工服务项目，不断拓展

职能。二是探索有助强化社会管理的工作载体。秀洲区珍爱社会工作服务社、嘉善县致和社工服务社、海宁市紫薇社会工作服务站开展的服务项目重点介入刑释解教人员、社区药物滥用人员等特殊人群，尝试开展人性化、专业化服务，改变了传统的行政化、非专业的管理方法，较好实现了对特殊人群的良好治理。海宁市温馨港湾居家服务中心依托西山社区居委会，围绕网格服务、便民维权、素质提升、心灵花园、小城大爱六大工程开展工作，成为一个新居民值得信赖的"温馨港湾"，积极地促进了社会融合。三是探索创新党的群众工作。民办社工机构围绕市委、市政府的中心工作和重点任务，在开展心理疏导、关系协调、困难帮扶等专业服务和志愿服务中，既注重发挥党的组织优势和思想政治工作、群众工作的优势，又善于运用个案、小组和社区等专业社会工作方法与技巧，充分挖掘个人潜能，进一步增加服务对象对社区和社会之间的沟通，在形成协调社会关系、增进社会公平、促进社会和谐、推进精神文明建设等方面发挥了积极作用。南湖区芯悦社工事务所成立芯悦危机干预小组，为全区的妇女、青少年、儿童、老人等提供心理养护和人文关怀，不断提升管理自己、小家、大家的综合能力，共同创造"五彩南湖"。

二、民办社会工作服务机构发展存在的问题与困难

嘉兴市民办社会工作服务机构的发展刚刚起步，由于自身能力不足与政策制度环境不健全，目前存在总量不足、成长缓慢、服务水平不高等诸多具体的问题与困难（见表3）。

表3　嘉兴市民办社工机构发展问题体现

缺乏经费（经费到位不及时、缺少人员经费等）	22.92%
机构能力提升和专业化建设	20.83%
专业人员紧缺	12.50%
社会认知度、认同度不高	10.42%
其他实际工作中的困难	8.33%
社工队伍稳定性	6.25%
社工待遇有待提高	6.25%
资源整合较为困难	6.25%
活动场地局限	2.08%
缺乏政策扶持	2.08%
缺乏评价体系	2.08%

(一)政府购买社会工作服务制度有待进一步建立

政府财政资金的投入是嘉兴市民办社工机构运作的主要来源,当前嘉兴市政府购买社会工作服务尚处于试点探索阶段。市委、市政府文件对政府购买社会工作服务已有明确规定,实际操作还需完善工作机制,进一步建立和健全政府购买社会服务制度。

(二)机构自身能力建设薄弱

多数机构都是为某一行业、某一部门开展试点或者为承接某一项政府购买服务项目而建。同时,由于大多数机构是近两年成立的,作为社会组织法人缺乏专业管理经验,机构普遍存在专业力量相对薄弱、管理不够专业、争取资源能力不够、开拓项目能力不强、自我发展能力相对较弱的现象,还未形成“个性鲜明”、“领域专一”的服务品牌,专业化和职业化建设还需要一个过程。

(三)专业社工人才紧缺

由于资金不足,民办社会工作服务机构专职工作人员数量较少,在其中就业的社会工作人才待遇较低,加之社工职业晋升路径不明晰,往往会产生对社工这一职业缺乏认同感和归属感。而在社会工作最发达的美国,67 万社会工作者中,除三分之一在各级政府的社会服务机构外,其余绝大部分分布在民办社工机构当中。从社工占总人口的比例来看,美国、瑞士为 2%,日本为 5%,加拿大为 2.2%,我国香港地区仅注册的社工就达 1.7%,专业社工的收入都处在中等收入之上,比较之下嘉兴社工发展空间还很大。

(四)社会认知度不高

由于民办社工机构建设和推进政府购买社会工作服务,是一项全新的工作,是舶来品。当前各级政府和社会对社会工作认识还没到位,对社工机构了解不够,因此,承接政府委托社会服务难度较大,而对于承接政府服务的机构本身能力先天不足,又面临行政化的压力,往往成为主管部门的内设机构,难以维持自主、专业、规范的运作。另一方面,民办社会工作服务机构刚刚开始发育,专业服务水平还不高,专业作用发挥还不够,政府的认可度和服务对象的支持度还有待进一步提高。

三、加强民办社会工作机构发展和管理的对策举措

在当前我国社会工作事业正处于自上而下推动与自下而上发展相交织的

初级阶段，要按照“立足现实、有序发展”和“引导适当竞争、避免恶性竞争”的原则，认真研究确定合理的发展模式，选择适当的发展路径，鼓励因地制宜，创新多元发展。发展社会工作，为困难群体、问题群体和其他有需要的群众提供专业的社会工作服务，应当重点培育发展专业社会工作机构，需要同步推进体制外民办专业社会工作机构和体制内等其他类型社会工作服务机构的发展。下一步，嘉兴市要在民办社工机构的发展定位上处理好机构与政府之间的关系，在发展目标上处理好数量与质量、结构与功能之间的关系，积极推进嘉兴市民办社会工作服务机构的健康有序发展。

（一）切实提高思想认识，努力树立现代社会管理理念

经过改革开放，尤其是“十一五”时期的发展，嘉兴市的经济社会建设取得了很大的成就，但随着改革的深入和工业化、城市化发展的加快，随着人们独立性、差异性的逐步显现，权利意识、平等观念的日益增强，对专业化、多样化、个性化的心理以及自我价值实现方面的需求日益旺盛，以往一些传统的、单一的、重物质轻人文的社会服务方式已经难以适应人们多样化的需求，迫切需要通过加快发展民办社工机构，推动建构政府、市场与社会供给相协调，职业化、专业化、系统化相结合的现代社会服务体系。要通过民办社工机构发挥专业人才和专业方法优势，针对服务对象个性需要，在帮助服务对象解决基本生活问题的基础上，推动解决其心理适应、社会关系建立以及自我能力提升等多层面的困难和问题。在现有的体制下，民办社会工作服务机构的发展，离不开党委、政府的强力推动，离不开行业组织的服务管理和社会力量的广泛参与，各级党委、政府和部门要充分认识加强民办社工机构建设的重要意义，切实加强服务型政府建设，以现代社会管理理念为先导，建立政府与社工机构的良好合作伙伴关系，提升社会服务水平。

（二）加强经费保障，推进政府购买社会工作服务

当前，我国政府购买社会工作服务探索时间还不长，政府开放公共资源还很薄弱，社工机构发展也刚刚起步，专业社工服务远远不能满足社会公众不断增长的个性化需求。嘉兴市在发展社会工作的路径选择上，可以采取“政府财政支持＋民办社会工作服务机构提供直接服务”的模式，以及公益创投的办法，积极开展创投活动，为民办社工机构提供更多、更好的服务项目和服务机会。各地要不断加大财政投入，以项目招标、委托等多种方式，逐步建立政府向民办社工机构购买服务机制，加快从“养人办事”向购买服务转变。继续发挥财政资金的主导作用，逐步将一些政府做不了、做不好、不能做的社会服务，逐步由“政

府直接提供、直接管理”向“政府购买服务、实施评估监督”的方式转变。下一步，嘉兴市要重点支持直接为老年人、妇女、儿童、青少年、残疾人、新居民等特殊群体提供服务的民办社工机构建设，积极协调和促进教育、卫生、司法、就业、人口计生、信访、扶贫等部门及工会、共青团、妇联、残联等组织开展购买社会工作服务实践，相关部门着重做好测评群众需求、提供服务目标、项目经费安排、监督管理和科学界定购买项目范围等工作。

(三)建立完善政策和社会环境，营造良好发展氛围

要加强政策落地和政策研究，认真贯彻落实中央、省和嘉兴市现已出台的有关社会工作发展文件精神，通过降低民办社工机构登记门槛、简化登记程序，切实解决其登记难问题，为民办社工机构发展化解政策瓶颈。对成立初期的民办社工机构，有关部门或街道和社区在服务场所、启动资金等方面给予大力支持，降低日常运行成本。切实发挥嘉兴市“社会组织培育发展中心、公益服务促进中心和社工之家”平台作用，积极实施社会工作服务组织培育和示范工程，通过学习借鉴、典型引领和创新观察点项目建设等方式，积极稳妥地推进一批专业性强、制度规范、服务水平高、具有可持续发展能力的民办社工机构。要进一步创新宣传形式，丰富宣传内容；各机构要在搞好服务的同时，加强对服务成效、服务品牌的宣传，提升机构的社会形象，用实际服务成效赢得党委、政府的认可，提高民办社工机构的社会认知度和影响力。

(四)加强专业能力建设，提升社会管理服务创新的专业化水平

要不断加强对各民办社工机构的内部治理结构建设，提高机构专业化水平，规范财务管理，降低运行成本，通过深入研究社会需求，开发服务项目，不断提升项目运作能力。积极开展社会工作服务组织标准化建设工程，制定相关的管理、服务、技术等标准。同时，探索建立公开、公正、公平的服务评估体系，成立由管理部门、主管部门、财政部门、社工专家和机构人员组成的第三方评估团，根据项目服务完成情况开展过程性监督与年度评估相结合的系统监管评估体系，提高财政资金的绩效。

(五)加大本土人才的培养转化力度，实现专业人才外引内育并重

尽管目前嘉兴市民办社工机构已有一批社会工作专业人才队伍，但其人数远远不能满足行业发展需求，必须进一步通过“外部专业人才引进与培育本土人才”相结合的方式加快专业人才的培养。要大力实施“社会工作人才引进计划”和“社会工作人才培育工程”，通过人才柔性引进政策，积极引进中高级社会

工作服务人才、管理人才和教育研究人才，加强与省内外高校合作交流，逐步实现社会工作专业学历教育与成人学历教育相结合、社会工作专业专科教育与本科教育相结合，更加注重本土人才的培养和对现有直接从事基层社会服务的工作人员的在职培训，实现其向专业人才的转化，适时启动社会工作专业硕士教育。要建立督导和评估机制，可探索建立"社工项目和专业社工人才双督导"制度，由上海和省内社工专家组成督导团队，对民办社工机构的服务项目和专业社工进行实地指导和远程辅导，并可选送一批优秀社工到省内外的社工机构跟班学习，以此推动嘉兴市本地专业社工和督导建设，建立一支既具有较高的专业水准又体现鲜明的本土文化特色的社会工作专业人才队伍。

党的群众路线在嘉兴基层的实践研究

□ 嘉兴市党建研究会课题组

群众路线是我们党的生命线和根本工作路线，也是我们党根本的领导作风和工作方法，其提出是马克思主义基本原理与中国革命具体实践相结合的产物。我们党把马克思主义群众观点系统运用到党的全部活动中，形成并不断发展了党的群众路线：一切为了群众、一切依靠群众，从群众中来、到群众中去。党的十八大报告提出，要"围绕保持党的先进性和纯洁性，在全党深入开展以为民务实清廉为主要内容的党的群众路线教育实践活动，着力解决人民群众反映强烈的突出问题，提高做好新形势下群众工作的能力"。这是中央总结以往在全党开展集中教育活动的成功做法，根据形势任务发展对党的建设提出的新要求作出的一项重大战略决策，也是当前和今后一个时期全党的一项重要政治任务。近年来，嘉兴市坚持以改进作风、解放问题为出发点，以直接联系和服务群众为着力点，以群众得实惠为落脚点，在全市上下，尤其是基层一线深入实践了党的群众路线。

一、新形势下贯彻党的群众路线的现实意义

回望中国共产党 90 多年的历史，就是一部团结、带领、依靠人民群众的历史，就是一部关心群众疾苦、倾听群众呼声、反映群众愿望、维护群众利益的历史。正因为我们党始终高度重视并一以贯之地坚持群众路线，才能在不同历史时期敏锐而深刻地体察人民群众的愿望和诉求，真正代表人民的利益；才能不断为人民而坚持真理、修正错误，在艰辛的探索中形成科学的理论并制定出正确的路线方针政策；才能充分发挥人民群众的积极性和创造性，凝聚起巨大智慧和力量；才能将为了群众、依靠群众、服务群众三者高度统一。密切联系群众是我们党的最大政治优势，脱离群众是我们党执政后的最大危险。防范和化解"最大危险"，保持和发展"最大政治优势"，是我们党面临的严峻考验和重大任

务，这就需要我们积极贯彻落实党的群众路线。

（一）新形势下贯彻党的群众路线，回应了基层人民群众的幸福期待

党的十八大重申“两个一百年”并提出“中国梦”，顺应了人民群众的幸福期待。它将民族的伟大复兴与个人对美好生活的追求仅仅维系在一起，激发起民族整体与民族成员个体对目标一致性的认同感和行动愿望。实现我们的梦想靠什么？靠始终不渝、毫不动摇地贯彻群众路线。这是因为，中国特色社会主义事业归根结底是人民群众的事业，其最终受益者是人民群众，建设者也是人民群众，我们只有坚持一切为了群众、一切依靠群众，才能把广大人民群众最广泛地团结起来，把一切积极因素调动起来，把人民群众的智慧和力量凝聚起来。中国特色社会主义事业是个前无古人的事业，我们只有坚持从群众中来、到群众中去的领导方法和工作方法，尊重人民群众的主体作用和首创精神，坚持问政于民、问计于民、问需于民，才能始终保证中国这艘大船的正确航向，更加积极稳妥地摸着石头过河。中国特色社会主义事业是个复杂艰巨的事业，正如邓小平同志预测的那样，“发展起来以后的问题不比不发展时少”。我们面临的矛盾问题和风险挑战不容低估，特别是随着市场经济的发展和改革开放的不断深化，人民群众的思想多元多样，各种群体利益诉求相互交织，加之一些党员干部群众感情淡漠、群众观念淡化、群众立场动摇，使得新形势下党群关系更加敏感、更加复杂，强调贯彻党的群众路线显得比任何时候都更加重要。我们只有以强烈的使命感、责任感和危机感提高做好群众工作能力，扎实做好群众工作，才能始终保持党与人民的血肉联系，才能有效抵御“四个考验”、化解“四个危险”，不断开创中国特色社会主义事业的新局面。

（二）新形势下贯彻党的群众路线，彰显了中国共产党人的价值追求

群众路线是我们党的根本工作路线，也是我们党的“生命线”。中国共产党始终高度重视并一贯坚持群众路线，并把全心全意为人民服务作为党的唯一根本宗旨。早在新民主主义革命时期，毛泽东同志便作出了“人民，只有人民，才是创造世界历史的动力”、“革命战争是群众的战争，只有动员群众才能进行战争，只有依靠群众才能进行战争”等重要论断。邓小平同志提出的“三个有利于”的衡量标准，关于姓社姓资、摸着石头过河等著名观点，都贯穿了群众路线的立场观点和工作方法。江泽民同志提出了“三个代表”重要思想，强调把“始终代表中国最广大人民的根本利益”作为我们党始终保持先进性的一条根本原则。胡锦涛同志强调，必须更加自觉地把以人为本作为深入贯彻落实科学发展观的核心立场，始终把实现好、维护好、发展好最广大人民根本利益作为党和国

家一切工作的出发点和落脚点。以习近平同志为总书记的新一届中央领导集体，顺应人民群众过上幸福生活的新期待，在第一次亮相讲话中列出了人民群众期待的“十个更好”，对接现实、顺应民情、体现民意，尤其是“人民对美好生活的向往，就是我们的奋斗目标”的庄严承诺，更加彰显了新一届中央领导集体的为民宗旨和责任担当。不难看出，贯彻群众路线是贯穿于中国特色社会主义理论体系的政治灵魂，是一代代中国共产党人始终坚持的价值追求。可以说，贯彻党的群众路线就是我们党的“命根子”，是我们党的起家资本、看家本领、发家途径，这个优良传统任何时候都不能丢。

（三）新形势下贯彻党的群众路线，是当前开展以“为民务实清廉”为主要内容的党的群众路线教育实践活动的题中应有之义

党的十八大报告指出：“党坚强有力，党同人民保持血肉联系，国家就繁荣稳定，人民就幸福安康。”并要求在全党深入开展以为民务实清廉为主要内容的党的群众路线教育实践活动，着力解决人民群众反映强烈的突出问题，提高做好新形势下群众工作的能力。习近平总书记在十八届中共中央政治局第一次集体学习时的讲话指出：“一个政党，一个政权，其前途和命运最终取决于人心向背。如果我们脱离群众、失去人民拥护和支持，最终也会走向失败。”这就强调了开展这次教育实践活动的重要性和必要性。在全党深入开展以为民务实清廉为主要内容的党的群众路线教育实践活动，对于教育引导党员、干部牢固树立宗旨意识和马克思主义群众观点，贯彻党的群众路线，始终保持党同人民群众的血肉联系，具有重大而深远的意义。以为民务实清廉为主要内容的党的群众路线教育实践活动，不是刮一阵群众路线风，不是作秀给群众看，不是走形式走过场，而是重在“常”、“长”二字上深入地做文章，力争贯彻党的群众路线常态化，起到长效性的作用。“为民务实清廉”简单的六个字，却涵盖了对官员从政的基本要求，对于领导干部来说无异于一本精简版的《从政准则》，这六个字应该成为每个官员的座右铭。开展为民务实清廉活动，其根本出发点和落脚点在“为民”上，实质就是要心系群众，多为群众办实事好事。为此，在活动开展过程中，无论是活动目标的确定、工作措施的制定和推进等，都应该紧紧围绕“群众需求”这一重点来谋划，努力做到与群众在思想上合拍，感情上共鸣，目标上一致。以开展党的群众路线教育实践活动为契机，致力于在党和政府的各项工作中切实做到对群众之关切作回应，为基层组织添活力，为推动发展找方法。

二、党的群众路线在嘉兴基层的探索与实践

嘉兴市一直以一切为了群众、一切依靠群众为工作宗旨，积极探索实践从

群众中来、到群众中去的群众路线，层次分明、条块结合地开展群众工作，形成了许多行之有效的方式方法，真正做到沉入基层、心系基层，坚持在一线解决问题，在一线树立形象，在一线转变作风，在一线锻炼成材，并形成机制。

（一）创新群众工作的方法和途径，以构建深度联系机制推进群众工作的深入发展

长期以来，嘉兴致力于完善干部下基层联系群众的长效机制，改变原先走访群众以节日慰问为主的传统做法，要求市、县（市、区）领导干部下基层调研每年不少于3个月，到联系企业、联系镇、联系村（社区）等各联系单位开展蹲点调研、着力破解难题。2012年起，嘉兴市委、市政府在全市范围内开展“双千双百”进村入企走访服务活动，市、县、镇、村四级联动，全体党员干部积极参与，实现了“千个行政村（社区）、千家企业、百个重点投资项目、百个重点科技成果转化项目”走访服务全覆盖，一大批实际问题得到解决，察实情、办实事、求实效的风气日渐浓厚，全市上下凝心聚力谋发展的良好局面进一步巩固。

此外，各县（市、区）也创造了大量深度联系群众的有效机制，比较典型的例如南湖区的“六六群众工作制”。南湖区于2008年10月开始在农村正式推行“六六群众工作制”，即在全区范围内选调区、镇、村三级共600名干部联系600名中心户。2009年3月，南湖区扩大至城区正式实施“六六群众工作制”，这种群众工作机制按照“人为本”、“疏为先”的工作原则，突破了“就信访抓信访、就稳定抓稳定”的惯性思维，用群众工作的思路拓宽信访工作领域，用群众工作的方法破解信访难题，实现了党的群众工作在领导体制、工作机制、保障机制等方面的全面创新。又如桐乡市的“进百村住千家联万户”实践活动。从2011年末开始，该市在全省率先开展了“与农民同吃同住同劳动一年”为主要内容的“进百村住千家联万户”实践活动，旨在推动机关干部沉入一线、融入群众，在实践中增长才干。按照计划，桐乡市将在未来三年时间里，把市级机关中439名不具备基层工作经历的年轻干部全部下派到各行政村。目前，已有两批共336名来自62个部门的干部奔赴乡村一线，在一年的时间里，他们与村民朝夕相处，以实际行动听民声、察民情、解民忧。与此同时，桐乡市在全市镇（街道）干部推行“住村、夜班、评议”等三项制度，要求镇（街道）干部也一起配套入驻。再如海盐县2012年实施“千个党员群众中心户”建设计划，把有较高威望、能组织活动、致富能力强、能为群众办实事解难题的党员群众选为“中心户”，每户联系约100户群众，同时确定每月1日、15日为村和社区干部“走访日”，每月10日为县、镇、街道干部“基层日”。目前，全县已建成“党群中心户”825户，有效防止了干部下基层“热一阵，冷一阵”的现象。海盐县还针对群众普遍反映的村级组织集体经济薄弱的问题，建立行政村（社区）“第一书记”制度，倒排确定20个村级集体经济相对薄弱的村为2012—2014年度县级重点扶持村，选派20名科局级以上干部到重点扶持村担任第一书记，破解村级集体经济薄弱的难题。

（二）创新群众工作的工作平台，以构建民意反映机制使党组织与群众的沟通更加便利和畅通

在新形势下，如何使党组织与群众的沟通更加便利和畅通，一直是党建学者思考的问题。近几年来发生的群体事件，大多是因为群众与党和政府沟通不顺，民意难以反映造成误解引起的。嘉兴市近几年始终致力于推进“网格化管理、组团式服务”，拓宽群众意愿表达机制，提高基层党组织联系服务群众的针对性。截至2012年下半年，全市共划分网格12377个，网格、村（社区）、镇（街道）、县（市、区）层面分别组建服务团队12377个、3769个、532个、137个，服务团队人数79261人，初步形成了覆盖城乡、条块结合、横向到边、纵向到底的基层社会管理服务网络体系，实现社会管理的常态化、人性化、精细化，形成具有嘉兴特色的社会管理模式。

此外，各县（市、区）也创造了大量民意反映的有效机制，比较典型的例如嘉善县构建民情网络全覆盖、民意渠道全贯通、民生服务全方位、民事承办全过程的“四全”农村党群连心链，具体为把群众的呼声作为工作第一信号，建立了以镇村便民服务中心为龙头，村干部责任区、党群连心室为延伸的民情网络；通过民情热线、“民情e图”、365微博民情、党群连心室等众多民情民意诉求渠道，听诊群众问题，把脉百姓困难，实现每个村干部、每名党员、每家农户都有人联系，每家农户都有人经常性走访，形成纵向到底、上下互动的民意沟通渠道。又如海宁市紧扣“实践性、群众性和经常性”特色要求，自2012年以来在全市党员干部中全面推行了以“访民情、解民忧、连民心”为主要内容的“三民”群众工作制，促使广大党员干部在联系服务群众中，深化思想认识，转变工作作风，提升能力素养。截至2012年末，海宁全市各级干部共走访农户（居民户）18.4万余家、企业1万余家，征集各类意见建议2.49万余条次，已答复或解决各类意见建议2.21万余条次，群众满意率达到99.47％。

（三）创新群众工作的思路，以构建主动服务群众机制为完成群众工作中心任务重要抓手

根据省“服务企业、服务基层”专项行动的总体安排，嘉兴组织开展全市“双服务”专项行动，紧紧围绕转型升级提速、发展环境优化、民生福祉增进“三大行动”，破解难题，狠抓落实，扎实推进市委、市政府年度重点工作落实。尤其重视

以加强镇(街道)干部作风建设，提高服务群众、做群众工作能力为重点，全面推行以“联系群众经常承办、住夜走访上门承办、错时上班及时承办、驻村一周现场承办、群众点题集中承办”为主要内容的为民服务“五承办”制度，进一步健全主动服务群众工作机制。同时，深入推进“进企解难”活动，深入企业摸实情，深入一线谋对策，帮助企业分析形势、破解难题、找准出路，把服务企业作为服务经济、服务发展的重中之重，努力推动企业转型发展。2013年以来，嘉兴市各级部门深入工业园区、企业和项目现场，“进企解难”专项服务活动取得了阶段性成效。据统计，截至2013年7月底，全市共建立工作组499个，累计参加专项活动干部12354名，其中单位领导2109名，召开各类座谈会2000多次，共走访调研了12040家企业。经认真梳理，共收集企业发展难题4643个，实际已协调解决问题2119个，累计为企业提供咨询服务19527次，帮助企业落实融资368.9亿元，帮助企业争取各类财政扶持资金3.8亿元。

此外，各县(市、区)也创造了大量主动服务群众的有效机制，比较典型的例如平湖组织机关事业单位在职党员，每周六或周日上午轮流驻社区工作，称为“双休日社工”，通过定点定时“坐诊”服务和现场实地“出诊”服务等方式，为群众排忧解难。目前，平湖市共有2480名机关事业单位党员干部到社区争当社工，2012年平湖双休日社工共参与社区卫生劳动1000余次，走访党员居民850多户，提供文艺指导、医疗咨询110多场次，帮助解决困难和问题2000多个，并开设了知心大姐工作室、老娘舅工作室等一批品牌工作室，为社区居民提供服务。同时平湖市还开展了“驻村工作室”活动，全市95个村已经全部设立镇(街道)干部驻村工作室，并以统一驻村人员时间、统一驻村场所设置、统一驻村工作内容的“三个统一”，坐堂门诊、主动出诊、集体会诊的“三式问诊”，工作评价、交流例会、年终考评的“三项制度”，确保了驻村工作室的规范运作。

(四)创新群众工作的评价体系，以构建成效评价机制作为群众工作的保障措施

嘉兴市建立了联系服务群众责任落实机制，定期检查基层党组织联系服务群众的质量与效果，除领导同志定期深入基层进行检查指导，看一看党员联系服务群众的落实情况，针对存在问题，及时提出解决意见之外，加强了对党员联系和服务群众情况的督促检查、民主评议和考核评价。嘉兴市把开展“双服务”专项行动暨深化“双千双百”进村入企走访服务纳入考核内容，并赋予一定分值权重，着重评价各地、各部门(单位)服务基层、服务企业的实绩和改进作风的群众满意度。在市“五型”机关创建考核中，也进一步优化完善了“部门联系村、联系社区群众测评”这一指标，着重考核部门深入基层调查研究、帮助基层排忧解

难和为民办实事等方面的实绩及群众的评价。

此外，各县（市、区）也创造了一些群众工作成效评价的有效机制，比较典型的例如秀洲区全面构建“五·五”工作体系，进一步加强了镇、街道干部队伍建设。根据秀洲区的做法，探索建立了镇、街道干部绩效考核机制，推行实绩公开公示公议，将目标责任制考核、岗位履职情况、落实中心工作和服务群众情况纳入领导干部年度考核，形成科学的考核评价体系，树立正确的实绩评价导向。强化考核结果运用，把考核结果作为激励干部的手段、使用干部的依据、调整干部的契机、培养干部的参考和关爱干部的基础。开展以推动发展好、服务群众好、社会管理好、工作效能好、自身建设好为主要内容的“五好”服务型镇、街道建设，强化创建考核，考核情况与干部奖惩相结合，作为镇、街道领导班子成员、特别是党政正职提拔使用的重要依据。又如桐乡市规定，如果镇（街道）干部未按规定执行住村服务三项制度的，一年内发现1次的，当年度考核不得评为优秀等次；一年内发现2次的，按照干部管理权限进行诫勉谈话；一年内发现3次及以上的采取组织处理措施，从严处置。通过加强群众工作成效评价，有效地激发了党员干部干事创业的激情和联系服务群众的热情。

三、当前贯彻落实党的群众路线存在的主要问题

当前，党员干部贯彻落实党的群众路线总体是好的，在联系服务人民群众方面做了大量富有成效的工作，但也存在着不符合为民务实清廉要求的问题。特别是有的领导机关、领导班子和一些领导干部形式主义、官僚主义、享乐主义突出，奢靡之风严重，主要表现在理想信念动摇，宗旨意识淡薄，精神懈怠；贪图名利，弄虚作假，不务实效；脱离群众，脱离实际，不负责任；铺张浪费，奢靡享乐，甚至以权谋私、腐化堕落。这些问题，严重损害党在人民群众中的形象，严重损害党群干群关系，亟待加以解决。当前贯彻落实党的群众路线过程中存在的问题，领导干部方面存在的问题只是其中一个因素，作为群众路线主体的群众、作为群众路线主导的党员干部、作为群众路线保障的政策、作为群众路线实施环境的制度机制等方面的因素，也不容忽视。

（一）作为群众路线主体的群众

谁是群众路线的主体？这是我们必须加以厘清的问题。党的群众路线在理论上被概括为“一切为了群众，一切依靠群众，从群众中来，到群众中去”。“一切为了群众”指人民群众是目标主体、价值主体；“一切依靠群众”指人民群众是历史活动主体、实践主体；“从群众中来，到群众中去”指人民群众是认识主

体。所以，不难看出，群众是党的群众路线的主体。深入贯彻党的群众路线，不是各级领导干部的自说自唱，它离不开群众的积极主动参与。

随着经济社会的快速发展，在工业化、信息化、城镇化、农业现代化同步加快的背景下，作为群众路线主体的群众，对领导干部如何贯彻落实党的群众路线寄予了更高的期望。而从群众角度来看，服务主体广泛性、服务需求多样化、服务标准个性化，都给新形势下贯彻党的群众路线带来了更大的挑战。

从服务主体广泛性来看，社会阶层的多样化，各种利益诉求与社会矛盾催生了不同的服务主体，服务范围由原来单一的帮贫扶困扩大到新居民、企业主、拆迁户、信访户等，区域由原来的农村扩大到城市社区、企事业单位等，领导干部体察民情民意的面广量大，难免产生以点带面或顾此失彼等现象。

从服务需求多样化来看，群众维权意识越来越强，群众利益需求却是各有侧重，如城郊结合部的群众对拆迁、就业、保障的服务需求和矛盾较为突出，而农村的群众对土地纠纷、农村建房、交通出行、就医上学的服务需求和矛盾较为突出，领导干部在满足群众多样化需求方面还有提升空间。

从服务标准个性化来看，群众对领导干部在服务时间、服务方式上的要求和标准日益提高，对解决问题的目的和过程也提出了更为个性化的要求。新形势下贯彻党的群众路线，必须全面掌握群众这一主体的变化，因时而异，因地制宜，顺势而动。

此外，由于有些地方的群众工作与群众的切身利益或期望联系不紧密，出现了组织搭台、群众看戏，上面热下面冷的尴尬局面。

（二）作为群众路线主导的党员干部

党的干部和党员作为党的群众路线的贯彻落实者，其在思想认识、服务主动性、服务能力上还与现实需要存在差距，导致群众对党贯彻落实群众路线的信心不足，认可不够。

从思想认识方面来看，按照党章要求，领导干部要坚持对上负责与对下负责有机结合，但实际工作中有些领导干部尤其是基层领导干部对上级党委政府负责与对人民负责往往不能有机统一。一些基层领导干部眼睛只盯着“上面”，不注重对群众负责，不愿与群众为伍，服务群众不主动、不深入、不扎实。还有一些基层领导干部担心群众民主维权意识增强，害怕出乱子，担责任，而不敢做群众工作。

从服务主动性方面来看，当前，各级党委和政府对领导干部深入贯彻党的群众路线提出了严格要求，但在实际工作中，一些领导干部贯彻落实上级的部署和指示，不从本地实际出发，以文件落实文件，以会议贯彻会议，以讲话传达讲话;一些领导干部下基层只是“坐着车子转、隔着玻璃看”,蜻蜓点水,走马观花,真实情况看不到,真实声音听不到,下基层走了形式,效果也打了折扣;还有一些领导干部在工作压力不断增大的情况下,出现了政治责任感和工作热情减退的情况,使得联系群众的积极性减退,这些都不同程度地引起部分群众对党组织和领导干部产生不满情绪和丧失信任。

从服务能力方面来看,新形势对领导干部做群众工作的能力提出了更高要求,部分领导干部能力素质难以与之匹配。一是缺乏优良的理论素养,重业务学习,轻理论学习,不少领导干部缺乏做好工作所必备的政治、经济、法律、管理、科技等专业知识;二是缺乏灵活有效的群众工作方式方法,不善于用群众语言与群众沟通;三是随着领导干部被派驻基层幅度增大,一些领导干部确实可借助的资源相对较少,难以为群众解决实际问题;四是缺乏应对突发性事件的工作能力,对于如何解决社会管理中的一些深层次问题越来越感到无所适从,难以有效解决。这些问题导致基层党组织、党员干部与群众联系不密切,不能充分发挥战斗堡垒作用和先锋模范作用,进而导致党组织和党员干部公信力的下降。

(三)作为群众路线保障的政策

当前,一些职能部门出台的政策还存在不接地气、跟不上发展速度、起不了调节作用的情况。部分政策在及时性、延续(稳定)性、有效性上还不到位,导致群众路线的贯彻落实未能有实质性的突破。

从服务需求来看,在推进经济转型发展过程中,有些配套政策出台迟,使领导干部在经济工作中提不出具体有效的解决措施;在统筹城乡发展过程中,农民的刚性需求受宏观政策调控影响得不到满足,使领导干部在解决问题过程中束手无策;在城市化进程中,有些社会管理需求尚缺乏操作性的政策法规和统一的执法标准,使领导干部在服务联系群众过程中左右为难。

从解决问题来看,由于受经济社会发展、国家宏观调控和外部经济形势等诸多因素影响,出现了一些政策新旧更替不及时、一些政策前后对接不顺畅、一些政策左右兼顾不合理等情况,导致领导干部在工作中出现“无据可依”的实际矛盾,也使部分群众的困难得不到解决、利益得不到保障。

从助推发展来看,由于部分政策与社会发展、群众需求脱节,导致领导干部在工作中出现“有据不能依”的实际矛盾;有些政策出台后,遭遇阶段性、突击性执行和落实,没有形成常态化执行的工作局面,出现政策有效性阶段化的情况,导致领导干部在解决积案问题时出现“两难”。

(四)作为群众路线实施环境的制度机制

加强制度建设,创新密切联系群众的各种制度,关系到党的执政地位巩固的大局。制度具有规范性。一个好的制度会对群众工作的主体行为作出明确的、具体的、可供操作的规定，从而确保群众工作有章可循、有序进行，促进党群干群之间的密切联系。制度具有强制性。一个好的制度会对群众工作具有很强的约束力。创新联系群众服务群众制度，对于遏制脱离群众、脱离实际的官僚主义作风，具有极大的保障作用。制度具有稳定性和长期性。群众工作是常态工作、长期工作，只有走上制度化、长效化的轨道，才能避免群众工作中的短期行为和"作秀"行为。做好群众工作，加强党群之间密切联系，必须建立健全制度，认真执行制度，健全相关体制机制，使群众工作的运行更加规范化、制度化，不断提高群众工作的科学化水平。

当前，我们虽然在服务联系群众制度、信访接待制度等方面作出了探索，取得了一定实效，但衔接合理、配套齐全的制度体系还未形成。主要缺乏对干部做好群众工作的激励考核机制和在处理群众问题方面部门之间协调配合的工作机制，导致整体推进群众工作的合力还未完全形成，影响了群众路线贯彻的长效性和科学化。

从实践情况看，党的群众路线真正要落到实处，必须得考虑其综合性、长效性，相关配套机制要及时跟进，考核机制要更具可操作性。

从机制建设的统筹配套程度来看，领导干部因受专业水平、知识结构、工作经验等限制，在碰到本职范围以外、政策理论水平不及的服务需求时，往往需要寻求协作或组团式服务才能使问题得到更好解决。

从机制建设的完备程度来看，领导干部在贯彻落实党的群众路线的过程中，是否做了群众工作、做了多少群众工作、群众工作效果是否好等缺乏定量和定性的考核标准，不利于群众路线贯彻落实的长效化管理。

四、进一步加强和改进贯彻党的群众路线工作的对策建议

群众路线在群众、党员干部、政策、制度机制等方面面临的挑战，实质反映出党群之间存在互动不足、关系失衡失调等严重问题。这些问题在全媒体时代经过强化，已经广泛而深刻地渗入社会生活的方方面面，成为阻碍科学发展、社会和谐的绊脚石。为此，我们必须从思想制度、平台载体、能力素质、监督考评等方面积极作为，努力促进党群关系良性互动，真正发挥群众路线的实践价值。

（一）牢固树立马克思主义的群众观点，在思想和制度上解决领导干部走群众路线、密切联系群众的主动性问题

毛泽东早在《论联合政府》中指出，全心全意地为人民服务，一刻也不脱离

群众；一切从人民的利益出发，而不是从个人或小集团的利益出发；向人民负责和向党的领导机关负责的一致性；这些就是我们的出发点。领导干部愿不愿意走群众路线，密切联系群众，既包括领导干部个人与群众的感情深厚，主动的愿意联系群众，也包括组织通过制度要求、机制诱导、监督约束，促使领导干部在“成本—收益”比较基础上被动的“原意”联系群众。因此，要解决领导干部愿不愿联系群众问题，必须多管齐下，多方推动。

1. 要通过教育，促使领导干部愿意联系群众

胡锦涛同志指出：“群众利益无小事。凡是涉及群众的切身利益和实际困难的事情，再小也要竭尽全力去办……一定要带着深厚的感情帮助解决。”这表明领导干部密切联系群众既是制度问题，也是态度问题。通过教育，增强领导干部的群众意识，让领导干部牢固树立马克思主义的群众观点，理解贯彻马克思主义的群众路线，才能保证领导干部做到“权为民所用、情为民所系、利为民所谋”，真正解决领导干部愿不愿走群众路线、密切联系群众问题。增强领导干部的群众意识，既可以从领导干部个人层面去加强自我教育，又可以依靠领导干部所在单位组织的日常教育，但这两种方式因为动力不足且监管困难存在事实上的弱化。因此，最直接有效的还是要立足专业培训机构的系统教育。基于这个视角，我们在努力加强领导干部个人修养和日常教育的同时，必须充分发挥系统教育培训的基础性作用，努力做到：一要科学认识教育的作用，将教育作为基础但又防止“唯教育论”，要以制度巩固教育成果。二是理顺培训机构间的关系。要“加强干部教育培训机构建设，构建分工明确、优势互补、布局合理、竞争有序的干部教育培训机构体系。充分发挥党校、行政学院和干部学院在干部教育培训中的主渠道作用。”三是要创新教育内容。根据形势和任务的要求，各级培训机构要不断充实和创新教学内容，要汲取最前沿的理论成果，吸收最新鲜的教学素材，努力提高教育内容的鲜活性。四要丰富教育手段。要根据干部的特点，综合运用讲授式、研究式、案例式、模拟式、体验式等教学方法，提高培训质量。推广网络培训、远程教育、电化教育，提高干部教育培训教学和管理的信息化水平。五是要加强培训力度，切实提高教育质量。要制定科学完备的教学计划，优化教学布局，搞好理论研究，抓好实地调研，加强教学调理，努力提高教育质量。六是建立教育的考核和激励机制。将干部的教育培训情况作为干部考核的内容和任职、晋升的重要依据之一，真正改变干部“学不学一个样，学好学坏一个样”。总之，要真正做到“群众意识”进教材、进课堂、进头脑，内化为领导干部的自身修养。

2. 要通过制度建设，“诱导”领导干部愿意联系群众

通过科学的制度建设，使干部由道义型的联系群众转变为体制内的联系群

众，使党同群众的联系走上制度化、规范化的轨道，这是坚持党的群众路线、密切党群关系的可靠保证。关键是通过完善制度，建立领导干部联系群众的激励约束机制，对坚持原则、勇于负责，敢抓善管、真抓实干，实绩突出、群众公认的担当型优秀干部，要表彰奖励，注意提拔重用。对干部出现的苗头性问题早提醒早纠正；对不讲原则、不负责任、不干实事、搞形式主义和形象工程，以及完成约束性指标方面发生问题的，根据不同情况，进行批评教育、诫勉谈话、督促整改和组织调整；对因工作失职造成严重后果或者廉洁自律存在问题的，要依法依纪处理。这样，通过组织的强制性行为，形成倒逼机制，引导实践主体——党政领导班子和领导干部强化为人民服务意识，真心诚意关注和解决民生问题，自觉地联系群众，从而达到实践主客体的相互作用、相互促进、共同进步。

（二）积极搭建党群互动平台，解决领导干部能不能走群众路线密切联系群众问题

一些服务群众、联系群众的活动往往是开始时轰轰烈烈，结束了就偃旗息鼓，难以形成长期持久的效应。要使党群联系长久化、制度化、密切化，关键是拓宽途径，创新载体，构建党群互动的平台。因此，要解决领导干部能不能走群众路线联系群众问题，必须努力开辟和创造联系群众的新渠道、新形式，以利更加广泛、深入、及时地听取群众的意见、要求和批评。

1. 传承历史，坚持经典平台

事实上，党的领导干部密切联系群众既是好的传统，又有着十分丰富的经验，有些平台今天仍然发挥着巨大作用。例如新农村建设、固本强基工程等，都应该继续坚持并勇于创新。还有诸如“四级联动”、“创先争优”、“三改一拆”、“城市有机更新”等各种形式的联系群众主题实践活动，都值得我们总结升华。

2. 整合资源，坚持成功平台

很多地方都对领导干部密切联系群众的平台建设进行了积极的探索，有些地方成效显著。例如2004年时任浙江省委书记的习近平同志在省委十一届五次全会上首次提出建立农村工作指导员制度的要求，驻村服务农村发展在全省遍地开花；又如我省各地普遍建立的干部住夜制度，保证24小时群众来电有人听，来访有人接，突发事件有人管；再如嘉兴市从2005年开始推行的以“勤奋工作敬业岗”、“服务群众奉献岗”为主要形式的党员一员双岗制度，这些有效平台都有效加深了干群联系，需要进一步坚持和完善。

3. 结合实际，打造有效平台

基于各地的具体情况的不同，无论是总结历史经验还是借鉴他山之石，关

键还是要结合本地实际为我所用,有针对性的探索平台建设。

(三)培养能力,解决领导干部会不会走群众路线、密切联系群众问题

1. 要依托组织提供的系统培训,对领导干部进行专业培训

《中共中央关于加强和改进新形势下党的建设若干重大问题的决定》中强调,加强和改进干部教育培训工作,更好完成大规模培训干部、大幅度提高干部素质的任务。为此,要提高领导干部联系群众的本领,解决领导干部会不会走群众路线密切联系群众的问题,首先要进行专业系统的培训。一是要着眼于提高干部素质和能力,建立以培训需求为导向的培训内容更新机制,不断完善领导干部能力建设体系。立足于领导干部联系群众的能力要求,努力做到"缺什么、补什么"。二是要构建更加开放的干部教育培训格局。不同培训机构有着不同的培训优势。党校(行政学院)在干部政治理论培训上的优势固然明显,但就领导干部联系群众的能力培训而言,其他培训机构有其特有的优势。为此,一定要充分利用高等学校优质资源开展新理论、新知识、新技能、新信息培训,同时要积极利用境外著名大学和其他培训机构开展干部培训,积极稳妥开展领导人才培训国际合作交流,鼓励和引导具备干部教育培训资质的社会培训机构参与干部教育培训。

2. 要加强理论联系实际,领导干部一定要在联系群众的实践中培养和提高本领

邓小平同志在《关于修改党的章程的报告》中指出,必须有系统地改善各级领导机关的工作方法,使领导工作人员有足够的时间深入群众,善于运用典型调查的方法,研究群众的情况、经验和意见,而不是像现在这样,把绝大部分时间用在坐办公室、处理文件、在领导机关内部开会上面。因此,要大力弘扬理论联系实际的学风,引导党员、干部把学习理论同研究解决人民最关心最直接最现实的利益问题、本地区本部门改革发展稳定的重大问题、党的建设突出问题结合起来,增强工作的原则性、系统性、预见性、创造性。要善于在群众的生动实践中提高自己的科学决策能力;在服务群众的实践中提高自己的调查研究的能力;在与群众的交往实践中提高自己沟通协调能力;在解决各种复杂社会矛盾的实践中提高自己化解矛盾的能力。

(四)加强监督,解决领导干部走群众路线密切联系群众行不行的问题

加强监督其实是对解决领导干部愿不愿走群众路线、密切联系群众问题的补充。通过有力监督,可以保证制度的有效执行,使领导干部"愿意"联系群众,不管是领导干部的主观意愿还是机制使然。要加强监督必须创新监督方式、完善监督程序、增加监督主体、加大监督力度,但最关键的还是要建立科学测评领

导干部“走群众路线密切联系群众行不行”的标准。如果不能正确测评领导干部走群众路线、联系群众的效果，那么对领导干部的激励和约束将失去意义。否则在当前的体制下，干部联系群众的考核结果极易成为党委及其组织（人事）部门的内部认定，甚至由“一把手”个人品性和风格决定。依据这样的结果进行的监督不但不会建立起鼓励领导干部联系群众的标尺和导向，反而又进一步导致领导干部密切联系“唯上”“唯一把手”的倾向。

1.要注重“群众公认”原则

“人民，只有人民，才是我们工作价值的最高裁决者。”中央在各地尝试关于建立促进科学发展的领导班子和领导干部考核评价机制时也都强调：“坚持民主公开、群众公认。充分保障和扩大干部群众对干部考核评价工作程序与内容的知情权、参与权、表达权和监督权，以干部群众满意度作为考核评价的重要标尺。”因此，测评领导干部“联系群众行不行”的核心原则是“群众公认”，不能仅以“组织满意”为主要标准。基于此，测评标准的设置应当去探索如何真实准确地反映出群众的满意度，标准要力求科学规范、客观公正、衡量有据、要素明确、内涵具体、直观清晰。

2.要注重干部身份特点

要针对不同层次、不同类型的领导干部身份特点建立符合科学发展观要求的测评标准。要注重机关干部同基层干部、政干部同专业技术干部、“一把手”和普通干部的区别。要坚持分类考核、量化评价，科学设置考核内容和指标，坚持共性与个性考核相结合、定性与定量考核相结合，分层分类，突出重点，体现特点，为进一步提高选人用人公信度提供依据。

3.要注重地方实际，关注群众需求

虽然领导干部联系群众的出发点都是“全心全意为人民服务”，但是不同地方有着不同的具体内容，在组织群众、宣传群众、教育群众、服务群众等方面有着不同要求。

街道“大工委”制和社区“大党委”制的实践与研究

□ 嘉兴市南湖区委组织部课题组

随着经济社会的发展和人民生活水平的不断提高，基层党组织的服务能力和服务资源已不能完全适应居民群众日益增长的多元化需求。如何整合资源，提升基层党组织的服务能力和水平，已成为新时期基层党建工作面临的一个现实问题。2013年以来，南湖区在调研和试点的基础上，在各街道推进实施街道“大工委”制、社区“大党委”制。通过跨行业、跨体制的共建联建，将党建资源、党建工作在一定区域内整合和开放，逐步形成区域大服务、大管理的党建格局。

一、工作动因

街道“大工委”制、社区“大党委”制工作的探索实施，主要基于以下三方面考虑。

（一）加强基层服务型党组织建设的需要

党的十八大报告提出：“以服务群众，做群众工作为主要任务，加强基层服务型党组织建设。”南湖区现有街道6个，城市社区50个，其中党委20个、党总支23个、党支部7个，社区党员10888名，社区工作者441人。近年来，通过研究制定相关政策文件、加强队伍建设、加大资金投入等措施，使社区党建工作不断加强。但由于行政隶属、条块分割等客观因素，使我们的基层服务型党组织建设还处于浅层次、低水平。主要表现在：一方面，街道与区域单位党建共建、协作的机制和意识还不够强，基层党组织为群众服务的主体比较单一，主要依靠街道和社区。同时由于街道社区人力、财力和物力有限，服务内容窄化、服务方式固化等问题依然突出，社区干部在实际工作中要处理大量政府部门交办的工作，投入到服务工作上的时间和精力相对有限。另一方面，随着经济社会的发展和居民群众民主意识的提升，居民群众的诉求越来越高，呈现多元化的趋势，传统服务内容和方式已很难满足广大居民群众不断提高的需求。引导社会各方面力量参与基层服务管理，已成为加强基层服务型党组织建设的必然趋势。这就需要辖区单位共同协作，平等协商，全力服务居民群众。同时这也是真正实现社区自治，使社区的事情社区所有人员、单位都有权利和义务参与的意识深入人心的客观需要。

（二）深化区域化党建工作的需要

随着经济社会的不断发展，社区辖区范围的单位数量逐年递增，以南湖区南湖街道民北社区、建设街道瓶山社区、丁家桥社区为例，近四年辖区内单位数每年递增（见图 1）。

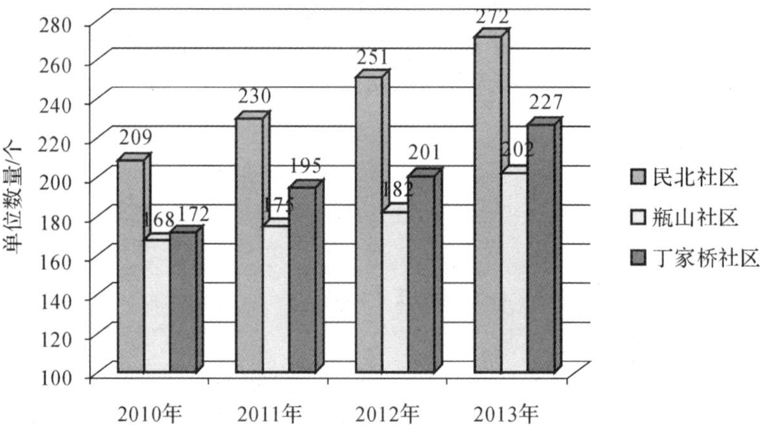

图 1　2010—2013 年嘉兴南湖街道三社区内单位数量情况

一方面，加强社区建设，特别是开展综治维稳、文明城市创建、城市有机更新等工作，离不开驻区单位的参与；另一方面，这些驻区单位自身的发展也需要有一个良好的社会环境，他们的一些问题在很多情况下，也依赖所在街道、社区以及其他驻区单位的支持帮助协调解决，两者之间的关系已经越来越密切和相互融合。如何在不改变辖区各单位党组织隶属关系的情况下，实现两者的结合，一直是党委和政府努力探索的问题。2010 年以来，南湖区以“党的工作全覆盖、辖区建设全参与、促进发展全方位、党员群众全满意”为主要目标，大力推进区域化党建工作。按照“地域相邻、行业相近、兴趣相投”的标准，在城市社区、工业园区、商贸市场等区域组建了“区域党组织联合委员会”、“党建共建工作委员会”等 30 多个区域性联合党组织，为提升区域整体服务水平发挥了积极作用。但这种模式的组织体系比较松散，区域范围较小，整体合力不强，普遍存在工作联系不紧密、目标不明确、成效不明显等问题。而“大工委”制、“大党委”制是把区域单位党建资源整合起来，建立起融合度更高、协作性更强的工作机制，形成横向到边、纵向到底的组织格局，进一步提升党建工作水平，互相学习、共同提高。

（三）助推区域经济社会等各项事业发展的需要

随着城市化进程不断加快和市场经济体制的不断完善，新经济和新社会组织大量涌现，越来越多的“单位人”变为“社会人”，大量退休人员、下岗失业人员和流动人员进入社区，使现阶段街道、社区的管理服务的对象、范围、层次等都发生了很大变化，工作职能有了很大的拓展和延伸。这一切都迫切需要街道社区党组织转变管理和工作方式，整合协调区域内各方面力量，增强领导、协调和服务功能，以适应新形势、新任务的要求。

二、嘉兴市南湖区的主要做法和措施

（一）搭建组织架构，推进工作体制科学化

1.创新“1＋X”委员设置

在保持街道党工委、社区党委原有工作体制不变的基础上，吸收辖区内机关、企事业单位、两新组织等驻区单位党组织负责人和社区警务室、物业服务企业、业主委员会、社工机构等单位、组织中的党员骨干，以“聘任委员”的身份进入街道党工委、社区党委班子。聘任委员聘期3年，名额由街道根据实际情况确定。街道聘任委员的人选经社区和驻区单位共同推荐、街道党工委研究、区委组织部审核后产生。社区聘任委员的人选经社区和驻区单位共同推荐，由街道党工委研究确定。职责分工上，聘任委员主要参与区域化党建、城市有机更新、行风政风评议、文明城市创建、“两代表一委员”推荐等重大区域性事务的研究和落实。“大工委”和“大党委”通过建立会议章程、组织制度等，明确年度、月度工作计划和目标，有明确的项目领办和落实情况，使每个参与的驻区单位都能各展所长、发挥作用。

2.采取“三联三共”运行模式

通过实行“组织联建、区域联动、党员联管”，推动区域内“党建共抓、发展共谋、和谐共促”。“组织联建”，即在街道“大工委”制和社区“大党委”制紧密型的工作体系下，发挥聘任委员单位党组织的影响力和号召力，继续在商业街区、商务楼宇、专业市场等聚集区建立松散型的区域性联合党组织，把隶属不同系统、掌握不同资源的党组织打造成党建共同体，统筹协调本区域内的党建工作，发

挥党组织"孵化器"和党员队伍"蓄水池"的作用。"区域联动",即由区域内党组织引导工、青、妇等群团组织,联动开展文体联谊、便民服务、帮困助学、治安联防等活动。"党员联管",即根据不同党员的身份特征和工作性质,建立党员柔性教育管理机制:对区域内在册党员实行"直接管理"抓教育;对在职党员实行"双重管理"抓参与;对新居民党员实行"协同管理"抓融入。

3. 构建"纵横互补"工作体系

纵向形成"街道大工委—社区大党委—区域性联合党组织"的管理服务体系。横向将街道、社区、驻区单位的优势资源放到同一层面统筹管理。如建设街道将街道党员服务中心、社区综合办公场所和60家驻区单位的活动场所进行通盘考虑,形成集党员服务和便民服务于一体的区域服务大平台。目前,通过区域服务平台,收集社情民意400多条,协调解决问题100多个。同时,整合区域内党建信息资源,以开通党建咨询热线、党建微博、党员手机报等形式,发布政策信息,收集社情民意,实现区域内信息互通,保障工作健康运行。如南湖街道桂苑社区将党务居务、政策法规、便民服务等信息通过社区博客向居民群众和驻区单位公布。至今已发布博客1115条,居民、驻区单位互动留言2000余条,博客点击率近20万人次。

(二)创新服务载体,推进"同驻共建"常态化

1. 推行"主题式服务"

由"聘任委员"单位牵头,以关爱弱势群体、服务民生需求、倡导文明风尚等为主题,每季度开展一次"同驻共建"主题活动,推动服务方式由粗放型向精细型转变。如建设街道驻区单位中信银行嘉兴分行组织开展"弱势群体关爱月"活动,为百福弄社区古井寺小区各楼道分两批安装了21个可折叠的"楼道凳",为老年人出行提供便利。江南大厦组织开展"民生服务月"活动,为附近的社区居民义务提供家电维修、清洗金银器等服务。

2. 建立"红色义工站"

利用96345党员志愿者总站的品牌效应和信息优势,在"聘任委员"单位建立"红色义工站",组织党员志愿者开展医疗保健、绿化环保、治安巡逻、交通协管等志愿服务活动。如嘉兴市第二医院"红色义工站"组织护理部的党员志愿者到丁家桥社区开展老年人护理知识培训,向居民详细讲解老年人生活料理、饮食平衡、疾病预防、情绪调节等知识,并为社区老年人开展送药送医、简易体检等上门服务。2013年"'七一'红船节"期间,各"红色义工站"共组织党员志愿者开展志愿服务活动55次,服务居民群众4200余人次。

3.实行“党员活动卡”

在鼓励辖区党员发挥作用、奉献力量的同时，整合驻区单位和社区的服务资源，向积极参与志愿服务和社区建设等工作的党员发放“党员活动卡”。党员可持卡到指定单位或场所免费使用阅览室、健身房、影音室等文体娱乐设施。目前已有秀洲中学、辅成集团南湖小学等驻区单位主动为区域内党员开展活动提供场地和设施，有效拓展了党员活动平台，也激励全社会形成“人人争当奉献者，人人支持奉献者”的良好风尚。

(三)建立长效机制，推行工作运行规范化

1.项目领办机制

把驻区单位的职能优势与群众的需求紧密结合起来，通过发放问卷、定点受理等方式广泛征求驻区单位及群众的具体困难诉求，并划分为文化生活、扶贫帮困、公益环保、安全护卫等类别，形成待办项目清单，由驻区单位和社区结合自身实际情况和工作职能进行项目认领。通过签订项目领办承诺书，明确任务目标、责任人及完成时间，并将承诺内容通过公开栏、博客(微博)等途径公开。如嘉兴市友邦人力资源公司领办了建设街道紫阳社区的就业咨询项目，在该社区成立了创业就业服务沙龙，为社区居民提供创业就业服务。到目前为止，该沙龙已接待求职咨询1000多人次，接受求职登记212人，求职成功率近60%。

2.双向服务机制

一方面，发挥驻区单位的人才、技术、资金、阵地等优势，倡导驻区单位将服务性、公益性、社会性事业逐步向社会开放，提升区域整体服务水平；另一方面，发挥社区在协调服务群众等方面的优势，积极回应驻区单位对社区服务的需求，主动帮助驻区单位排忧解难。如紫阳社区通过与居民沟通协调，为工商银行嘉兴分行建造食堂落实了场地问题。工商银行了解到该社区部分空巢老人就餐不方便，专门在食堂开辟“爱心窗口”供老人就餐。为缓解主城区停车难的问题，建设街道的驻区单位和社区还结对开展停车位双向使用服务。白天社区的停车位较多，供给周边单位使用；晚上单位的停车位较多，供给社区居民使用，实现了双赢。

3.评价激励机制

每季度由街道召开专题座谈会，广泛征求驻区单位、社区居民、“两代表一委员”对工作的意见、建议。每年年底在全区统一组织开展“十佳群众满意项目”评选活动，对表现突出的单位和个人在各类评先评优和“两代表一委员”推荐时予以优先考虑。此外，南湖区还将基层党组织书记抓街道“大工委”制、社

区"大党委"制工作的情况纳入基层党建目标责任制考核范畴;将党员在此项工作中的表现作为党支部考核评议党员的重要内容。

三、工作成效和启示

街道"大工委"制、社区"大党委"制工作使真正意义上的区域性大党建迈出了坚定的一步,一定程度上改变了传统意义上辖区内基层党建各个单位各自为政、条块分离的现状,突破了资源限制、单位性质和行政设置,与驻区单位共同探索出了一条区域党建工作的新路子。

(一)关系得到融洽,增进了双方了解

街道"大工委"制、社区"大党委"制工作较以往的党建共建联席会议等区域化党建形式更紧密,使驻区单位在区域建设中的角色从"参与者"变为"组织者",使工作从靠"情分"变为靠"名分",进一步调动了辖区单位参与区域党建工作的积极性,加强了工作融合。通过这一平台,加强了区域内党组织和党员的互动交流,增进双方了解和供需对接,帮助区域内党员群众解决各种难题,使区域化党建工作焕发出新的生机和活力。百福弄社区的老党员王师傅说:"以往参加党员活动都是老年人居多,很少看到年轻人。自从开展了'大工委'制工作,许多年轻党员参与到公益服务项目领办服务活动中来了,与我们老同志接触得多了,我们与他们交流得也多了,我们也能跟上年轻人的思想潮流了。"

(二)资源得到整合,解决了大量民生实事问题

街道"大工委"制、社区"大党委"制的聘任委员一般都是辖区内有一定代表性和影响力的党政机关、大中型企事业单位、非公经济党组织负责人,这些委员自身的职务,决定了他们有能力动员其所在党组织的资源,出现了驻区单位有钱出钱,有力出力的局面。比如,一个领导人加入大工委,即出现"一个单位行动起来就是一群人,而且有经济做支撑"。从而突破了以往以线为主、各自为政的党建模式,使"条"的资源和"块"的资源通过党组织间的互联互动实现整合和互补,促进基层党组织和党员队伍资源的有机整合和优化重组,使双方有了更多可依托的资源。多层次的双向服务不仅分担了街道、社区在基础设施建设、民生事务保障、社会治安防控、城市信息化建设等工作上的负担和压力,同时也帮助驻区单位解决了很多发展过程中遇到的现实问题,为推动区域经济联动发展、民生工作联动服务、安全稳定联动维护、信息网络联动建设起了积极的促进作用,提高了基层党组织的威信和凝聚力。以南湖区建设街道为例,街道大工

委制和社区大党委制实施以前，党员为民服务的实事数量增长一直比较缓慢，参与社区服务的党员数量也保持在一个相对稳定的数量，而伴随着街道"大工委"制和社区"大党委"制的实施，这两个数字有了较大的提升(见图2)。

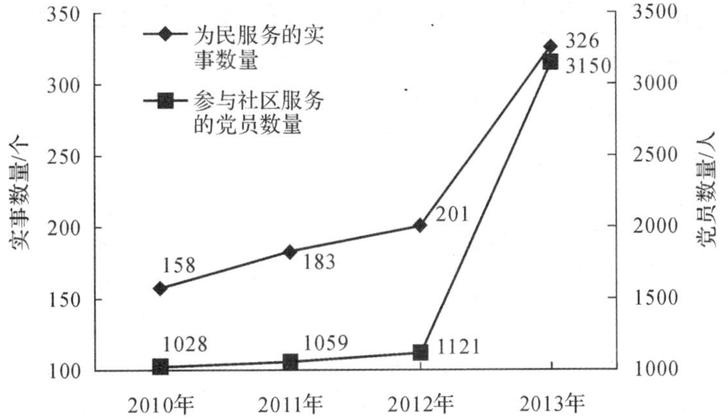

图2　2010—2013年嘉兴建设街道党员为民服务的实事数量和参与社区服务的党员数量

(三)党组织的"服务"功能定位更加清晰，促进了工作提升

街道"大工委"制、社区"大党委"制作为街道社区解决问题、互促共荣的一种常态化工作模式，为区域内各类基层党组织的工作、信息、人才、技术等交流搭建起一个良好的平台，使党的工作载体向服务党内事务和区域事务并重的方向转变，向全方位服务区域经济社会发展的方向拓展，党组织的服务功能得以较好的实现。党组织通过这样扁平的组织结构，将影响力扩大到街道社区的各个领域，逐步实现基层党建工作"外循环、开放型"的转变，将基层党建工作提升到了一个更高的水平。市粮食收储有限公司工作人员张烨尝到了"大工委"制、"大党委"制工作的"甜头"，他深有感触地说："以前，总感到企业和社区是不同的两个单位，你做你的，他做他的，现在由于和社区进行了互动合作，每次例会上大家都会把工作开展情况和开展过程中遇到的问题进行讨论研究，分享经验，探讨对策，彼此之间的距离越来越近，感情越来越深，处理问题彼此也可以换位思考了，解决问题容易多了。"

四、实践过程中发现的问题和困难

(一)有的驻区单位参与工作的认识有待提高

南湖区是嘉兴的主城区，辖区内有很多省属、市属国有企业、机关事业单位和“两新”组织。有的单位习惯于条条管理，缺乏属地意识，参与基层服务建设的积极性不够高，造成党建资源不能在街道社区层面有效整合，党建工作难以形成合力。有的单位担心参与多了会增加工作负担，影响职工管理；有的单位的参与方式比较固定，通常限于走访慰问、捐钱捐物，参与区域精神文明建设、党员志愿服务活动等深层次建设较少。

(二)个别基层党务工作者有畏难情绪

我们在走访调研中发现，有的基层党务工作者工作办法不多，存在畏难情绪，不愿到“级别较高”的驻区单位开展工作；有的在工作中存在怕繁的思想，感觉开展这项工作后今后要协调的单位和事务更多了，担心增加工作量，吃力不讨好；有的基层党务工作者认为街道“大工委”制、社区“大党委”制工作就是共建联建工作或传统的区域化党建工作，思想认识、工作方法不能适应工作的要求。

(三)传统的评价监督方式难以有效发挥作用

街道“大工委”制、社区“大党委”制这项工作在全区范围内已开始实行，但由于各条线部门没有具体的要求，因此有的部门单位参与的积极性不够高。当前辖区内有的省属、市属国有企业、机关事业单位级别较高，街道、社区层面设置的评价监督机制无法真正对其产生约束，考核指挥棒对有的单位效果不明显。同时，两新组织作为体制外的新生力量，其管理方式与体制内的组织存在较大差异，传统的评价监督方式难以对其发挥作用。这些单位对工作的支持力度，完全取决于他们对工作的认识程度以及街道、社区所提供服务的质量。

五、下一步工作措施及思路

街道“大工委”制和社区“大党委”制的建立，为扎实有效推进区域化大党建工作提供了可供参考的切入点。南湖区的探索和取得的成效还是初步的。接下来，还需要在运作机制、工作方式、载体创新等方面进一步深化和完善。

(一)创新形式，建立市、区联动协调的工作机制

针对行政体制中单位和地区的条块分割仍然存在的现状，要有效发挥街道“大工委”和社区“大党委”在区域党组织中的核心作用，建议可以建立市、区联动协调的工作机制，在更高的层面上作出制度性的安排。引导驻区单位和社会各界真正重视和支持社区党建工作，进一步健全沟通协商、恳谈对话机制，增强

驻区单位对区域党建工作的认同感。特别是建立完善评价激励机制，设置更加务实有效的考评办法，赋予街道社区在考评中一定的话语权，充分调动辖区单位主动参与的积极性，从而形成街道社区与辖区单位党组织双向互动的长效运作机制。在党员实行“双重管理”的基础上，可以更进一步地考虑突破党组织的隶属关系，对驻区单位党组织实行双重管理。驻区单位党组织要转变理念，在接受上级主管单位党组织领导的同时，自觉参与所在辖区的街道“大工委”和社区“大党委”的工作与协调。街道社区基层党务工作者要克服畏难情绪，提高认识，主动对接，有效服务。

（二）统筹结合，提升工作实效

“大工委”制和“大党委”制是提升街道、社区党组织的政治动员力和资源统筹力，增强党组织更好服务居民群众的有效工作抓手。要依托“大工委”制和“大党委”制，在区域经济联动发展、民生工作联动服务、文化活动联动促进、安全稳定联动维护等方面，选准基层党建工作与区域各项工作的结合点，特别是与街道文明创建、与街道经济社会各项事业发展、与辖区单位工作推进等相结合，发挥资源共享互补优势，实现区域内各项事业和谐发展。要进一步改进工作方法，注重工作实效，真正发挥好党建工作服务发展、促进和谐的实效，防止形式主义和繁琐哲学。坚持服务为先，定期收集驻区单位、社区及居民群众对工作的意见、建议，积极回应驻区单位和街道、社区服务的需求，督促公益项目领办进展情况，使双向互动、双向服务、互惠共赢成为常态。

（三）强化保障，完善工作支撑体系

开展“大工委”制和“大党委”制工作，必须解决好工作和活动所需的场地、人员、经费等问题。依托驻区单位各类党组织活动平台，继续探索有实效、受欢迎的党组织活动方式，激活基层党组织的活力，为党员提供全方位服务。在人员配置上，要着力选好配强区域党组织班子，尤其注意要把区域内各方信服、思想政治素质过硬、热爱党的工作的人选配到党组织书记岗位上来，把优秀的驻区党委党组织负责人吸纳到聘任委员中来。在经费保障上，要加大各级财政对基层党建工作的经费投入，按照财政统筹和区域内机构自愿筹集相结合的办法，建立区、镇（街道）两级党建工作专项经费，支持基层组织探索创新区域化党建工作。

深化"青春党建"工作研究

□ 嘉兴市南湖区委组织部课题组

一、课题背景

嘉兴市南湖区于2012年针对"党员年龄结构老化、党组织覆盖领域窄化、党内活动方式固化"这三个基层党建工作中普遍存在的问题，探索创新出了"青春党建"这一全新的基层党建工作方式。经过一年多的工作开展，从"进驻青春之地、凝聚青春之人、善做青春之举"三个方面同步推进，取得了一定的成效。

2012年11月，党的十八大正式召开，十八大报告以前所未有的篇幅，强调了党的青年工作的重要性。报告指出："中国特色社会主义事业是面向未来的事业，需要一代又一代有志青年接续奋斗。全党都要关注青年、关心青年、关爱青年，倾听青年心声，鼓励青年成长，支持青年创业。广大青年要积极响应党的号召，树立正确的世界观、人生观、价值观，永远热爱我们伟大的祖国，永远热爱我们伟大的人民，永远热爱我们伟大的中华民族，在投身中国特色社会主义伟大事业中，让青春焕发出绚丽的光彩。"

2013年8月，浙江省委组织部副部长、省委"两新"工委书记庄跃成在全省"两新"工委书记读书会上对"两新"组织青春党建工作进行了内涵阐述："青春党建"就是从"两新"组织特点出发，着眼于增强党在这一领域的凝聚力和影响力，按照推进基层服务型党组织建设、发挥实质作用和"双强争先"要求，以激情、向上、活力、奉献等青春属性为目标指向，以凝聚青春力量、增强青春活力、奉献青春激情、共圆青春梦想为基本内涵的党建工作组织方式与工作格局。

2012年，本课题组已对青春党建工作的探索与实践进行了调研，并形成了调研文章。但是党建工作的时代需求、上级党组织的要求和工作推进进度决定了青春党建工作不能停留于当前阶段的各项工作措施，不能浅尝辄止，而应有所突破、有所深化，以促进基层党建工作欣欣向荣。

二、青春党建的南湖区实践

南湖区在“青春党建”这一概念提出前后开展了多方面的实践，为“青春党建”工作积累了实践经验，主要分为三个方面的内容。

(一)进驻青春之地

一是组织集中推进。南湖区针对民营经济发达、党建覆盖过窄的情况，分别于 2007 年、2009 年开展“非公企业党建工作推进月”、“两新组织党组织覆盖百日推进”活动，取得了明显的成效。二是创新组建方式。南湖区成立了区、镇(街道)两级新经济与新社会组织工作委员会，采用领导联系、签订党建工作责任书、挂牌销号等工作方法。创新形式通过点上单建、线上联建、面上统建等多种组建方式，实现了两新组织党建工作全覆盖。三是落实激励保障。南湖区委出台《两新组织党建工作十大激励保障制度》，从资金、场地、人员等不同角度出台两新组织党员教育管理经费、推荐两新组织代表委员候选人和评选两新组织先进征求两新工委意见、两新组织党员集中活动时间等十项制度，保障推进两新组织党建工作的顺利开展。

(二)凝聚青春之人

一是引导吸收青年入党。开展“青春星火计划”，组织部门和团委实施党团共建、推优入党工作，基层团组织每年向党组织积极推荐优秀青年；结合优秀员工评选等活动，把有入党意愿的优秀青年吸收为入党积极分子，努力让每个非公企业都有党员，呈现“星火燎原”之势。二是强化青春党组织建设。在党员多、构成复杂的村、社区、企业党总支、党支部中，单独建立“青春党支部”、“青春党小组”。截至目前，全区共建有青春党支部 102 个，青春党小组 59 个。三是扶持服务青年创业就业。实施南湖青年创业援助计划，从 2007 年起，推出青年创业贷款项目，累计向 900 多名创业青年授信贷款近 2 亿元。建成 42 家青年就业创业见习基地，累计为 500 多名青年提供了见习岗位。四是关注青年生活情感。积极组织举办适合青年人的活动。每年举办“爱在南湖”青年交友联谊活动；开展“青春光影”活动，组织全区青年党员开展摄影比赛、微视频比赛、电影欣赏和评论三大系列的“青春光影”活动，丰富活跃青年党员的文化生活，提升青年党员的党员意识和组织归属感。五是建设青年活动阵地。利用现有的镇街道一级的党员服务中心来建设青年党员俱乐部，辐射周边的村(社区)、两新组织，使得青年党员能够有固定的交流活动场所。同时在青年党员集中的两新党组织全部建立活动场所，提高给青年党团员开展活动。

（三）善作青春之举

一是提升党员教育效果。加强党内教育研究，运用现代教科研技术提升党内教育质量，创新党内表彰方式，推进实施干部学习菜单化、党员教育活泼化。二是增强基层党组织凝聚力。跨党组织开展结对联谊活动，新经济与新社会组织党组织开展互相服务。跨政治界别开展文体活动，吸引党外人士和群众参与。跨地域组织开展党员志愿服务，促进党员在居住地发挥作用。利用QQ群开展组织生活，方便党员交流，提高组织生活的参与度。三是引导青年展现青春风采。注重培育树立先进典型，发挥榜样作用。引导全区青年学先进，赶先进，作贡献。组织青年党团员开展志愿服务，为身边群众办实事、解难事。四是量化青春党建工作成效。建立青春党建指标体系，通过设立覆盖度、吸引度、传播度、活跃度、成长度等6°指标，量化考核基层党组织青春党建工作。同时，倡导两新组织设立具有自身特色的青春党建标准，把党建的“软制度”变成“硬指标”，把两新组织青春党建工作由“虚”做“实”。

三、青春党建存在的问题

青春党建工作源于基层党组织的探索实践，反哺于基层各项工作的开展，对于提升基层党建工作的活力、凝聚力等有着积极的作用。但是，我们在调研过程中发现，基层开展青春党建工作一年多来，各项工作更多的是停留于表层，缺乏深层次的探索，对于从本质上吸引凝聚青年，特别是党外青年，增强党在普通群众中的威信和公信力尚缺少有效的手段，主要表现为以下几个方面。

（一）形式“青春”内容陈旧

我们在调研中发现，青春党建工作开展以来，基层党组织运用了一系列的手段丰富基层党建工作的形式，但是对于党建工作的内容却缺乏有效的办法。基层党组织践行青春党建往往是新瓶装老酒，更多的是利用信息化、娱乐化的形式来开展以往的组织生活、党员学习。例如一些青春党组织通过QQ群开展组织生活，学习上级文件。这种方式对于青春党建的初级阶段来说是必要的，也是符合工作要求的，更从一定程度上推动了青春党建工作的开展和扩张。但是对于从根本上改变基层党建工作现状却效果不明显，需要有所突破。

(二)青春党建目标单一

青春党建从字面上理解往往被认为是针对青年党员开展党建工作,这也是基层党组织的开展青春党建工作的误区。基层党组织开展青春党建主要面向青年党员,对青年党员的组织生活进行主动设计,而忽略了更需要优化组织生活方式的中老年党员群体。在青年党员中开展青春党建只要尊重和充分考虑青年党员的想法和意见,减少干预,放手让他们自己活动,就能达到预期的效果。而面对中老年党员群体,则需要帮助他们在原有的活动形式和活动内容的基础上,有所创新和突破。

(三)城乡“青春”差异较大

从当前青春党建工作推进情况而言,城市与农村的差距较大,农村基层党组织中老年党员居多,更习惯于按照原有的方式开展组织生活,而农村由于其环境和习惯等因素,更需要通过青春党建保持基层党组织的吸引力和凝聚力。青春党建工作城乡的不均衡很大程度上制约了整体面上青春党建工作的成效。

(四)工作评价感性为先

青春党建作为基层党建工作的一项创新举措,存在党建工作的共同缺陷,缺乏有效的评价方法,对于工作成效更多依赖感性认识。但是青春党建又正需要一种全面的、客观的评价方式,以直观地向基层党员和党组织展示工作内容和成效,以不断增强党建工作的向心力。

四、青春党建的深化探究

深化青春党建,推动青春党建不断满足基层党组织开展工作的要求和不同年龄段党员的需求,是我们这次调研的主要目的,也是对去年调研成果的补充和发展。在前期调研的基础上,我们提出以下几点意见和想法。

(一)创新内容,推动青春党建内外统一

基层党组织开展组织生活和党员活动应当更加自由和开放,只要不违反国家的政策法规、不违背党的基本原则、不破坏社会秩序,就可以作为党组织活动的内容。党组织生活除了学习和交流外,更应该走出会议室,面向社会,开展志愿服务、帮助弱势群体、推动和谐社会建设、服务经济社会发展等活动。例如我们在调研中了解到南湖街道的青年党员开展““我为公共自行车洗把脸”的活

动，分片包干公共自行车的清洁工作，组织生活内容积极向上，在完成例行组织生活的同时，发挥青年党员作用，弘扬正能量，这样的活动内容值得其他党组织借鉴。开展青春党建不能局限于建立QQ党支部、开通微博等青春形式，而应扎扎实实做几件有利社会、有利人民的事，践行入党承诺。

（二）分类施策，提高青春党建效率

南湖区通过建立青春党支部（党小组）等形式，把青年党员集合起来单独开展组织生活，激发了青年党员参与组织生活的积极性。针对不同群体的需求，分类开展组织生活的方式对于两类不同群体的组织生活都具有积极意义。一是青年党员组织生活自由化。青年党员本身就充满青春活力，按照青年人自己的方式来开展组织生活，就是青春党建的有效实践。对于青春党组织（党小组）的活动，可以从宏观上进行指导，而减少操作细则上的干预，放手让青年党员自主管理、自主活动。二是中老年党员组织生活设计化。中老年党员的组织生活则可以通过预先设计，使其符合青春党建的要求。中老年党员组织生活青春化要循序渐进，不能急于求成，逐步改良党建工作的形式和内容，符合时代的要求。

（三）适当倾斜，城乡一体共同推进

农村因其历史原因，较城市更为守旧，青春党建推进难度大。而就浙江目前情况而言，大量的两新组织又集中在乡镇。这一矛盾决定了青春党建工作必须重视农村，加大在农村的推进力度。通过2013年的村级组织换届，改良农村党组织年龄结构，推动领导班子年轻化。加大农村两新党组织的政策保障力度，加大青年党员的发展比例，保障两新党组织活动经费等。上级党组织可选派青年委员进驻重点两新组织，兼职指导各项党建工作的开展。

（四）理性评估，完善青春党建评价体系

青年人更青睐于用实际的数字和理性的内容来评价党建工作的成效，党建工作不能停留于以往的感性评估，而应面向时代，更加贴合青年人的需求。我们在调研过程中了解到，南湖区已经就青春党建工作制定了6°评价体系，但是通过试运行情况而言数值测定仍然偏低，不同两新组织之间难以拉开差距，需要不断完善。我们期望青春指数能够对实践产生指导作用，能够通过数值变化衡量青春党建的效果，使党外和党内的青年人都能够对青春党建的效果有理性的认识。

加强网络党建工作的实践与研究

□ 嘉兴市委组织部课题组

随着信息技术的高速发展和广泛普及，网络以其自由性和开放性日益深入到社会生活中来，成为人们获取信息和感知世界的重要窗口，一个新兴的社会领域和社会形态——网络虚拟社会正在逐步形成。网络虚拟社会是一种具有“亚社会性质”的社会形态，它直接影响着人们的交往方式、行为习惯，以及思想观念和精神状态。对于基层党建工作而言，传统党建工作因在网络虚拟社会中的作用日益弱化使其在运行环境和模式等方面面临新的挑战，迫切需要我们研究在网络信息技术背景下的基层党建(以下简称网络党建)，进一步创新传统党建工作的运行环境和模式，引领网络虚拟社会的和谐发展，这是新时期基层党建工作面临的紧迫任务。

一、网络化时代基层党建工作面临的挑战和机遇

作为一种快捷的信息传播手段，网络以其开放实时、自由交互、信息量大等优点，增加了对广大党员、群众的吸引力，在给基层党建工作带来新机遇的同时，也提出了新的挑战。

(一)网民规模的急速庞大，迫切需要重视这一群体的党建工作

截至2012年末，我国网民规模已达到5.64亿，手机网民用户达到4.20亿(其中，微博用户达3.09亿，手机微博用户达2.02亿)，域名总数达1341万个，中文网站数量268万个。就嘉兴市而言，目前共有网民200余万，占常住人口的近50%。调查显示，89.1%的嘉兴网民主要依靠网络获取信息。从年龄层次上看，各区间段均有一定分布，主要集中在20～30岁和30～40岁两个年龄段，分别占到32%和30%；从职业组成上看，涵盖了大部分职业领域，机关和事业

单位工作人员、学生、企业人员等均占到15%以上;从知识结构上看,网民身份已不受学历高低的必然限制,大学本科略高于研究生、专科、高中等其他学历。网络造就的庞大网民群体已经成为一股不可忽视的力量,来自中国网络信息中心的统计资料显示,网民每周平均上网时长达20.5个小时,除去网上购物、发邮件等活动外,主要就是通过网络进行获取国内外最新的新闻信息并进行实时信息交互,互联网已经成为"民意"自由表达的重要载体。

(二)网络信息的良莠不齐,迫切需要党组织在这一阵地传递正能量

网络的包容性特点使各种不同甚至完全对立的观念意识都能自由发声,已经成为意识形态斗争的主战场、舆论交锋的最前沿和社会思想的聚焦点。一方面,由于互联网技术的全球性,网络活动中组织成本缩小,非法结社、秘密行动可在更大规模上策划、组织和实施,国内外敌对势力可利用网络传播工具,在最广大范围内发布危害国家安全的信息,传播西文的"民主"观念、政治模式、价值取向和生活方式,借以进行文化殖民。另一方面,网络身份的隐蔽性,民众更愿意在网上发表观点、表达意愿。因此,一些别有用心的个人或团体,利用网络"水军"、网络"大V"等对社会思潮的影响力,把虚假的、负面的信息进行扩大化,试图引导舆论,增加社会不稳定因素,造成很多群体性事件的发生。互联网的发展和影响启示我们:"网络"不是基层党建思想政治教育的真空地带,更不能成为基层党建工作的"盲区",而应成为基层党建工作的新阵地。党组织在网络阵地要引领先进思想,传播正能量,倡导日益理性的声音,任重而道远。

(三)网络技术的便捷高效,使传统党建工作的运行模式不能适应教育管理服务的新需求

当前,网络以一种信息通信、数据传递和资源共享的方式已经越来越深入到人们工作、生活的方方面面,成为不可缺少的重要工具。随着党员队伍年轻化、知识化、社会化程度越来越高,越来越多的党员加入到"网民"队伍中,他们运用互联网、依赖互联网,把互联网作为工作、生活必不可少的一部分。基层党建工作在这样一种背景下,需要主动适应不同社会阶层带来的变化,迎接来自信息时代的各种挑战,打破传统的党组织设置模式和教育管理模式,主动占领网络阵地。积极利用信息化手段,在网络虚拟社会领域中开辟党建工作新天地,着力加强党建工作组织创新、服务创新、管理创新、技术创新,使党建工作打破传统,突破时间限制、空间限制、群体限制,在党员群众中架起沟通的桥梁,使分散在不同领域、不同地区、不同阶层的党员群众通过网络紧密联系在一起。通过网络党建的有效探索和实践,不断扩大基层党建工作的组织覆盖和工作覆

盖,重视意识形态领域建设,密切党群干群关系,进而夯实党的执政基础。

二、嘉兴市加强网络党建的探索和实践

有关网络党建,在党建研究领域尚没有一个明确的界定。我们认为,所谓"网络党建",就是党运用以互联网技术为代表的现代信息技术手段对传统党建在信息传播、信息沟通等领域所进行的一种拓展和延伸,不断创新党组织设置形式和组织活动方式,变革党员教育管理和服务模式,打破时空界限和组织间的壁垒,有效整合党现有的组织资源,构建互联互通、全面覆盖、功能完备的网络党建新体系,增强基层党组织的吸引力和凝聚力,推动党建工作向深度和广度发展。基于上述认识,我们在网络党建方面作了如下探索和实践。

(一)加强党建网站建设,拓展网络宣传阵地

依托原有的党员远程教育网站资源,构建全方位、多角度、广覆盖的信息发布和宣传平台。在网站建设上,市委组织部"官方网站"——红船网,自 2008 年 3 月 21 日开通以来,访问量已达 619 万,成为嘉兴弘扬"红船精神"、宣传党建工作、加强党员干部远程教育学习、服务党员群众创业创新的重要平台。在移动平台上,开发移动远教手机报,借助掌上媒体,第一时间发布要闻要事,宣传典型经验,预告远教节目,进行温馨提示等,扩大党建宣传和远程教育覆盖面,累计已编发手机报 157 期。在微博领域里,先后开设红船先锋、青春党建、嘉兴远教等微博,落实专人维护,围绕重点工作、要闻信息、工作动态等开设话题讨论,并对重要会议、活动进行图文直播,借助背后大量的粉丝群宣传嘉兴的党建工作,其中红船先锋微博粉丝已突破 52.5 万。特别是从 2012 年开始,与人民网合作,开通市委党建官方微博——红船领航,把弥散于相关职能部门的党建资源进一步整合,在更高平台发出建党圣地声音、传递党建高地信息。

(二)强化网络监控引导,净化网络舆论环境

截至 2012 年末,嘉兴市有属地网站 1.6 万个,逐步形成了行政监管、技术保障、公众监督和社会教育相结合的网络管理体系。组织监管层面,市公安局网监支队对全市所有重点网站、论坛,以及 1200 多家专线联网单位落实安全保护措施,进行有害信息屏蔽,建立网警警务室 110 家,重点加强互联网安全管理。市委宣传部于 2009 年成立嘉兴市互联网宣传和信息管理领导小组和办公室,2013 年 6 月挂牌成立嘉兴市互联网信息办公室,不断强化互联网宣传管理工作的统筹协调和组织实施。行业自律层面,2010 年 6 月,嘉兴市网宣办牵头

成立全省首家互联网自律联盟，嘉兴19楼、嘉兴99号、嘉兴第九区、嘉兴人论坛等市本级社会网站相继加入，2012年更名为嘉兴互联网自律合作联盟。联盟积极组织开展“文明网站”创建和“文明上网”等活动，加强社会网站与政府部门的沟通协调，倡导各网站网民主动传播“尚德向美、扬勤彰优、倡和颂美、守诚如实、深思理性”等健康向上的价值取向，为净化网络环境、形成网络文明新风发挥了积极的作用。意见领袖层面，为及时有效应对网络舆情，着力加强网络人才队伍建设，建立健全网络舆情处置机制。2009年，在市本级部门成立了一支120多人的互联网新闻评论员队伍，74个部门(单位)设立了网络发言人，集中回应群众关心的公共热点问题，加强互动沟通，推动“网络问政”。积极团结和争取网络活跃人士为我所用，充分发挥网络活跃人士在舆论引导中的正面作用。

(三)打造网络“e”支部，拓展党组织网上阵地

探索建立开放互动的网络“e”支部，实现跨时空联动，开展灵活、开放的组织生活。建立“网上党校”、“网上党员(党代表)工作室”、党员论坛(BBS)、党支部QQ群、党员MSN，开展“点单式党课”、“网上组织生活会”等，实现政治学习网上开展、思想汇报网上进行、发展党员网上讨论。提倡党员干部开通实名微博，通过“微党课”、“微感悟”、“微评论”等形式，增进工作交流、畅通民意渠道。大力推进“青春党建·活力团建”活动，通过群团先行，在嘉兴各大网站、论坛、QQ群上探索组建虚拟党群组织，以点带面推进网络中党的组织覆盖。目前，全市共建有网络虚拟团组织20家左右，主要由QQ群(同乡、兴趣爱好、俱乐部)、在线网站、网络游戏玩家、网络购物、网络意见达人等团建主体组成，如平湖18楼网站团支部、安徽驻嘉网络团支部、大学生网上创业团支部等。

(四)探索“红云平台”建设，实现党员教育管理信息化

依托党建“红云平台”、“红色地图”、现代远程教育站点等，组织开展党员干部网络赛业绩比贡献、先锋指数评创等活动，加强对青年党员和流动党员的教育管理，推进意识形态领域管理和舆论引导。如，桐乡市开发集“菊乡先锋网、党员e家、党代表网上工作室、干部工作平台、党群互助、创先争优、党员学习平台、智能中心”等功能为一体的党建红云平台，将党组织简介、先锋承诺、党员服务热线、日常活动开展等党务信息在平台上即时公布、全程亮化，做到鼠标一动，党建信息一目了然，实现党建动态、党建任务“网上知晓”。平湖市开通“红色地图”网络平台，组建了有170个村社区及部分“两新”组织参加的“网上党委”，要求全体流动党员、返乡大学生党员在该网络平台上注册会员进行学习交

流,实现党员教育管理的信息化。

(五)突出志愿服务“双网互动”,打响红色义工品牌

嘉兴围绕打造“红色义工城”,大力开展“红船杯·凝聚青春正能量”义工季等活动,积极组建网上志愿者队伍,依托网络传播速度快、信息覆盖面广等优势,将“网上”虚拟与“网下”实体相结合,有效延伸了服务领域,创新了服务方式。如,团市委积极利用“掌上志愿·时尚联盟”平台,将志愿信息发布、志愿服务报名、工作讨论交流、服务积分管理等功能通过手机实现整合,为广大志愿者参与志愿服务提供了信息化的快捷通道。南湖区依托96345党员志愿者总站组织开展党员志愿服务,并建立了网上志愿者管理系统,用于管理全区的5000多名注册党员志愿者,已有近4000名党员志愿者在网上志愿者管理系统进行了信息登记,实现了党员志愿者的分散化管理,并保持志愿者信息的实时更新。

三、新形势下网络党建工作的思考与展望

网络信息技术作为一个新事物,其建设、发展与应用越来越引起全党的重视。但是,由于资金、技术、精力等方面的原因,基层党组织未能充分发挥网络在党建工作中的积极作用。因此要使网络在党的建设中真正发挥功效,还需要付出更多的努力。

(一)强化宣传引导,达成重视网络共识

当前,一些基层党组织和少数党员干部对网络党建还存在着不同的看法。有的认为网络世界太过虚无缥缈,而且纷繁复杂,不利于正确引导党员干部,不利于加强教育管理。有的认为党建工作是严肃的,传统的工作方式更符合党建要求,不愿意轻易改变。然而实践已经证明,开展网络党建已成为今后党建工作的重要内容。广大基层党组织和党员要充分认识到,推进基层党建工作信息化、网络化是加强新时期党员教育管理的重要途径,是保持党的先进性、纯洁性的客观要求,是提升党员思想素质能力水平的有效载体,是建设基层服务型党组织的关键举措。广大党员干部必须正确认识网络在党建中的重要作用,进一步提高思想认识,通过论坛、QQ、微博等途径,主动参与网上各类活动,支持基层党建工作的信息化、网络化。

(二)加强队伍建设,培养网络意见领袖

网络党建是一项全新的事业,新情况新问题不断涌现。这就要求我们,一

要重视加强自身网络人才队伍建设，注重把网络达人培养成党员，把党务骨干和党员人才培养成网络人才。在各级党委的职能部门中，培养一支既有较高的思想政治素质，又具备现代科学文化知识，同时熟练掌握计算机操作技能和网络维护知识的人才队伍，从而有效把握网络的内容关、技术关，抵御各种腐朽思想和文化的侵蚀，担负起网络舆论监控和引导重任，确保党建网络健康发展。这是网络党建工作成功的关键之一。二要注重发现和培养网络意见领袖。意见领袖可以起到信息传递、行为引导、政策解释，甚至价值影响等作用。网络意见领袖可以是一个人，也可以是一个团队。要重视在基层一线的年轻党员干部中发现政治素质好、对网络新媒体具有浓厚兴趣的人，在实践中予以重点培养，以个体或团队的形式，开设微博、博客、论坛等，参与到网络虚拟生活中，实现有效引导。三要重视网络发言人队伍建设。可依托嘉兴在线建设党政信息权威发布平台“嘉兴网上发布”，改变传统的部门新闻发布形式，提高部门新闻发布时效和发布频率，增加信息容量。各部门的网络发言人要及时发布工作信息，并通过平台收集和解决网民普遍关心的、社会关注度较高的民生热点问题和社会公共服务问题。

（三）坚持关口前移，强化网络舆论引导

要充分发挥网络传播信息快速、开放性和易阅读等优势，借助各类网络信息平台，及时传达贯彻上级指示精神，宣传报道党建快讯，交流党建成功经验，反馈党建工作意见建议。一要完善网站建设。利用影响力较大的政府门户网站、当地网络论坛等，多开设一些界面亲切、活泼新颖、青春向上、互动性强的网络活动，既注重把自身工作中的经验做法、创新成果展示出来，也把其他各地党建工作的亮点特色汇集起来，扩大受众面。二要深化网络互动。针对网络热点问题，构建党员与党员之间、党员与群众之间的思想碰撞机制，抛出观点、发表言论、讨论交流，通过网络互动深化对国情、社情、民情的理解，加强对时政热点问题的认识，进一步树立正确的价值取向。三要掌握舆论主导。进一步完善网络舆情收集、分析、判断及应急机制，科学分析网络舆情的性质，准确判断网络舆情的倾向，并通过网络论坛跟帖、网络发言人、手机信息等多种形式，主动设置议题，主导媒体舆论，引导广大民众。要加强网络舆情监测，对突发事件、群体事件、热点事件，建立应急预案，第一时间抢占信息制高点，第一时间发布权威消息，主动、快速、有效地解答民众的合理诉求。同时，通过互联网新闻评论员、网络人才对热点问题进行评论，让主流声音占据网络意识形态阵地，引导网络舆情良性发展，避免网络炒作，有针对性地化解社会矛盾。

(四)打造网络阵地,建立党员网上家园

一方面,要加快网络“e”支部组建规模。当前网络“e”支部无论是在数量上,还是在成效上都远远不够。下一步,可先实行网络“e”支部挂靠实体党支部的方式,再逐步把网络“e”党支部从实体党组织中剥离出来,使之具备党支部的全部功能,更好地在网络虚拟社会中开展工作。在网络“e”支部应用平台的选择上,着重依托如QQ、微信、微博及论坛版块等主流平台,借助此类平台应用广、功能全而且免费提供服务、后续功能不断开发的优势,不断创新党组织的设置。另一方面,要创新网络“e”支部组织生活。设立网络“e”支部是为了让党员网民在虚拟社会中找到属于自己的家园,克服时间、空间上的阻碍,在现实社会和虚拟社会中过双重组织生活,使广大网民党员通过网络媒介与党组织保持良好的沟通联络。因此,网络“e”支部组织生活质量直接关系到支部的生命力,必须在组织生活的时间、形式、方法等各个方面下功夫,既有常态化的虚拟党组织生活的制度,又有吸引人的主题和内容,还要有广大党员网民乐于接受的形式。

(五)打造智慧党建,加快网络信息应用

一方面,要加快党建“红云平台”普及力度。加快构建以链接全市所有基层党组织的党建“红云平台”,通过电子党务系统,推进党务公开,接受群众监督,实现党组织“先进指数”和党员“先锋指数”信息化管理,以及党建信息发布、党员学习培训、网上调查和网上测评等多项党建工作整合,减少沟通和执行中的“损耗”,降低党建工作运行成本,而且使党务工作者从繁杂的“表、本、册”等具体事务中摆脱出来,集中力量保障党组织重点任务的落实,大大提高党务工作信息化水平。另一方面,要加快建立“红色义工”信息管理平台。围绕打造“红色义工城”,建立红色义工项目“PC＋APP”的网络化发布模式,红色义工中心可实时发布义工项目,义工团队可在线认领红色义工项目,志愿者可在线报名参与义工团队活动,接受团队专业培训。义工团队也可通过客户端发布活动通知等相关事项,同时兼具红色义工服务评价系统,对志愿服务的效果和质量进行评价,构建“网上提议、网下活动、虚拟召集、实体执行”志愿服务机制。

嘉兴市行业协会、商会党建工作的现状分析与对策研究

□ 嘉兴市委统战部、市工商联联合课题组

近年来，嘉兴市从党的诞生地的高度出发，采取有力措施，积极开拓创新，扎实推进“两新”组织党建工作。其中，新社会组织党建主要依托民政、司法、财政、教育、卫生和统战部（工商联）等行业主管部门协助市委组织部、市“两新”工委开展。为探索行业协会、商会（本文特指：经济类行业协会、行业商会和异地商会）党建工作的发展现状和存在问题，提出建设性意见和建议，进一步推动此类新社会组织的党建工作，市委统战部、市工商联组成联合调研组，通过召开协会商会、非公企业，以及市、县相关部门座谈会，实地走访并查阅相关资料，形成本课题报告。

一、嘉兴市行业协会、商会党建工作的现状

行业协会、行业商会，均是指依法、自愿成立的具有共同利益目标的行业组织代表机构。异地商会是指本地（省或市县）人员到其所在地区以外，或外地区（省或市县）人员到另一个地区的经商创业人员所组成的商会组织。近年来，随着嘉兴市经济社会的快速发展，行业协会、商会的数量迅速增长，截至 2013 年 6 月，嘉兴市经民政登记归口工商联主管的经济类行业协会、行业商会总数达到 166 家，经民政登记的在嘉兴的异地商会总数达到 23 家。本文主要讨论上述经济类行业协会、商会的党建问题。

（一）行业协会、商会党建工作的背景

党的十七届四中全会《关于加强和改进新形势下党的建设若干重大问题的决定》指出，全面推进各领域党的基层组织建设，实现党组织和党的工作全社会

覆盖。在以地域、单位为主设置基层党组织的基础上，按照便于党员参加活动、党组织发挥作用的要求，探索完善基层党组织设置形式，加大在中介机构、协会、学会，以及各类新社会组织中建立党组织力度。《中共嘉兴市委办公室、嘉兴市人民政府办公室关于扶持和促进社会组织发展的若干意见》（嘉委办〔2009〕77 号）指出，“对 3 名以上正式党员的社会组织，可单独建立党组织”。“要按照有利于加强党的领导、有利于加强党员教育管理、有利于开展党的活动的原则，积极探索属地管理和行业管理相结合的社会组织党建工作管理模式”。“业务主管单位要落实人员，明确责任，切实加强对社会组织党建工作的领导、指导”。市委、市政府《关于加强社区、社团、社工建设进一步完善社会管理体制的意见》（嘉委〔2010〕5 号）和《关于加强新社会组织党建工作的意见》（嘉委办〔2010〕12 号）等有关文件指出要积极探索依托行业协会商会、学会推进新社会组织党建工作的有效方法，鼓励根据行业结构、产业布局和党员从业情况设置社团党组织，推广“协会＋党组织”、“商会＋党组织”等模式，使社团党建工作与行业、产业发展紧密结合。

2010 年，市工商联以市政府授权归口管理经济类行业协会商会为契机，结合创先争优活动实际，探索建立“行业协会、商会＋党组织”的新模式，成立了中共嘉兴市行业协会商会委员会，牵头负责经济类行业协会、行业商会、异地商会等新社会组织的党建工作。2011 年 3 月，中共嘉兴市委研究同意将市工商联党组改建为市工商联党委。相关文件明确规定，市工商联党委除履行原市工商联党组职责外，新增“协助开展全市非公有制经济组织和新社会组织党建工作，领导市级行业协会商会、异地商会党组织工作，指导县（市、区）相应机构抓好非公有制经济组织和新社会组织党建工作”等三项职能，为嘉兴市“两新”组织党建工作提供了体制机制保障。2013 年，市编办批复市工商联增设党委办公室，开展日常党务工作。截至 2013 年 6 月，全市经济类行业协会、行业商会已建立党组织 40 家，在嘉兴的异地商会已建立党组织 19 家。其中，嘉兴市级行业协会、行业商会已建党组织 22 家，异地商会党组织 12 家（全覆盖），行业协会、商会党组织总数达到 34 个，覆盖率 41％，超过嘉兴市全部社会组织党组织覆盖率 6 个百分点，党员人数达到 342 人（含双重组织生活党员）。

（二）行业协会、商会党组织的建设情况

嘉兴市行业协会、商会具有规模大小不等、党员结构复杂、流动性大等特点，通过加强分类指导，采取灵活多样的方式抓党组织的组建工作，扩大了党组织在行业协会、商会中的覆盖面。

1. 党组织组建形式不拘一格

一是单独组建。行业协会、商会专职工作人员有 3 名以上党员，行业规模

较大、业务主管单位明确、符合组建条件的单独建立党组织，如：市互联网协会党支部。

二是联合组建。具体有三种形式：(1)行业协会、商会专职工作人员仅有1至2名党员，采取“行业协会、商会＋会员企业”的组建模式，从会员企业负责人中择取党员，共同成立党支部。如：嘉兴市温州商会党支部、市医疗器械协会党支部。(2)党员人数少、行业、产业相近的协会商会，共同组建党组织。如：市娱乐网吧协会党支部，由娱乐行业协会和网吧行业协会两个协会的党员联合组建而成。(3)依托行业主管部门组建。如：嘉兴市商务局商贸联合党支部，包含市紧固件和进出口商会、嘉兴市外经公司、嘉兴电子商务平台4个单位的党员，还有市保险协会党支部、市建筑业协会党支部主要依托建委和保监部门组建而成。

三是派员帮建。对目前条件不成熟的行业协会、商会，从业务主管单位中选派政治素质高、思想作风硬的党员作为党建工作指导员，组织人员参加党的活动，实现党的工作覆盖。如：市箱包行业协会。

2.党组织隶属关系多元化

一是属地。主要指党组织的关系在当地街道、镇。如：嘉兴市台州商会党支部成立于2006年，早于市行业协会商会党委成立，当时依托嘉北街道党工委组建，目前组织关系靠一头，组织活动参加两头。嘉善县纽扣商会党总支，关系在西塘镇党委。

二是属业务主管单位。2005年，市政府研究决定，明确市总商会(工商联)为市行业协会的业务主管单位。2011年，嘉兴市委、市政府《关于新形势下加强和改进工商联工作的实施意见》明确工商联为经济类行业协会商会的业务主管单位。从新社会组织党建工作“谁主管、谁负责”出发，目前，经济类行业协会、商会党组织关系在工商联的占比达85%以上。

三是属行业主管部门。由行业主管部门组建的行业协会、商会党支部，从实际出发，组织关系仍隶属于这些部门和单位，未转到业务主管单位，参加两头活动。

四是属机关工委。数量极少，目前，仅嘉善1家异地商会隶属机关党工委。

五是属原籍地党委。数量极少，仅桐乡市乐清商会党支部关系在原籍地。

3.会员企业党组织情况不尽相同

目前，全市经济类行业协会、商会覆盖会员企业达1万多家，党组织规格不一，有设置党委、党总支、党支部等各种规格，关系又分为属地、属主管单位、属市直属单位等各种类型。其中规模以上企业100%建立党组织，以属地管理居多。没建党组织的会员企业负责人纳入到行业协会、商会党支部中，为会员企业骨干人员入党拓宽了渠道。现仅嘉兴市台州商会一家会员企业党组织作为新经济组织党组织发展对象隶属于市行业协会商会党委。

4. 党员队伍情况较为复杂

行业协会、商会具有党员人数不均、党员流动性强的特点。目前，全市经济类行业协会、商会共有党员 693 人，组织关系固定在业务主管单位党组织的 10%不到，流动党员占比超过 60%，另有部分企业主党员关系在原籍地。行业协会、商会党组织负责人没有年龄在 35 岁以下的，35～54 岁的占比约 80%，55 岁以上的占比 20%。大学文化程度 10%，大专 60%，中专及以下 30%。

(三)行业协会、商会党建工作情况

1. 在思想认识上高度重视

近年来，嘉兴市准确认识和把握新社会组织党建工作的重要性和面临的新挑战，在新社会组织创先争优活动期间，抓住契机，加强组织领导和工作指导，全面铺开新社会组织党的建设工作。为深化创先争优活动，召开了“双强争先”活动推进会，号召全市社会组织深入开展争当“服务强、党建强”先进单位活动。市委“两新”工委成立后，深入开展社会组织党建工作“集中推进月”活动，进一步健全“围绕发展抓党建、抓好党建促发展”工作机制，推进“双强”良性互动，整体提升嘉兴市基层党建工作科学化水平。

2. 在登记管理上抓住重点

针对行业协会、商会工作实际，把党建工作与其规范管理工作有机结合，统筹安排，协调推进，切实促进行业协会、商会在加强党建中创新发展，形成长效机制。在行业协会、商会申请成立时，市工商联会同民政部门积极介入，全面了解其工作人员中党员构成情况，通盘考虑和指导党组织的建立，争取协会商会和党组织同时挂牌成立。如：嘉兴市四川商会、湖南商会和山东商会等，在商会成立之际同步组建了党组织。另外，在行业协会、商会登记申请书、年检报告书中增加了有关党员人数、党员组织关系、党组织形式、党组织负责人等党建相关内容；在行业协会、商会工作评价，优秀会长和秘书长评选及社会组织评估工作中，都赋予党建工作分值，使党建情况成为协会商会评价的重要指标之一。

3. 在队伍建设上加强教育

行业协会、商会党组织书记采取由党员和群众公开推荐与上级党组织推荐相结合的办法，经选举产生，绝大部分具有党建工作经验，部分由企业党组织书记兼任。在队伍建设上，结合社会主义核心价值体系教育、非公有制经济人士回报社会感恩行动、非公有制经济人士理想信念教育实践活动、“中国梦·禾商梦”主题实践活动等，以宗旨教育、党的方针政策和形势任务教育为核心内容，组织各类会议、培训、讲座，不断提高行业协会、商会党务工作者的专业化水平。认真落实“三会一课”、组织生活会等原有制度，建立健全党员经常性教育、党员联系服务群众、党内谈心等制度。建立健全党政联席会议、重大问题决策征求党员群众意见、党支部成员列席行政决策层会议等制度。编制《党建工作手册》，指导规范化党建。三年来，先后有63名入党积极分子参加了培训班。每年订阅《共产党员》、《非公企业党建》杂志，并按要求征订《党员读本》开展日常学习。市互联网协会党支部结合新形势和自身优势开通党建微博，加强交流。开展党建带工建、团建工作。2011年，市工商联与市委组织部、团市委联合出台《关于加强全市行业协会商会团建工作的实施意见》，以党建带团建，建立了市行业协会商会团工委，目前已有下属团支部9个，定期开展活动。市餐饮行业协会建立工会，开展行业内工资集体协商。

4.在作用发挥上示范引领

各行业协会、商会将党建工作与自身发展紧密结合，找准党组织和党员作用发挥的路径和平台，把开展党内活动与企业经营管理有机结合起来，坚持“灵活、小型、业余、分散”方式，设计各种载体组织开展活动。各党支部组织会员企业学习贯彻党的十八大会议精神，分析当前国内外宏观经济环境，组织开展特色教育培训、专家专题讲座、外出考察参观，依托市委党校、行政学院、社会主义学院、工商联网站，通过集体学、自学、网络学、书本学等多种方式开展教育培训。市照相婚庆行业商会党支部推出“八个一”工程；市电子商务行业协会党支部举办扶助弱势群体淘宝网开店创业免费公益培训班；市医疗器械行业协会组织党员开展知识竞赛。各支部通过承诺、亮诺、履诺活动，推动创先争优活动，有效发挥示范引领作用：一是承接政府职能转移。在政府职能从“全能”向“有限”转型过程中，积极主动承接政府有关职能，如承接培训、咨询、行业发展报告起草等职能。二是反映行业利益诉求。在“两会”期间参政议政，平时以信息专报形式，使小微企业在融资、科技、人才、创业环境等方面的利益诉求得到有效表达。近年来，市级行业协会、商会提交“两会”提案议案百篇以上。已建党组织的协会商会均被市纪委列为软环境建设观测站。三是维护市场经济秩序。市食品工业协会党支部提出食品质量安全“三个五”要求。市照相婚庆商会党支部在行业中积极提倡诚信为本，商会被消保委授予“96315消费者联络站”。嘉兴市台州商会设立首家异地商会仲裁办事处，帮助企业规范合同，指导企业规避经营风险，为会员提供仲裁服务。四是推动会员企业转型升级。如：市电子商务行业协会党支部积极帮助会员中的传统企业转型升级，发展电子商务。2013年上半年，网络零售发展迅猛，总销售额达到141.3亿元，同比增长

9.5%，总量在全省排名第四，占社会消费品零售总额的26%，高出全省平均水平7个百分点。五是化解社会矛盾纠纷。异地商会党组织在维护社会治安、保障新嘉兴人权益、促进公平正义等方面都起到了积极作用，嘉兴市四川商会、嘉兴市湖北商会都设立调解委员会。六是促进和谐社会建设。行业协会、商会党支部积极组织企业参与扶贫帮困、捐资助学活动，引导会员企业“利义兼顾、以义为先”，积极履行社会责任。

综上所述，近年来嘉兴市顺应行业协会、商会改革发展的趋势，大力加强行业协会、商会党的建设，努力拓展党组织和党的工作覆盖面，积极探索党组织开展活动发挥作用的有效形式和途径，取得了成效，也积累了一些经验。全市行业协会、商会党建正处在一个有序推进、逐步提高的发展过程中。

二、嘉兴市行业协会、商会党建工作存在的难题

目前，从全国而言，行业协会、商会党建工作还是一项新的工作，各地都在不断摸索之中。嘉兴市行业协会商会党委成立以来，在所属行业协会、商会党建工作实践中，存在以下几个难题，需要进一步探索。

（一）组建难度较高

行业协会、商会作为沟通政府与市场之间的“桥梁”，在我国兴起发展的时间不长，对行业协会、商会实行的行政管理体制仍有待理顺，行业协会、商会内部的组织结构仍有待完善。在此情况下，组建行业协会、商会党组织具有一定的难度。目前嘉兴市行业协会、商会党建工作主要靠业务主管单位力推，行业协会、商会自身的主动性不强，同时部分行业协会、商会会长和企业主对协会、商会党建作用的发挥信心不足。

1. 行业协会、商会党建的管理体制不够明晰

行业协会、商会不同于行政事业单位，不存在行政隶属关系和垂直管理。虽然规定社会组织的党建工作由业务主管单位负责，但由于各方面的原因，行业协会、商会党组织的隶属关系较为杂乱，还没有形成明确的党建管理体制。从调研情况来看，嘉兴市行业协会、商会中已建的党组织隶属关系形式较多，主要有属地、业务主管单位（工商联）、行业主管部门（相关的政府部门）、机关工委、原籍地等五种现状。隶属关系的多样化，导致在实际工作中，行业协会、商会党建工作出现了多重管理、分散管理、职责不清的局面。党委领导、组织部门抓总、登记管理机关牵头、业务主管单位各负其责的社会组织党建工作的思路在实践中还没有完全理顺。

2. 行业协会、商会组织架构客观上秘书处党员少，组建条件不具备

目前行业协会、商会的内部组织架构一般由会员代表大会（权力机构）、理事会、监事会和秘书处（办事机构）组成。在这四大机构中，秘书处作为行业协会的办事机构，在日常的协会管理和党建工作中发挥着重要作用。但嘉兴市行业协会、商会的秘书处人员一般不超过 3 人，党员人数更少，组建党组织的实力不具备，开展工作的难度大。

（二）活动创新不足

行业协会、商会作为沟通政府与市场的"桥梁"，是具有共同利益的企业为达成一定的目标而自愿加入的组织，其活动的开展必须能够给会员企业带来利益。具体到党组织活动也一样，在完成党组织规定的党员教育管理等任务的同时，必须创新党组织活动载体，将活动、工作的开展与企业的实际经营利益相挂钩，才能增强吸引会员企业的积极性和参加党组织活动的动力。但目前围绕各行业中心工作开展党组织活动具有一定的难度，创新性不足。

1. 政策规定的指导性不强，经费落实有难度

行业协会、商会党建工作是党建工作的新型形式，是党建工作落实到基层的重要举措。但目前专门针对经济类行业协会、商会的党建工作指导性文件并没有相应地设立起来，值得借鉴的实际工作经验也相对缺乏，行业协会、商会党建工作管什么、如何管，难以套用现行的管理办法，没有一个成熟的经验可借鉴，必须依靠自身在建立行业协会、商会党组织的过程中探索、总结，工作难度较大。虽然针对社会组织党建的相关文件中央和省市已经发布，但落实到经济类行业协会、商会党建中具有一定的难度。同时在行业协会、商会党建组建和开展工作过程中，相关的经费没有明确保障，行业协会、商会自身的会费使用规定中也无明确党建费用支付，财政目前在行业协会、商会党建中的经费划拨规定也没有出台，仅仅依靠党员党费使开展相关工作受到极大限制。

2. 流动党员数量大，党组织关系较分散

党员是建立行业协会、商会党组织的基础，只有在一定党员数量的基础上才能更好地开展活动。经济类行业协会、商会的会员企业由于具有特殊性，许多企业主党员的党组织关系一般都挂靠在户籍所在的村支部，会员企业员工党员不乐意把党组织关系转靠到企业和行业协会、商会党组织，导致目前行业协会、商会中流动党员的数量较大，而且分散在各位员工的户籍所在地，使得行业协会党组织的许多活动无法顺利开展。

(三)作用发挥有限

行业协会、商会党建工作总的来说处于摸索期,总体看来,目前行业协会、商会党组织活动的开展仍缺乏系统性和规范性,在作用的发挥上存在相当的局限性。

1. 党组织在行业协会、商会中的作用发挥有限

行业协会、商会党组织在协会商会中的定位问题,以及与会员企业之间的关系等问题仍没有得到彻底的解决,使得行业协会、商会的党建工作开展困难。目前,嘉兴许多协会商会的党支部书记由秘书长兼任,秘书处作为行业协会、商会的办事机构,仅1～2名工作人员,本身日常管理工作就比较繁忙,让秘书长兼任党支部书记,如何协调与行业协会、商会法人的关系,一定程度上制约了行业协会、商会党建工作作用的发挥。由于办公场地有限,目前党组织活动场所基本与办公场地共用。

2. 党员参与活动的积极性不高

行业协会、商会中的党员分散在各个会员企业中,岗位不同、工作性质不同、休息时间不同,使得党员生活统一在行业协会、商会中开展有难度,企业主党员在企业发展顺利的情况下,愿意多参加党员活动,在发展不顺时,到行业协会、商会中参加党员活动的积极性明显不高。异地商会的会员入党积极性较高,但由于每年新吸收党员的名额有限,使得党员覆盖率和参与度进一步下降,这导致老党员参加活动积极性不高,有入党意向的会员无法进入组织的现象。有的党员在市区外工作,到市里参加活动不便。

三、关于推进嘉兴市行业协会、商会党建工作的建议

嘉兴作为党的诞生地,在“红船精神”引领下,正在从“党建圣地”向打造“党建高地”发展,在加强和改进党的建设方面负有更大的责任,更应继续走在前列。行业协会、商会党建工作是新社会组织党建的重要载体,如何在该项工作中继续走在前列,继续为全国的行业协会、商会党建工作提供示范样本,嘉兴有义不容辞的责任。对于下一步如何推进嘉兴市行业协会商会党建工作,课题组提出以下四点建议。

(一)找准党组织功能定位,充分发挥党建作用

行业协会、商会党组织的功能定位是为党组织在行业协会、商会中确定位置,即确定党组织的职能和作用的范围。因此必须结合行业协会、商会的特点和党的基层组织工作的战略目标科学定位其功能,紧密围绕行业协会、商会发

展开展党的工作，促进党组织建设和行业协会、商会自身共同健康发展。

1.政治引导功能

党的十八大指出，党的基层组织是团结带领群众贯彻党的理论和路线方针政策、落实党的任务的战斗堡垒。行业协会、商会党组织应是行业协会、商会的政治核心，要主动承担起宣传和执行党的路线方针政策的责任，充分发挥政治思想的导向作用，使行业协会、商会与党的政策保持一致，确保组织发展不偏离中国特色社会主义方向。

2.推动发展职能

行业协会、商会是政府联系企业的桥梁和纽带，在政府与企业间起重要作用。行业协会、商会党组织要紧紧围绕促进行业协会、商会的发展而开展工作，因此，要明确党组织在行业协会、商会中的地位，获得行业协会、商会法人及领导班子的高度重视，建立党组织和理事会领导班子联席会议，确立协会商会重大决策和举措党组织有效参与的机制，并设置能充分发挥协会商会党组织作用和党员骨干作用的制度安排。在行业协会、商会履行制订行规行约、行业统计调研分析、维权协调、培训活动、咨询服务、产品展销展览、学术交流研讨、承接政府职能、调处贸易争端、公益事业等职能之际，党组织要带头执行，主动参与，发挥推动发展作用。

3.凝聚会员作用

行业协会、商会党组织要加强与行业协会、商会领导班子的沟通交流，使他们明确在行业协会、商会中开展党的活动是由执政党的地位和中国特色社会主义的性质决定的，是提高党的执政能力的需要，改革开放和经济社会发展的需要。行业协会、商会党组织要积极主动地将所涉利益群体的利益要求有效地反映至上级党组织或通过提案议案、社情民意、信息专报等形式表达诉求，成为行业建设的维护者、会员企业利益代表者，统筹兼顾各方利益，协调行业协会、商会中各种利益，发挥服务会员、凝聚人心的作用。

4、服务社会管理

党的十八大后，加快建立"党委领导、政府支持、社会协同、公众参与"的社会管理格局，理顺政府与社会的关系，放权给社会，放权给社会组织，实现社会组织与政府多元共治的局面已成为新一轮政府机构改革的重要战略任务。行业协会、商会党组织要积极推动经济转型升级，参与结对村、社区，调解基层矛盾，踊跃开展公益事业，为创新和服务社会管理作出贡献。

除此之外，根据党章的规定和党的十七大、十七届四中全会及十八大的要求，行业协会、商会党组织还应该承担人才培养、党员发展和教育管理等职能。

(二)进一步加强对行业协会、商会党建工作的认识,优化外部环境

党的十八大指出,要创新基层党建工作,夯实党执政的组织基础;要落实党建工作责任制,全面推进各领域基层党建工作,扩大党组织和党的工作覆盖面,充分发挥推动发展、服务群众、凝聚人心、促进和谐的作用。我们要进一步提高认识,牢固树立抓基层组织党建事关经济社会发展全局的观念,根据实际情况采取切实可行的措施,大胆解放思想,积极开拓创新。

1.改进对行业协会、商会党建工作的领导体制

市行业协会商会党委在市工商联党委领导下具体负责协会商会党建工作,市委组织部、市"两新"工委要加强对其领导和指导。市民政局、市直机关工委等有关部门和单位应给予党建工作的支持。

2.建立机关党支部与行业协会、商会党支部联系制度

从目前实际情况来看,行业协会、商会党建还处于起步阶段,以机关党建带动行业协会、商会党建是现有可行的能够更快促进协会、商会党建工作发展的方法,两者在党建工作上进行结对,一方面有利于机关党组织对行业协会、商会党组织进行党建帮助,另一方面也有助于机关党组织了解基层组织党建需要和基层现状,更好地改进和完善机关党建活动。

3.建立党建工作考评机制

开展优秀党组织、党员评选活动。对于表现突出的党组织、党员推荐各级各类党建评选活动。在推选党代表、人大代表、政协委员中推出行业协会、商会中的党员代表,让他们感受到党和社会各界对行业协会、商会党员的重视。

4.给予党建经费支持

行业协会、商会党建列入财政专项,对于新建的行业协会、商会党组织给予工作补助,对于党建工作开展好的协会商会给予适当奖励。行业协会、商会要从会费中划拨一定比例作为党组织工作经费。

5.营造氛围

要充分利用报刊、电视、广播、网络等各种媒体,大力宣传行业协会、商会党建工作。

(三)关于组织建设方面

1.党组织隶属关系

围绕中心任务,结合生产经营、工作实际开展党的工作,是党的建设的一条

重要原则和成功经验，而党组织隶属关系与业务工作联系关系分离是当前行业协会、商会普遍存在的一个问题。党组织机构设置不统一，党建工作关系不明确，也会影响到党的组织资源的有效利用和合理配置，影响到党建工作的进一步加强。立足客观实际，我们认为，一方面，从目前情况看不急于（也难以）一刀切改变党组织隶属关系；另一方面，亟须对隶属和联系两方党组织在党建上的职责给以规范和明确，即隶属关系的上级党组织履行领导职责，联系关系的上级党组织履行指导职责，这样，有利于党的工作的顺利开展。

2. 党员组织关系

行业协会、商会党组织中普遍存在的党员组织关系与工作关系不一致的现象，形成人户分离的问题，是党建工作必须面对的现实状态。必须主动适应变化，进一步加强党员管理工作的探索与创新，针对行业协会、商会实际，开展分类指导、管理。一方面，对大部分是有户口党员的党组织，要吸收流动党员参加活动，当然条件要有所限制；对大部分是流动党员的党组织，可建立临时支部。另一方面，要主动适应网络信息化带来的机遇和挑战，开展"e"生活，建立市行业协会商会党委网上党建平台，探索推进虚拟支部，畅通教育、学习的交流渠道。这方面，桐乡市已经作了积极有效的探索，指尖上的"红色堡垒"打造为我们提供了范本。同时，要建立人户分离党员参加活动情况向党员组织关系所在党组织定期反馈制度，流动党员参加工作关系所在地党组织活动视同参加组织关系所在党组织开展的活动。

（四）围绕行业协会、商会发展开展党建工作

行业协会、商会的党建工作既需要参照基层党组织工作要求开展，又要针对行业协会、商会特点来开展。

1. 制定规范化党建的各项制度

包括：党组织的基本职责、党务工作者工作职责、党建指导员工作职责、发展党员工作流程及"三会一课"、党组织活动等并加强阵地建设。

2. 开展培训，加强队伍建设

要把行业协会、商会党务工作者培训纳入全市党员干部教育培训总体规划，确保行业协会、商会党组织书记每年至少参加一次集中业务培训，增强党的意识，提高党建工作业务能力和企业生产经营管理能力。加大入党积极分子培养力度，加强党员教育管理，开展谈心谈话。

3. 建立党支部联系会员企业、党员联系群众制度

组织开展面上或点上党员活动，如学习培训、公益慈善、结对帮扶、外出考

察、志愿服务等，把党的活动和促进行业协会、商会发展与党员个人的发展、促进社会和谐相结合，推动行业协会、商会可持续健康发展。

4. 当好“组织员”、“服务员”、“宣传员”、“信息员”

积极组织为企业维权、协调、咨询、会展、论坛等活动，主动了解政府有哪些职能要转移，协会商会有什么条件来承接政府职能，在承接过程中具体要做什么，怎么发挥作用。在浙商回归、以商引商等当前党委、政府关心的重点工作上要发挥信息渠道多、合作交流广的优势，取得优秀业绩，从而提升行业协会、商会的整体功能和良好形象。

基层纪检监察组织建设与工作创新研究

□ 嘉兴市纪律检查委员会课题组

嘉兴既有革命圣地红色文化的浓厚积淀，又肩负着沿海发达地区先行先试的历史使命，还是中纪委确定的全国乡镇纪检组织规范化建设试点市，对嘉兴基层纪检监察组织建设进行样本研究，具有重要的现实意义。本课题研究从概念功能入手，以类别样式展示，据挑战机遇分析，谋创新发展之策。通过对嘉兴基层纪检监察组织生动实践的全方位剖析，提炼出各层面富有特色的工作样式，并立足于形势任务的发展变化，提出基层纪检监察组织建设深化发展的方向和路径。

一、基层纪检监察组织的基本含义和功能

基层组织是社会管理最基础的层面，是整个社会管理活动的基石，其功能发挥对经济社会的发展起着不可替代的支撑作用。

(一)基层纪检监察组织的基本概念

1. 党的基层组织概念

从我国现行政治运行机制来看，政党、国家机构和社会团体的基层组织，企业、事业单位的基层组织，以及城乡群众性自治组织，都属于基层组织的范畴。党的基层组织，是指在基层设立的党组织，包括在企业、农村、机关、学校、科研院所、街道社区、社会组织、人民解放军连队和其他基层单位设立的党的基层委员会、总支部委员会、支部委员会。党的基层组织是党执政的组织基础，是开展党的活动、落实党的工作的基本单位，是党联系服务群众的桥梁和纽带，是党在社会基层组织的战斗堡垒。

2. 基层纪检监察组织定义

按照中纪委关于"党的组织建设到哪里，党的纪检工作就延伸到哪里；党员发展到哪里，党的监督就跟进到哪里"的要求，在基层党组织中设立的纪检组织都应属于基层纪检组织范畴。从行政监察组织建设情况看，尽管《行政监察法》规定，行政监察机构一般设在县级以上人民政府，但近年来，随着经济社会发展和管理重心下移，向镇（街道）等基层单位设立行政监察分支机构，也处于积极的探索之中。因此，我们认为基层纪检组织定义为在党的基层组织中设立的纪检组织，包括在企业、农村、机关、学校、科研院所、街道社区、社会组织、人民解放军连队和其他基层单位设立的纪检组织。基层监察组织定义为在县级人民政府及所属单位中设立的监察组织，实践中还包括在镇（街道）等基层单位中探索设立的监察组织。

（二）基层纪检监察组织设置的历史沿革

1. 基层纪检监察组织在全国的发展情况

一是初创期（1949—1966 年）。根据党中央的决定，至 1950 年底，全国大部分县委都建立了县纪委（县监察委员会），并设立相应的办事机构。1949 年中监委建立后，制定了各级人民监察委员会组织通则，明确县（市）均设立人民监察委员会。二是受阻期（1966—1978 年）。1969 年 7 月，随着中监委被撤销，各县的纪检机构也随之被撤销。三是重建期（1979 年后）。1979 年 3 月，中纪委和中组部联合发出通知，就县成立纪检监察机构作出了规定；1982 年 9 月，十二大党章对县级以下基层组织纪检机构设置作了规定。1988 年 6 月，根据国务院和省政府指示精神，县级都重新组建了监察局。1993 年，中纪委和监察部合署办公后，县级纪检监察机关按照要求也实行了合署办公。

2. 基层纪检监察组织在嘉兴的发展情况

嘉兴基层纪检监察组织的发展大致经历了三个阶段。一是参照建立期（1949—1979 年）。1950 年初，遵照党中央 1949 年 11 月作出的决定，嘉兴地区各县均成立纪委。这一时期，纪委尚无单独的办事机构，附设于县委组织部内。1956 年，嘉兴地区各县相继单独成立了纪委（当时称县监委）。乡镇（公社）、县机关、直属企事业单位都尚未设立专门的纪检监察机构，只在党总支内选配了兼职监察干部。"文化大革命"中，党的基层纪检监察组织也被取消。二是重建探索期（1979—2006 年）。1979 年，随着中央纪检监察机构的恢复重建，嘉兴地区各县也相继重建县纪委；乡镇（公社）、县机关、直属企事业单位也在党总支内选配了兼职监察干部。1985 年，嘉兴市各县探索在县级机关部门建立纪检组；

1986年，开始在乡镇探索建立（纪委）纪检组，到1988年底，所有乡镇建立了纪委（纪检组）；1991年，探索在各乡镇设立行政监察组（行政监察员），并在县级机关部门设立监察室。1991年末，嘉兴市乡镇纪委与行政监察组合署办公。三是创新发展期（2006年后）。2006年以后，嘉兴市主动适应经济社会发展的新形势、新要求，在规范创新中推动纪检监察组织建设快速发展，逐步形成了纵向到底、横向到边的工作网络。从纵向看，在加强市、县纪检监察机关建设的同时，2007年在所有行政村探索设立纪检小组，2009年和2013年，分别实现了村务监督委员会和社区居务监督委员会全覆盖，2011年，在镇（街道）探索设立监察室（监察分局），形成了市、县、镇（街道）、村（社区）四级纪检监察组织（监督组织）体系。从横向看，2006年和2008年，分别在市、县机关部门完成派驻（出）纪检监察机构统一管理，并加强国有企业、学校、医院等基层纪检组织建设；2007年，在规模以上非公企业探索建立了纪委或纪检组，在小型非公企业探索设立纪检小组（纪检委员）；2009年末，探索在中介组织、新经济组织中设立纪检组织；2013年起，开展基层站所纪检组织试点。形成了机关部门、企事业单位、“两新”组织中纪检监察组织同步发展的良好局面。

（三）基层纪检监察组织的地位和作用

基层纪检监察组织作为基层组织的重要组成部分，承担着监督检查党委政府方针政策落实、维护广大人民群众合法权益、保障社会和谐稳定等重要职能，它是纪检监察工作向基层延伸的神经末梢。基层纪检监察组织建设好不好、作用发挥强不强，事关党的执政基础，事关事业的兴衰成败。

1. 基层纪检监察组织是保障经济社会科学发展的推进器

改革开放以来，基层特别是各镇（街道）城市化进程快，经济总量大，发展要求高。基层纪检监察组织对基层党组织完成好使命、履行好职责，具有重要的纪律保障作用。通过抓执法和效能监察，加强对党的路线方针政策和党委、政府重大决策部署贯彻执行情况的监督检查，保证政令畅通；通过抓机关作风效能建设，改善发展环境，优化行政审批服务，提高行政执行力；通过抓执纪办案，强化纪律保障，营造风清气正的干事创业氛围；通过抓权力阳光行动，推进党务公开和政务公开，促进基层权力运行规范化。

2. 基层纪检监察组织是维护党员干部队伍纯洁的净化器

当前，随着强镇扩权、农村综合改革的推进，基层权力运行出现了一些新情况、新问题，权力运行不规范、“三资”管理不严格、便民服务不到位，以及少数基层干部作风粗暴、以权谋私、损害群众利益等，仍是当前需要重点解决的问题。从嘉兴市查办案件情况看，近三年农村党员干部违纪违法案件占案件总数的比重均在50%左右；从来信来访情况看，对农村党员干部的信访件占总信访件的比重均在20%左右；从效能投诉情况看，近三年对农村党员干部的效能投诉占总投诉量的40%左右。因此，要通过抓廉政教育，保持党员干部思想纯洁；通过抓制度监管，促进党员干部行为纯洁；通过抓作风效能，保持党员干部作风的纯洁，刻不容缓。

3. 基层纪检监察组织是化解矛盾促进社会和谐的稳压器

基层纪检监察组织直接面对广大人民群众，面对工作和生活在一线的党员、干部，有着与群众"零距离"接触的优势。基层纪检组织通过社情民意收集，畅通诉求渠道，有效缓解了基层群众的矛盾和情绪；通过着力解决土地承包、征地拆迁、社会保障等领域中损害群众利益的突出问题，切实维护了群众合法权益；通过加强便民服务中心建设，为群众提供优质高效的服务，提高了人民群众对党和政府工作的满意度、信任度，密切了党群干群关系，促进了社会和谐稳定。

二、基层纪检监察组织的主要类别与工作样式

近年来，嘉兴市把加强基层纪检监察组织建设放在重要位置，做到统筹谋划，精心部署，全面实施。通过典型培育、以点带面，形成了多层次的工作样式，有力地推动了基层纪检监察组织作用发挥，提升了全市纪检监察工作整体水平。

（一）县级层面："转型＋发展"样式

县级纪检监察组织在整个基层纪检监察组织中处于核心地位，对其下层的纪检监察组织起着辐射影响和指导带动作用。近年来，县域经济社会发展进入了快车道，呈现出经济发展快、改革矛盾多、稳定压力大、党员干部思想观念多样化等一些新情况、新问题，对纪检监察机关如何有效地跟进、监督和保障提出了新课题。

全市县级纪检监察组织积极适应形势变化，不断创新工作理念，强化组织建设，调整工作力量，实现了转型发展。在工作理念上，更加注重统筹谋划。在实践中积极倡导"工作适应性"、"开放统筹"、"工作主题化、主题载体化、载体多样化"、"边走边唱"和"可持续发展"等五大理念，有效解决工作目标定位、资源调动、路径选择、成果评估和发展后劲等问题，形成鲜明的工作导向和良好的工作推动。在工作内容上，更加注重系统防治。初步实现了三个转变，即服务科学发展实现了从专项检查、系列督查向突出软环境建设的综合监管转变；维护

民生民利实现了从专项治理、纠风治乱向构建长效机制、优化公共服务转变；加强反腐倡廉实现了从查处打击、事后惩处向惩防并举、源头治腐转变。在组织建设上，更加注重内外协调。随着工作内容的不断拓展，县级纪委监察局的内设机构作了相应调整，加大了执法效能纠风投诉举报等一线处室的力量。同时，按照“大纪检”的思路，注重发挥职能部门的优势，成立了反腐败协调小组、大宣教联席会议、执法监察联动机制，发挥了整体合力。在工作平台上，更加注重统筹开放。更多地从体制内的监督转向体制外的监督。通过“百姓点题、纪委解题”、阳光信访、权力阳光行动、廉洁文化创建活动，组织电视网络“问政”、举办纪检监察开放日、评选反腐倡廉影响力人物等多种形式，搭建公众常态化参与平台，扩大工作的开放度和透明度，提高了群众满意度。

在初步转型的过程中，一些县（市）先行一步，在工作集成创新、系统创新上进行了大胆探索。样式之一：保障科学发展示范点建设的“嘉善样本”。嘉善县作为国务院唯一命名的“县域科学发展示范点”，县级纪检监察机关把服务、保障和助推示范点建设作为首要任务，从服务发展、监督权力、营造环境出发，提出了一揽子更为系统、更为有效、标准更高的工作举措，重点建立以权力公开透明运行为核心的惩防体系，以效率嘉善为导向的软环境体系，与善文化紧密相融的廉洁文化发展体系；优化细化纪检监察工作制度、流程，实施工作项目化管理，提升纪检工作的科学化、规范化水平，着力打造县域反腐倡廉建设示范区。样式之二：打造廉洁城市的“海宁路径”。海宁市作为全国经济社会发展水平领先的县级市，市场活跃度高，综合实力强，群众对“廉洁城市”建设的愿望显得尤为强烈。近年来，海宁通过开展市委权力公开透明运行、部门（单位）权力清单公示、镇（街道）权力运行“七事阳光”创建和廉洁单位创建活动，建立覆盖全市的公共诚信系统等一系列举措，推动形成法制健全完备、政府廉洁高效、市场规范有序、社会文明和谐的城市发展形态。

（二）镇（街道）层面：“纪委＋监察分局”样式

镇（街道）一级是基层组织的中坚层级，起着承上启下的作用。近年来，随着撤乡并镇、强镇扩权等一系列政策措施的出台，镇（街道）的地域规模不断扩大，人口数量不断增多，经济实力不断增强，镇（街道）在权力运行、社会管理等方面的新情况、新问题层出不穷，迫切需要加强镇（街道）纪检监察组织建设，来保障各项工作任务的落实。

嘉兴主动适应形势任务的变化，于 2006 年，在全省率先探索开展乡镇纪检监察组织规范化建设，并不断深化。一方面，不断巩固基础，强化纪委职能。全市 73 个镇（街道）全部建有纪（工）委，设委员 5 名，书记由同级党（工）委副书记担任，副书记进党（工）委班子，并配备专职干事。2012 年起，镇（街道）纪检干部全部参照享受纪检监察办案人员补贴，实现了硬件设施、办公经费、报酬补贴“三到位”。被列为中纪委乡镇纪检组织规范化建设试点以后，加大了工作推进力度，制定出台《嘉兴市镇（街道）纪检组织“四化”建设实施意见》及考核验收标准，全市各镇（街道）纪检组织建设再上新台阶。另一方面，积极延伸手臂，设立监察分局。2012 年起，在秀洲区王江泾镇、嘉善县姚庄镇、桐乡市崇福镇等小城市培育试点镇探索设立监察分局，并积极向有条件的镇（街道）延伸。作为县（市、区）监察局的派出机构，镇（街道）监察分局和镇纪委合署办公，分局局长由镇纪委副书记兼任，在行政监察工作中直接受县（市、区）监察局领导。监察对象扩大到镇域范围内上级行政主管部门派驻（出）的分局、站、所及其工作人员。

通过规范化建设，镇（街道）纪检监察组织的职能作用得到充分发挥。一是实施“四位一体”体系构建。围绕镇（街道）经济社会发展的全局，全面部署了镇（街道）本级、村（社区）、工业功能区、基层站所等四个层面的惩防体系构建。二是突出“七事阳光”建设。紧扣镇（街道）权力运行的关键环节和关键部位，全面开展以阳光决策、阳光用人、阳光财务、阳光工程、阳光征拆、阳光信访、阳光服务为主要内容的“七事阳光”建设，把权力监督具体化、流程化。三是搭建“三大监督平台”。全市所有镇（街道）、村（社区）全部建成“一站式、标准化”的便民服务中心，明确直接办、代理办、指导办服务规程。所有镇（街道）建立招投标中心，完善监管制度，重点对 50 万元以下建设工程项目、物品采购等事项纳入平台统一操作。所有镇（街道）建立“三资”管理中心，实现了村账镇管和农村“三资”网上监管，使农户可通过网络和数字电视点播，实时查询村级集体“三资”管理使用情况。

（三）村（社区）层面：“纪检小组＋村（居）务监督委员会”样式

村（社区）是组织体系的末端，直接面向广大群众。近年来，这一层面的党风廉政建设面临着许多新情况、新问题，包括征地拆迁、环境保护带来的社会矛盾日益突出，群众民主意识、监督意识日益高涨，党员干部违纪违法案件依然易发多发，加强基层党风廉政建设迫在眉睫。

嘉兴市不断完善村级监督组织建设，初步构建起了具有地方特色的党内监督和民主监督并重的党内外双重监督体系。党内监督主要依托村（社区）纪检小组。2007 年，海盐县于城镇在全市率先建立了村级纪检小组。村纪检小组一般由 3 人组成，组长由村组织分管纪检工作的副书记或委员担任，其他成员由在群众中威信较高的老党员、老干部和优秀中青年党员“海推”，并经党员大会选举产生，与村党组织实行同步换届，受村党组织和镇（街道）纪委双重领导，主要职责是对村党组织和本村党员进行监督。全市各村、社区普遍采用这一模式。民主监督主要依托村(居)务监督委员会。2005年,嘉善县在全省较早建立了村务监督委员会。村务监督委员会由5人组成,其中主任1名,一般由村党组织成员兼任。村务监督委员会由村民会议或村民代表会议选举产生,一般与村民委员会换届同期进行,任期与村民委员会相同。下设村务公开监督小组、民主理财小组、工程建设和资产管理监督小组、重大村务决策监督小组等,成员交叉任职。目前,全市807个行政村已全部建立了村务监督委员会,并围绕班子建设强、监督能力强、协调配合强、工作保障强、作用发挥强的"五强"目标实施创建。2013年,全市356个城市社区又实现居务监督委员会建设全覆盖,组织架构、人员产生、工作职责和运作机理,与村务监督委员会基本一致。

两个监督组织相互协调、密切配合,通过建立健全定期办公、现场督查、跟踪反馈、述职评议等一系列工作措施,实施有效监督,取得了明显成效。一是村务公开和民主管理的透明度加大。两个监督组织围绕"群众关心什么就公开什么"的目标,督促村(社区)"两委"加大公开力度,切实保障了群众的知情权、决策权、参与权和监督权,实现了村级(社区)民主管理、村民自治效应的最大化。二是群众对农村"三资"管理的满意度上升。大力深化村级事务节点化管理,对村(居)务、财务及重要资产、重大项目和村级非生产性开支进行严格监督、全程审核、从严控制。村级开支的每一张票据都"晒"在网上,让群众明白每笔资金的来历和用途。近三年来,村级合同兑现率由原来的76%提高到95%,实现了集体资产的保值增值。全市2012年村级招待费支出比2008年下降了近50%。三是反映村(社区)干部的信访量和案件量下降。两个监督组织对发现的苗头性、倾向性问题及时分析提醒,减少了违纪违法问题的发生。2012年,全市涉及村干部信访量与2008年同比下降了28%,村干部违法违纪案件同比下降了5%。

(四)机关部门层面:"重点派驻+归口派驻"样式

机关部门权力集中、廉政风险高、群众关注度高。2008年末,市纪委对县(市、区)派驻(出)统一管理工作进行了研究部署,至2011年初,7个县(市、区)全部完成派驻(出)统一管理工作。在实施过程中,各地结合实际,探索形成了多种统一管理的模式。一是重点派驻。如南湖区、嘉善县、海盐县、桐乡市等,根据所在地机关部门纪检监察组织健全,人员齐备的现状,对一些重要的经济部门、执纪执法和行政执法监督部门,实行重点派驻。二是归口派驻。秀洲区根据实际情况,全面改革区级机关纪检组织管理体制,对区级机关部门纪检监察机构实行"分口派驻、垂直管理",新组建5个纪工委和4个监察室,负责指导

37个区级机关部门的党风廉政建设和反腐败工作。三是重点派驻与归口派驻相结合。平湖市、海宁市在对机关部门实行重点派驻的基础上，另设立派出纪工委、联合监察工作室，分片负责未设立纪检组织的部门党风廉政建设和反腐败工作指导。

实行派驻（出）统一管理后，无论是管理体制、工作机制，还是工作职能、日常运作都出现了一些变化。一是领导体制有了变化。实行统一管理后，派驻（出）机构由原来县级纪委监察局和所属部门双重领导改为由县级纪委监察局直接领导，重要情况和问题直接向县级纪委监察局请示报告。二是工作职责有了变化。实行统一管理后，派驻（出）机构的主要工作职责由过去协助驻在部门领导班子抓好反腐倡廉工作转变为重点监督驻在部门领导班子及其成员，强化了派驻机构的监督职能。三是干部管理有了变化。实行统一管理后，县级纪委相应设立了干部管理室，协同组织人事部门负责派驻（出）机构干部的日常管理。编制方面，重点派驻的人员编制从所在部门中单列；归口派驻的编制和领导职数在原设立纪检组织的部门划转，归县级纪委监察局统一管理。人事方面，派驻（出）机构的纪检组组长（纪工委书记）人选，由县级纪委商县级组织部门提名并考察，派驻（出）监察室主任人选，由县级监察局提出、考察、任免。管理方面，出台了对部门权力运行关键环节、重要部位监督工作相关办法，以及派驻（出）纪检监察机构年度工作量化考核办法，确保了工作有序开展。

实行派驻（出）统一管理以来，部门纪检监察工作有了新的推进。一是监督更加有力。派驻（出）机构紧密结合部门工作特点和要求，把监督重点放在保障党委、政府中心工作的落实上，抓住“四重一大”决策和重要环节、关键岗位实施贴近化、项目式、介入式监督，寓监督于部门业务工作之中。二是预防更加有效。派驻（出）机构组织开展形式多样的廉政教育，着力培育机关廉洁文化。同时，按照部门权力运行轨迹和业务流程，切实抓好惩防体系构建、岗位廉政风险防控，从源头上防治腐败。三是建设更加有为。各派驻（出）机构以党务政务公开为抓手，着力提升机关服务品牌、群众满意站所、群众满意行业创建水平，推动部门政风行风建设。

（五）企业、“两新”组织层面：“统一十个性”样式

近年来，随着市场经济的快速发展，各类企业、市场中介组织、专业合作社、行业协会、民办非企业组织等新经济、新社会组织大量涌现。而这些领域的纪检组织建设相对滞后，教育监管相对缺位，一些工作人员职业道德和诚信意识下滑，违纪违法案件增多，呼唤着企业和“两新”组织纪检组织的产生。

鉴于企业和“两新”组织个体情况千差万别，全市采取了“组织架构基本统

一，运作机制因地制宜”的思路，进行探索试点。明确建立党委的企业和“两新”组织设纪委，建立党总支的设纪检小组，建立党支部的设专（兼）职纪检委员，基本实现了纪检工作有人抓、有人干。全市各镇（街道）全部组建“两新”组织纪工委，属镇（街道）纪委的派出机构，指导协调所辖范围内“两新”组织的纪检工作。同时，明确纪检组织集体议事、工作例会、学习培训、工作考评等基本制度，以及在维护党员合法权益、构建诚信经营体系、促进企业健康发展中的教育、监督和保障等方面的工作职责。

在组织架构基本搭建的基础上，积极鼓励企业和“两新”组织纪检组织结合实际开展工作，形成了工作典型。一是企业。企业纪检组织大多由人事部门、财务部门、生产管理部门的党员组成。把纪检工作与企业生产经营有机结合起来，制定企业管理人员廉洁从业行为规范，组织开展重要岗位廉政风险防控、工程项目廉政风险预警、效能专项监察和工程项目审计等“3＋1”风险防控体系建设，并推动厂务公开落到实处。二是专业市场。专业市场纪检组织一般由市场管理部门、企业主和市场商户中的党员组成。通过开展针对党员干部的廉洁工程、针对企业主的社会责任工程、针对市场商户的诚信工程、针对职能部门的防护工程建设，切实加强工程建设、物资采购、市场招商招租、广告营销等规范有序管理，推动惩防体系专项构建，努力打造清廉诚信市场。三是行业协会。行业协会纪检组织一般由理事会、会员企业中的党员组成。以“行业严格自律、企业诚信经营”为目标，与有影响力的规模企业签订廉洁从业责任书，建立行业廉洁诚信系统和从业人员廉洁档案，开展企业信用评级，推动会员企业依法诚信经营。四是专业合作社。专业合作社纪检组织一般由董事会、监事会和会员中的党员组成。以“资金安全、农民放心”为目标，通过参与日常生产经营、开展专项督查等方式，对侵害社员、服务对象利益，侵占、滥用各类补助资金，财务、社务不规范等风险情况，做到及时发现、分级预警、逐级干预和立体防控，维护农民群众合法利益，促进增产增收。

三、基层纪检监察组织建设面临的机遇与挑战

经过几年来的实践探索，嘉兴市基层纪检监察组织建设有了比较好的基础，形成了较为完整的组织网络，固化了一系列制度机制，培育了一批示范典型，作用发挥较为明显。但是，随着形势任务的发展变化，基层纪检监察组织建设面临着再发展、再提升的必要，必须把握机遇，切实解决存在的问题和瓶颈。

（一）背景分析

分析当前形势，从上级要求到现实需要，都对加强基层纪检监察组织建设

提出了新要求。

1. 上级部署

中央历来重视加强党的基层组织建设。党的十八大报告对创新基层党建工作进行了全面部署，强调要强化农村、城市社区党组织建设，加大非公有制经济组织、社会组织党建工作力度，全面推进各领域基层党建工作，扩大党组织和党的工作覆盖面，充分发挥推动发展、服务群众、凝聚人心、促进和谐的作用，以党的基层组织建设带动其他各类基层组织建设。作为基层党组织的重要组成部分，加强基层纪检监察组织建设，是夯实党执政基础的必然要求，也是贯彻落实中央决策部署的重大举措。

2. 试点要求

中纪委把基层纪检组织建设放到了突出位置。2009 年，出台 9 号、10 号文件，就加强县级纪检监察机关建设作出专门规定，通过“增编、扩权、定责”，进一步强化了县级纪检监察机关的职能。2011 年，出台《关于加强乡镇纪检组织建设的指导意见》，对乡镇纪检组织的人员配备、主要职责、工作保障等进行逐一明确，推动乡镇纪检监察组织建设上新水平。2012 年以来，中纪委又提出了加强乡镇纪检组织规范化建设的要求，明确规范保障条件、工作内容、制度流程、管理考核等四方面要求，并在全国确定 10 个规范化建设试点，嘉兴列入了全国试点。我们有责任、有义务在基层纪检监察组织规范化建设方面创造出新经验。

3. 现实需求

嘉兴是科学发展的示范城市和全省统筹城乡发展的先行区。近年来，随着经济社会转型步伐加快，经济发展方式、社会管理方式、政府服务方式发生了深刻变化，工作的重心逐步向基层转移，基层面临着“人员多、资金多、风险多”相互交织的局面。在人员监督方面，全市 80％的党员干部工作在基层，每个镇由财政供养或转移支付的工作人员平均达 200 多人，并且人员身份多元，廉政管理的难度加大。在资金监管方面，全市 60％的经济总量集中在基层，每年的新农村建设资金达百亿元，村级集体资产平均超过百万元，项目建设、资金运作过程中的廉政风险不容忽视。这些都对基层纪检监察组织充分履职和作用发挥提出了更高要求。

(二)适应分析

分析履职情况，与基层需要相比，嘉兴市基层纪检监察组织在机构覆盖、人员素质、职能履行等方面还存在着一些不相适应的问题。

1.组织建设有待完善

主要是两个不均衡:一是面上组织网络覆盖不均衡。总体上看,县级层面、机关部门层面、镇(街道)层面和村(社区)层面,纪检监督组织已经比较健全。但非公企业、"两新"组织中的纪检监督组织建设刚刚起步,还有空白点。二是纪检监察职能延伸不均衡。全市所有镇(街道)全部建立了纪委(纪工委),但只有60%的镇(街道)建立了监察室(监察分局)。县级层面以下纪委与监察合署办公以后,工作如何有效开展,有一个磨合期。

2.能力素质有待提升

这个问题在县以下比较突出。一方面,干部素质尚有欠缺。基层纪检监察工作面广量大,任务繁重,要求基层纪检监察干部要有较高的专业素养和较强的综合协调能力,但由于准入制度尚未完全建立,基层纪检监察干部来源比较庞杂,专业化水平普遍不高,尤其是法律、经济、审计等方面的人才较少。在少数地方和单位,纪检监察岗位甚至成为解决年龄偏大干部职级、待遇的"中转站"。另一方面,履职标准尚不规范。基层情况千差万别,纪检监察工作的对象、内容和重点也有较大的差异性,由于缺乏相对统一的履职规范和考核标准,影响了基层纪检监察组织作用发挥。从实际情况看,一些基层纪检监察组织存在着兼职过多、主业弱化的倾向。更有少数基层纪检监察干部,身份意识模糊,工作精力不够集中,纪检监察工作出现随意化、碎片化的现象。因此,迫切需要提升基层纪检监察干部的履职能力和工作的规范化水平。

3.作用发挥有待加强

如果再深入分析,不同层面基层纪检监察组织面临着一些工作难点和瓶颈。机关部门层面,存在着人员配备少、同体监督难等问题,迫切需要整合监督资源,优化监督手段,来提高监督绩效。镇(街道)层面,存在着工作任务杂、监督手段单一、对村级指导不力等问题,迫切需要梳理工作重点,加强分类指导,扩大群众监督等,来提升监督水平。村(社区)层面,存在着纪检小组和村(居)务监督委员会融合度不高、监督表象化等问题,迫切需要理顺工作关系,优化监督路径,加强考核督促,来增强监督合力。各类企业层面,存在着与企业经营管理结合不够紧密、工作边缘化等问题,迫切需要创新工作方法和运行机制,实现廉政建设与企业发展的良性互动。

(三)环境分析

基层纪检监察组织不是一个孤立的工作单元,其发展、壮大和成熟,离不开外部环境的配套和支撑。从嘉兴情况看,基层党建、社会管理、民主监督等都有比较好的基础，需要基层纪检监察组织主动融入、协调发展，才能使基层纪检监察组织工作路子越走越宽。

1. 基层党建的依托力

嘉兴是基层党组织建设的先行地。这几年，在基层实行党组织功能化设置、网格化覆盖、集约化整合“三化联动”，建立基层党组织 1.3 万个，有党员 22.1 万名，形成了街道“大工委”制、社区“大党委”制、农村“支部＋合作社”、“两新”工程综合性党组织、非公企业“车间（项目）支部”等组织模式。基层党组织的全面覆盖，使基层纪检组织建设有了延伸发展的可能。

2. 社会管理的互动力

嘉兴是社会管理的创新地。这几年，嘉兴市不断加强和创新社会管理，着力健全“党委领导、政府负责、社会协同、群众参与”的社会管理格局。全市已有各类基层站所 2000 多个、便民服务中心 1111 个、社会工作室 128 个，初步构建起了“政府主动管理服务＋社会自我管理服务”的工作体系，在协调社会关系、化解社会矛盾、促进社会公平等方面发挥了积极作用。有效利用和整合这方面的工作资源，有利于拓宽基层纪检监察工作创新的空间。

3. 民主监督的推动力

基层民主的诉求，是纪检监察组织加大监督力度必须把握的重要趋向。从嘉兴情况看，通过这几年的探索，党代表任期制、镇党委书记“公推直选”、村（居）委会全民选举、重大事务票决制等党内外民主形式，已经从原来的率先试水变成了现在的制度安排。公民意识、权益意识、监督意识的觉醒，推高了公众对参与社会管理和权力监督的预期，带来了基层社会的新气象。加强基层纪检监督组织建设，就是要进一步畅通党内监督和群众监督渠道，把这股民主的力量引导好、运用好，形成强大的社会合力，共同推动基层经济社会科学发展。

四、基层纪检监察组织改革创新的思路与对策

总体上看，嘉兴市基层纪检监察组织建设和工作创新，还处于初步阶段。如何按照党的十八大以来中央纪委的部署和要求，紧密结合嘉兴实际，努力取得基层纪检组织规范化建设新成效，促进基层党风廉政建设新发展，是新时期需要不断研究深化的重大课题。

（一）指导思想与工作目标

1. 指导思想

以创建全国乡镇纪检组织规范化建设示范点为契机，进一步健全组织、完

善制度、规范运行、发挥作用,以此带动全市基层党风廉政建设提质量、上水平,为嘉兴经济社会发展提供有力保障,为全国基层反腐倡廉建设提供经验借鉴。

2. 工作目标

经过3～5年的努力,力争实现以下工作目标。

一是基层纪检监察组织健全。根据基层特点和需求,有计划、分步骤地加强基层纪检组织建设,既要实现对所有层面、所有领域的全覆盖,又要因地制宜,创新组织模式,做到组织架构完整、布局结构合理、工作保障有力。

二是全国示范点基本建成。在加强组织网络建设的同时,突出基层纪检组织规范化建设,不断丰富工作载体,创新工作方法,提升工作绩效,着力培育出一批"可看、可听、可展示"的工作样板,进一步扩大工作影响力。

三是基层党风建设不断深化。通过规范化建设和示范点创建,建立健全基层党风廉政建设制度体系和工作机制,有效遏制基层腐败现象滋生蔓延的势头,进一步夯实"廉洁嘉兴"的基层基础。

(二)工作重点及保障措施

基层情况的多样性和差异性,决定了基层组织规范化建设必然是富有活力、多姿多彩的。在推进基层纪检监察组织规范化建设中,要充分尊重基层的首创精神,形成特色亮点。具体要把握好以下工作重点。

1. 注重分类指导,强化活力保障

既要坚持面上统筹推进,又要根据基层不同情况,实行分类指导、分步实施和分层提升。一是抓动态升级。根据反腐倡廉形势任务的发展变化,及时调整组织建设的工作重点,在持续发展中提升工作标准,在边试边行中完善工作举措,增强基层组织建设的匹配度。二是抓个性创建。根据各个层面、各个地方的不同条件,确定相应的组织设置原则,鼓励量身定做、百花齐放,形成多样化建设格局,不片面强求建设数量,增强基层组织建设的适用度。三是抓分类指导。明确市、县、镇和机关部门的指导职责和要求,建立一对一指导工作机制,通过交流研讨、现场观摩、样板培育等方式,促进整体发展,提高基层组织建设的均衡度。

2. 注重需求导向,强化绩效保障

把紧扣基层需求作为纪检监察组织建设的工作导向。一是增强组织弹性。针对强镇扩权、小城市培育、新农村建设中的工作新内容、新要求和遇到的新情况、新问题,合理调整组织设置和工作职能,调配人员力量,形成适应基层情况变化的弹性组织建设和业务工作体系。二是强化主业意识。始终把履行党章和行政监察法赋予的职责作为工作的主要任务，进一步理顺基层纪检监察组织的工作职能，既着力查办领导干部违纪违法案件和损害群众利益的案件，又围绕党委、政府工作中心积极开展预防腐败工作，着力提高干部的作风效能。三是深化群众评估。把群众评估、实践检验作为衡量工作成效的首要标准，结合群众路线教育实践活动、“双千双百”走访服务活动，进一步拓宽民意收集渠道，针对群众反映的情况和问题，及时研究分析、查漏补缺、改进提高，增强基层工作的针对性和有效性。

3. 注重规范建设，强化提升保障

把强化组织规范、业务规范和管理规范作为推进规范化建设的主要路径。一是规范工作要求。细化组织建设标准，明确基层纪检监察组织阶段性工作重点，加强工作制度、业务流程和内部管理制度建设，使基层纪检监察组织建设有标准、管理有规范、绩效有考评。二是依靠科技促建。积极探索“三重一大”执行、行政审批、项目监管、廉情预警等网上管理和实时监控平台建设，提高工作智能化水平，促进工作提质增效。三是提升队伍素质。以提升干部忠诚度、履职专业化和队伍公信力为重点，加大干部专业培训和岗位锻炼力度，推进工作项目化管理和创新奖评选，激发工作活力和动力。

4. 注重配套协调，强化功能保障

基层纪检监察组织作用的发挥，有赖于基层监督资源的综合运用。一是整合监督资源。按照整体协调、分工负责的要求，由基层纪检监察组织协调组织、宣传、文化、检察、审计、司法、财政等力量，充分发挥其职能优势，融入权力公开透明运行、党务政务公开、廉政文化建设等相关工作，形成齐抓共管的良好局面。二是依托党建基础。把基层纪检监察组织建设根植于基层党建工作之中，与群众路线实践教育活动、基层服务型党组织建设、镇（街道）干部队伍建设、“两新”组织党建标准化建设等重点工作有机结合，组合进行，形成相辅相成的良好格局。三是引入外力支援。有序引导社会力量支持和参与反腐倡廉建设，构建开放、互动的公众参与反腐败工作机制，形成公众深入参与反腐倡廉建设的良好氛围，为基层纪检监察组织建设上水平提供有力支持。

（三）需要研究的几个问题

1. 基层实践的倒逼问题

工作的变革和创新，需要基层实践和顶层设计的双向推动。从基层纪检监察组织建设看，作用发挥在现有体制框架内已经得到了较为充分释放，但工作的深化也遇到了一些靠自身条件无法解决的瓶颈。如怎样避免同体监督，提高监督的独立性和有效性；怎样把握工作定位，处理好围绕中心和抓好主业的关系等，需要从上到下进行推动。从另一个角度看，丰富的基层实践为顶层设计提供了充足的养料和素材，为从更高层面改革纪检组织体制机提供了有益启迪，如何加以总结、归纳和吸收，融入顶层设计，实行上下联动，关系到工作规范创新的力度，关系到基层纪检监察组织建设的发展前景，值得进一步深化研究。

2. 法律法规的支撑问题

基层实践往往带有原发性和草根性，有时甚至是摸着石头过河。实践的先行，需要配套政策和法律法规的后续跟进。从嘉兴情况看，城乡一体化、强镇扩权、新经济新社会组织快速发展等趋势，要求纪检监察工作的范围和内容相应拓展延伸，组织建设配套跟进，但实际操作中存在着法律法规滞后带来的制约。如在小城市和新市镇建设中，工程建设项目增多，下放给镇（街道）的行政审批项目超过 100 项，执法监察和效能监察任务非常繁重，但镇级行政监察组织如何设立，在行政监察法中找不到依据，目前只能通过县监察局派出监察分局的方式进行。又如，在新农村建设中，大量行政村转型为农村新社区，从规范社区运行、强化监督的角度，迫切需要设立居务监督委员会，但《城市居民委员会组织法》没有居务监督委员会的内容，其运作也缺乏法律依据。

3. 工作定位的把握问题

这个问题在工作中处于两难境地。从上级纪检监察机关角度看，一方面，基层纪检监察组织的工作定位是履行好党章和行政监察法赋予的职责，承担监督任务，是监督的监督。另一方面，围绕中心、服务大局始终是纪检监察工作的主线，对党委、政府确实有要求的，对基层群众确实有期盼的，纪检监察也应加强服务保障、体现作为。从基层党委政府的角度看，征地拆迁、招商引资等任务繁重，需要纪检监察全力保障，有时甚至要直接参与推进。具体定位要求的不同使基层纪检组织有时在工作重点把握上处于两难，如沉下去参与中心工作，则往往偏离主业，导致工作失位；如不参与，则监督难以深入，难以处理好与党委、政府及横向条块的关系，从长远看，也不利于有效发挥职能作用。因此，对基层纪检监察组织的职能定位应根据基层的不同情况和特点作进一步研究，力争做到既把握主业要求，又围绕中心选择重点参与，根本落脚点是履行好服务和保障两方面的职能。

后　　记

《2014年嘉兴市经济社会发展蓝皮书》是全面描写嘉兴市经济社会发展概况的报告，各级领导和部门高度重视并给予了大力支持。本书的顺利出版使我们感到了莫大的欣慰，今后我们将更加努力地把这项工作长远推进。

本书是中共嘉兴市委党校课题组集体劳动的成果，课题组成员付出了大量艰辛的劳动。市委副书记胡海峰十分重视本书的撰写质量，强调蓝皮书要反映嘉兴市情的实际，当好决策参谋，并将其作为提高市委党校教学与科研水平的重要途径。蓝皮书由常务副校长徐勇、副校长徐连林作出总体规划和设想，拟订撰写大纲。课题组成员根据撰写大纲进行调研，并结合自己的专业研究进行撰写。

在本书的编写过程中，始终得到了嘉兴市委、市政府有关领导及相关部门的指导和支持，调研过程中各个部门给予了大力帮助，使得课题组能够获得第一手资料，在后期的编辑中也给予了大量的意见，保证了本书的撰写质量。借此，谨对所有支持和帮助本书撰写的各位领导和同志表示衷心的感谢。

本书是嘉兴市出版的第三部蓝皮书，虽然有了一定的撰写基础和经验，但由于自身能力和水平所限，难免存在一些疏漏之处，衷心希望有关专家和广大读者提出宝贵意见。

《2014年嘉兴经济社会发展蓝皮书》课题组

2014年6月

图书在版编目（CIP）数据

2014年嘉兴经济社会发展蓝皮书 / 徐勇主编. —杭州：浙江大学出版社，2014.8

ISBN 978-7-308-13573-3

Ⅰ.①2… Ⅱ.①徐… Ⅲ.①区域经济发展—白皮书—嘉兴市—2014 ②社会发展—白皮书—嘉兴市—2014 Ⅳ.①F127.553

中国版本图书馆CIP数据核字（2014）第165026号

2014年嘉兴经济社会发展蓝皮书

徐　勇　主编

责任编辑　田　华
封面设计　刘依群
出版发行　浙江大学出版社
（杭州市天目山路148号　邮政编码310007）
（网址：http://www.zjupress.com）
排　　版　杭州中大图文设计有限公司
印　　刷　杭州杭新印务有限公司
开　　本　710mm×1000mm　1/16
印　　张　14.75
字　　数　270千
版 印 次　2014年8月第1版　2014年8月第1次印刷
书　　号　ISBN 978-7-308-13573-3
定　　价　40.00元
